365日 ヒットのアイデア

ひらめく！
使える！
ワクワクする！

ビジネスアイデア総研

青春出版社

はじめに

「新しい商品を考えたけれど、売れない、ウケない」
「SNSで話題にならない」
など、せっかく考えた企画がヒットにつながらないことは多々あります。
そもそも
「会議までに企画を考えないとならないのに、まったくひらめかない…」
と、企画を考えること自体の苦労があったり、
「売り方がわからない」
「起業したけれど、うまくいかない」
など、売り方やブランド力の高め方で悩んでいる方も多いでしょう。

しかし、ヒットは365日、毎日どこかで生まれています。
そうしたヒットは、どんなきっかけで生まれ、どんな仕組みやしかけがあり、どうやってヒットに至ったのでしょうか？
本書では、実際のヒット商品の裏側にあるエピソードを、365日分集めました。
例えば、企画のきっかけは、自分が不便だと思っていることを突き詰めたり、ユーザーの声を聞いたり、偶然の失敗から生まれたりといろいろです。
今ある商品を違う角度から見たら、意外な強みや価値に気がついた、ということもあります。

どれも専門的な内容ではなく、具体的な事例ばかりですから、この本のどこかに、あなたの悩みを解決するヒントが埋まっているはずです。

ヒット商品・企画につながるヒントは、意外なところに隠れています。

だから、悩んでいるときこそ違う視点で考えてみるのといいのですが、考えが煮詰まっていると、視野が狭くなって気づけないことも多いでしょう。
本書は、ぜひ肩の力を抜いて、気楽に読んでください。
「こういう考え方もあったのか！」
「新しい視点とはこういうことか！」
といった具体的なヒントがぎっしり詰まっていますから、頭を柔軟にしておくと、新しい気づきがいろいろあるはずです。

さらに、本書は何かをつくり出したり、特に企画を考えたりする必要のない方にもおすすめです。
というのもヒット商品は、それぞれ魅力的なグッズだったりサービスだったりします。だから、「こんな便利なものがあるんだ！」という驚きも満載です。
今度これを買ってみよう、利用してみようと考えながら読むのも、本書のひとつの楽しみ方です。

また、ヒットが生まれる裏側には、本当にさまざまなエピソードがあり、開発者の情熱や想いが詰まっています。そうしたストーリーに触れることで、やる気や勇気をもらえることもあるでしょう。

数々のヒットが教えてくれるように、ひとつの出来事（＝モノ）にはいろいろな価値があり、活用法があり、楽しみ方があります。
365日分のエピソードを、ときに活用し、ときに楽しみ、自分のものとしてもらえたら幸いです。

365日分の「ヒット」からわかった

ヒットのカギ

ヒットの理由は商品やサービスによって、
さまざまではありますが、「共通しているもの」も多々あります。
ここでは、そんな多くのヒットに共通して見られた
「ヒットのカギ」を紹介します。

1

徹底的に使う人（消費者）目線で悩みを解消

消費者が本当に欲しいものは何か、使いたいものはどんなものか…。つくり手の思い込みを排除して、消費者の立場で考える。

➡「瞬足」166ページ、「ゆびさきトング」38ページ、「い･ろ･は･す」238ページ

2

日々の中から生まれる「ひらめき」を逃さない

日常の中の何気ない瞬間に、ヒットのタネが転がっていることも。ひらめきを逃さず、キャッチし、形にする。

➡「コロコロ」148ページ、「テトリス」182ページ、「かっとばし!!」273ページ

3

ただでは転ばない

失敗しても、「ただでは転ばない」。失敗作も視点を変えれば、ヒット作になることもある。

➡「プチプチ」311ページ、「ねこじゃすり」357ページ、「ホカロン」366ページ

4

タイミングを逃さない

どんなによい商品でも発売のタイミングがずれると、ヒットにつながらない。売れるタイミングを見極める。

➡「ニトリ」134ページ
「LINE」223ページ

5

売り場を変える、
売り方を変える

同じ商品でも、売り場を変えたら大ヒットという例も。今うまくいかないときは、売り場をガラッと変えるのも手。

➡「ワークマン」113ページ、「オロナミンC」209ページ、「K&K缶つま」308ページ

6

発信させる、
消費者を巻き込む

SNSで「発信させる」、PRにもなる「楽しい場」を提供し、消費者に楽しんでもらう…など、消費者を「楽しく巻き込む」。

➡「CIAOちゅ～る」288ページ、「ポッキー」340ページ

365日分の「ヒット」からわかった

ヒットのカギ

7

「好き」や「おもしろい」を突き詰めてみる

「これ好き！」「これはおもしろい！」つくり手のワクワクする気持ちや熱量を商品に詰め込む。

➡「線路の石缶詰セット」29ページ、「フェリシモ」80ページ、「はちみつアラビックリ!? ヤマト」116ページ

8

ターゲットが好きそうなものを掛け合わせる

ヒット商品の中には、「好き」をたくさん掛け合わせたものがある。一見バラバラに見えるものでも、掛け合わせると画期的な商品に。

➡「おしりたんてい」333ページ、「タピオカ」338ページ、「ホームランバー」271ページ

9

名前にこだわり、名前を変える

名前が変わっただけで、売上がぐんと伸びたヒット商品も多数。画期的で新しい商品ほど、「名前」で伝わるようにしていた。

➡「ネジザウルス」226ページ、「サラサーティ」114ページ、「まるでこたつソックス」331ページ

10

今持っているものの価値を見直す

伝統工芸品でも、売れていない商品でも、商品自体の弱点でも、既存のものの価値を見直し、それをひとひねりすることでヒットが生まれた例も多数。

➡「胡粉ネイル」222ページ、「おふき」275ページ、「乳酸菌ショコラ」51ページ

この本の使い方

はじめからバーッと読んでも、
好きな日付から読んでみても…。
本書をより楽しむアイデアを
少し、お伝えします。

最初から
ガッツリ
読んでみる。

「自分の誕生日はどんな
ヒットが紹介されてる？」
気になる日付から、
気楽に読んでみる。

各ページの最後にある
「ヒットのヒント」をチェック。
気になったところから、
読んでみる。

「今日は何が書いて
あるだろう…？」
毎日1ページを日課に、
1年かけて
じっくり読んでみる。

CONTENTS

ここから
本編
スタート!

365日
ヒットのアイデア

売れる、ウケる、ひらめく、悩みが消える、楽しくなる！
あなたを助けるヒットのアイデアが、
この先にありますように…。

1/1

元日

年賀状もラクラクできる!
「子ども」に特化することで
ユーザー数を増やす「みてね」の戦略

ミクシィが提供する写真・動画共有アプリ「家族アルバム みてね」のユーザー数が急増している。利用者数は国内外で800万人を突破。年賀状を簡単に作成できる関連アプリや、出張撮影サービスの提供も開始するなど、勢いに乗っている。

「みてね」は2015年のリリース当時、Instagramなど写真・動画を共有するSNSが台頭する中“子どもの写真”に特化することで独自のポジションを築いてきた。親になると膨大な数の子どもの写真を撮る一方で、それを家族と簡単に共有するいい方法がない、と創業者の笠原氏自身が感じ、その想いを元に開発したからだ。実際、子育て世代から絶大な人気を誇る。

また、コロナ禍で家族・親戚と直接会う機会が減ってしまったことも追い風となった。子どもの写真を、祖父や祖母も含めた家族みんなでシェアすることで、会わずともコミュニケーションを楽しむ機会をつくり出したのだ。世代をつなぐことで、家族の絆に大きな役割を果たす、ただのアプリに留まらない意義あるサービスへと成長を遂げている。

ヒットのヒント

1つのコンセプト（子どもの写真を家族で共有）を磨き、サービスの価値を最大化した。

1/2

初夢の日

マーケティングは無視!?
“やりたいこと”にこだわる発想から
生まれた「睡眠用うどん」が3億超の売上!

「セイロに並んだざるうどんの中で寝たい…」というひと言から生まれたのが、斬新すぎる発想でウケている「睡眠用うどん」。まさに見た目が“ざるうどん”のような掛け布団で、頭のもみほぐし専門店「悟空のきもち」の運営会社・ゴールデンフィールドが企画・開発した。アイデアが生まれたのは、女性施術者が発した冒頭のひと言から。同席者がすぐに反応し、縦に8本の“うどん”を並べたスタイルができあがった。

　同社のやり方は、元々マーケティングを一切無視。受け入れられやすいように考えるのではなく、自分たちのやりたいことを追求する。今回も限りなくうどんの形状にこだわったが、結果、うどんの隙間から手足を出して最適な寝姿を取れる、寝ながら手を出してスマホを操作できるから肩を冷やさないなど、多くの利点があることがわかった。独自の発想をとことん追求し、マーケティング不要でわが道を進む姿勢がブレイクスルーをもたらしたのだ。発売からわずか1日で5000件の予約が殺到し、売り上げは3億円を超えている。

ヒットのヒント

**おもしろいと思ったアイデアを貫き通すことで、
唯一無二の商品が生まれる。**

1/3

(ひとみの日)

「私も眼鏡…」
共感のSNSで火がついて、大ヒット!
「めがね米」&日本酒「メガネ専用」って?

福井県鯖江市といえば「眼鏡の街」として有名であり、コシヒカリ発祥の地でもある。そこに本社を置く福井精米が、2016年に発売したのが「めがね米」。農家をはじめ「眼鏡を掛けている人だけでつくった」といい、ユニークなパッケージで売り出したところ、発売直後からツイッターで「私も眼鏡。買うしかない」などと話題になり、毎年完売が続いている。米は100%福井県産コシヒカリの「特A」ランクであるが、そこをアピールせず、あえて製造者のキャラクターを前面に出した。

このアイデアの発端は、宮城県の老舗である「萩野酒造」が「メガネ専用」というユニークな特別純米酒を発売していることにある。蔵人全員が偶然眼鏡をかけていることから、「日本酒の日」でもあり「メガネの日」でもある10月1日に発売。瓶のラベルに視力検査に使う「ランドルト環」のような形(=C)をあしらったこともウケて、毎年すぐに完売する人気だ。どちらも、既存のセールスポイントとは全く違った独自のアピール方法が、ユーザーの共感を呼んでいる。

ヒットのヒント

一見商品に関係ないような部分(眼鏡)をあえて強調。
他にはないアピール方法だからこそ、
共感した人からの支持が強くなる。

1/4

（ 石の日 ）

発売後に即完売！
「石の缶詰」ヒットの背景には、
社長のアイデアと鉄道への想いがあった！

鉄道線路に敷かれた石の缶詰が売れている。えちごトキめき鉄道、銚子電気鉄道と天竜浜名湖鉄道の線路で各社が拾った石を洗浄し、ワックスをかけてそれぞれ缶に詰めた商品「線路の石 缶詰セット」が、発売から1週間ほどで250セット完売。第2弾・第3弾も発売し、計6000個以上を売り上げている。

発案したのは、トキめき鉄道の鳥塚亮社長。収入増を目指しグッズ販売に力を入れる中で、リスクの少ない「仕入れが必要なくて賞味期限がないもの」をつくろうとした結果、思いついたのが線路の石の缶詰。“赤字に悩むローカル鉄道にとって線路は負債の象徴だが、その石を1個500円で売ることができれば、負債であるはずの線路が「資産」に変わる”と考えたのだ。

そして、売れるとする最大の裏付けは、社長自身の線路に対する「想い」にある。缶詰の石は、SLが走る時代から続く歴史ある線路から採取。長年の風雪に耐えて日本の鉄道輸送を支えてきた石…。その価値に共感する人が多いと踏んだのだ。経営感覚と鉄道愛の見事なバランスで、ヒット商品が誕生した。

ヒットのヒント

**自身の想い（鉄道愛）を生かしたアイデアで
身近なもの（線路の石）に歴史や物語を見出し、人気商品に。**

1/5

（ ホームセキュリティの日 ）

子どもたちの安全を守る「ひっくり返せる名札」は時代のニーズから生まれた!

ここ数年、登下校時に名札をつける習慣が減っている。防犯意識の高まりから、学校に置いて校内だけでつけたり、登下校時は名前が見えないよう裏返したりする学校が増えているのだ。

そんな中ヒットしているのが、文具メーカー・西敬が2006年に発売した「キッズ・ターナブル名札」。服につけたままワンタッチで名前が見えないように裏返すことができる商品で、受託製造も含めると、累計130万個以上を売り上げている。

同社は元々、休憩中に名前を隠せる事務用の名札を製造していたが、防犯や個人情報保護への関心の高まりを受け、学校用の名札にその技術を応用したのだという。時代のニーズに独自のアイデアで応えた結果が、見事的中した。

ヒットのヒント

「個人情報保護」という時代のニーズをとらえ、アイデアで付加価値をつけて人気商品をつくる。

1/6

（手巻きロールケーキの日（毎月6日））

王道商品に「うれしい驚き」を加えて空前の大ヒット！ ローソンの「プレミアムロールケーキ」

毎月6日は、モンテールが制定した「手巻きロールケーキ」の日。手巻きロールケーキも大ヒット商品ではあるが、近年のコンビニスイーツブームのきっかけをつくったともいえるロールケーキは、ローソンの「プレミアムロールケーキ」だろう。

2009年の初登場以来、10年間で累計31億6000万個を売り上げる空前の大ヒットとなった。

最大の勝因は、「味」。コンビニのスイーツといえば、味がいまひとつ、というのが残念ながら通り相場だった。これを覆すべく、例えば、クリームの業者と何度となく協議を重ね、失敗も重ねた。その結果、高レベルの味に仕上げることができたのだ。

そして、味と共に、あと1つ重要なヒットの要因がある。それは「一人前」にしたことだ。ロールケーキは昔から親しまれてきたが、一人前のパッケージで売られたことはなかった。1人で食べたい人たちにとって、ひとひねり加わった「プレミアムロールケーキ」の登場は、実に新鮮な驚きに満ちていたのだ。

ヒットのヒント

味を追求することはもちろん、消費者のことを思った「ひとひねり」が、長く愛される商品を生む。

1/7

七草がゆの日

スープ専門店「Soup Stock Tokyo」ヒットの裏にあった1つの気づきとは

「Soup Stock Tokyo」といえばスープ専門店として知られるが、意外にもお粥メニューも出していて人気だ。そのスープストックは1999年に創業。今でこそエキナカでよく見かけるが、オープン当初は路面店での成功を目指していた。ところが、路面店で次々に失敗した結果、再三オファーのあったJR東日本での出店を決意したのだ。

そのとき有利だと気づいたのが、小さいスペースでもやりくりできること。15坪もあれば開店できて採算がとれるため、普通の飲食店では入れない中途半端なスペースでも、次々にオープンすることができた。そして、エキナカという激戦区で人気を獲得し、現在は首都圏の駅を中心に60店舗を展開するまでになった。その人気の秘密に、同店のお客の8割が“お一人様女性”ということがある。特に夜に、女性が一人で堂々とご飯を食べられる店として利用されている。小さなスペースでも開店できること、女性が一人で利用できる店づくりが、スープストックの強みなのだ。

ヒットのヒント

失敗したらすぐに考えを切り替え、想定外であっても、ヒットする方向に転換する。

1/8

歯ブラシ交換デー（毎月8日）

年間1500万本、累計3億本…。世界中で売れ続けるイオン歯ブラシ「KISS YOU」は何が違うのか

累計3億本を売る大ヒット歯ブラシ「KISS YOU（キスユー）」。内蔵電池から発生させる微弱電流の作用で、軽く磨くだけで歯垢を除去できると話題になり、販売先は世界50カ国に広がる。

製造販売するのは、千葉県のアイオニックだ。同品は、発明家だった創業者が、アメリカで発表されたイオン歯ブラシの原理に目をつけ、4年ほどかけて開発。1984年に「IONIC hyG（アイオニック ハイジ）」の名で売り出した。その後、1995年にKISS YOUと名前を変え、ドラッグストアなどへ展開。すると、日本最大の美容サイト「@cosme」で高評価を得るなど話題に。口コミで知った中国人観光客が爆買いする事態も発生したため、上海企業と契約を結び、現地での販売に乗り出した。

その他にも積極的に海外へ進出し、地域ごとに信頼できる代理店との関係を構築。ある国ではネット販売中心、またある国では歯科材料として販売するなど、現地のニーズや状況に柔軟に合わせることでグローバル化を進めた。独自の技術を生かしたユニークな商品が、世界のニッチ市場に見事フィットした。

ヒットのヒント

独自の技術を生かしたユニークなヒット商品を現地のニーズを生かした方法で売ることでグローバルブランドへ成長させる。

1/9

風邪の日

800個がたった10分で売り切れた!
「なんでもマスク」に見る
ひらめきをヒット商品に変える方法

2020年3月、世の中は深刻なマスク不足に陥り、多くの人がお手製のマスクで凌いでいた。そんなとき、横浜の雑貨店「A.Y.Judie（エイワイジュディ）」のオーナー、土屋順子さんの頭にあるモノがひらめいた。両端にクリップをつけた「マスク用ストラップ」だ。ガーゼなどにこれをつけるだけでマスクに早変わりする！

順子さんは「なんでもマスク」と名づけ、即、プレスリリースづくりにとりかかり、4月1日には配信。すると、たった1日でリツイートが2万件に。発売日当日までに用意した800個はわずか10分で売り切れる大人気で、その後、なんでもマスクは5カ月間で7万個を売り上げる大ヒット商品となったのだ。

自分の中でひらめいた「ちょっとしたアイデア」を大切にし、それをカタチにするために順子さんは素早く行動した。

モタモタしていたら、他の人が同様の商品を思いつき、先を越されていたかもしれない。「アイデア」と「スピード」はヒットを生む最強コンビといえそうだ。

ヒットのヒント

アイデアをかたちにすべく即行動。
そのスピードと行動力が成功につながる。

1/10

(明太子の日)

明太子はどうやって「福岡土産の定番」になったのか

博多名物、明太子の第一号をつくったのは戦後、博多の中州市場で食料品店を始めたふくやの川原俊夫氏だ。

戦前、仕事で釜山にいたことのある川原氏は、たらこの唐辛子漬けがなつかしくて、生のたらこを唐辛子で漬け込んで食べていた。そして、1949年、その一部を店にも出してみた。が、翌日には「辛すぎる！」と早くもクレームが舞い込む。

この日を境に、日本人の口に合う味を求め、ハチミツを始めさまざまな材料を試し、まろやかさを加えるなどして改良に改良を重ね、ついに10年後に現在の味を完成させたのだ。今でこそ年間150億円の売上を誇るふくやだが、初めは売れなかった。それでも明太子は口コミで徐々に広がっていった。

実は川原氏は明太子の詳しいつくり方を仲間の業者達に教え、「明太子」の名称も自由に使わせた。1975年山陽新幹線の全線開通を機に、一気に博多名物として全国に広がったのも、多くの業者がすでに明太子をつくれるようになっていたためだ。

ヒットのヒント

レシピ公開という「禁じ手」が新しい業界と、名物をつくった。結果、自社商品の売上もアップ。

1/11

塩の日

意外な組み合わせ「塩+パン」が、1日6000個以上販売のヒット商品となるまで

夏場にパンの売上は低下する。愛媛県八幡浜市のパン屋「パン・メゾン」の平田巳登志氏はその対策として、塩のきいたバターたっぷりのパンを思いついた。塩の味が食欲をそそると考えたのだ。試行錯誤の末、「生地50対バター10」の割合で焼くと、中はモチモチ、パンの底には、溶け出したバターが鉄板上で焼けて付着し、パリパリという「新食感」が生まれた。

肝心の塩については、世界中から取り寄せて試作を繰り返し、そして、ようやくある地方の岩塩に行きつく。塩辛すぎず、ほんのりした甘みが香る、なんとも魅力的な味だった。

こうして完成したのは、全く新しい味と食感のパンだ。「売れる！」と直感し、平田氏は「塩パン」と名づけた。

しかし、パンはすぐには売れなかった。それでも直感を信じ、採算度外視でつくり、売り続けること4年。近所で徐々に評判となり、ついに人気爆発。連日長い行列ができ、テレビ番組でも取り上げられ、1日6000個売り尽くす大ヒット商品となったのだ。

ヒットのヒント

自分の「作品」を信じ、
赤字覚悟でも続ける「信念」を持つ。

1/12

育児の日（毎月12日）

子育て中に40万人に支持される YouTuberに! ほしのこ氏に学ぶ「自分を生かす戦略」

YouTuberとしては後発といえる2017年から投稿をスタートし、わずか1年で企業タイアップ数ランキングのトップに上り詰めたのが、ほしのこ氏だ。元々専業主婦で、生後半年の子どもを育てながらYouTuberデビュー（ほしのこCH）。広告収入があっという間に数十万円になり、趣味から仕事に変わったという。

成功の要因は「"主婦"というターゲット層がよかったこと」と本人が分析。主婦は日々たくさんの買い物をする。その層に向けて料理や収納、メイク、ファッション、ダイエットといった、日々実践していることを配信。画像には"ちょっとおしゃれ"な雰囲気を出して、主婦の憧れ的な存在になった。そうした土壌に目をつけたクライアントから、多くのタイアップ依頼が来るようになったのだ。それに対し、ほしのこ氏は自分で提案書をつくり、構成も全部自分で考えて提案する。その丁寧さがクライアントの信頼を獲得し、今やYouTube以外の仕事も立ち上げるほどの発展を遂げている。

ヒットのヒント

自分に合った市場を見つけ、差別化をはかり、ファンを獲得。クライアントへの丁寧な対応が他の案件も呼び、支持を集める。

1/13

一汁三菜の日（毎月13日）

二番煎じの商品はいらない！「ゆびさきトング」が支持される当然の理由

調理中は指先が汚れて、何度も手を洗うことになる。この不便さを解決しようと開発されたのが、「ゆびさきトング」だ。新潟県燕三条市のオークスの女性チームが開発し、製造したのは地元の燕三条のステンレス加工会社。

女性の生活感覚と、燕三条の職人技術が結びついた逸品は2012年の販売以来、63万個の累計販売数を誇る堂々のヒット商品となった。ヒットの理由は、その使い勝手のよさにあるだろう。自分の指でつかんでいるような使い心地にこだわり抜いて、先端部分にゆるやかなカーブをほどこし、その結果、指を汚さずに薄切りの肉をはがしたり、刺身を切ったり、衣をまぶしたりできる。また、熱いものや小さなものも簡単につかめる便利さが、主婦からの絶大な支持を集めた。

市場にすでにあるものの「二番煎じ」の企画は通さないのが、オークスのポリシー。今までにない新しい商品で、しかも、消費者の共感が得られる企画だけが開発を許される。ゆびさきトングはまさにそれらの条件を満たした商品だったのだ。

ヒットのヒント

「今までにないもの、消費者の共感が得られるもの」を形にする。

1/14

（ 成人の日 ）

日本酒なのにノンアルコール！
「スペシャルフリー」が若者にウケる理由

成人の日といえば、昔は「今日からお酒が飲める」日だったが、“酒離れ”が進む現代の若者にその意識は薄いようだ。事実、厚生労働省が実施した国民健康・栄養調査（令和元年）によると、「飲酒習慣」がある人は、40代の25.2％に対し、20代では7.8％程度。そして、お酒を「ほとんど飲まない」「飲まない」「やめた」と答えた20代の割合は56.1％にもなるという。

そんな若者の酒離れを背景にノンアルコール市場は拡大傾向にある。月桂冠が2019年に発売した日本酒テイストのノンアル飲料「スペシャルフリー」も当初の予想を上回る売れ行きだ。実は、月桂冠がノンアル飲料を出したのは今回が初めてではない。まず2014年に初代「月桂冠フリー」を発売。翌年にもカロリーゼロの「月桂冠ニューフリー」を投入している。いずれも、日本酒らしい苦みもあえて再現したため、少々飲みにくいという声があった。そこで、フルーティーさを前面に出した吟醸酒テイストに改良した結果、女性や若者にも広く受け入れられ、SNSでも話題に。従来の清酒ファン以外の層を開拓できたのだ。

ヒットのヒント

「どれだけお酒に近づけるか」ではなく
飲みやすさを重視した改良で、
従来の清酒ファンだけでなく若者も取り込む。

1/15

いちごの日

リスクを恐れず、
パッケージを刷新して大成功!
フランセのミルフィユ

週末に行列ができる洋菓子店フランセ。客のお目当ては果実をたのしむミルフィユで、中でも一番人気が「いちご」味だ。

しかし、フランセも長い間ずっと好調だったわけではない。2000年前後から新しい店へ客を奪われ、長い低迷期を経験していたのだ。状況を打破したのは、2016年に断行した大々的なリニューアル。昭和のなつかしい香りのする老舗菓子店は見事に再生し、成功を収めた。

リニューアルの柱は、50〜60代中心だった顧客を若い世代にも広げること。そのために、圧倒的売上数を誇る「ミルフィユ」を中心に据え、パッケージと紙袋を中心にデザインを若者向けに変えたのだ。

長く親しまれてきたものを変えては、現在の顧客を失いかねない。が、再生のためには斬新でインパクトのあるデザインが不可欠だと考えた。

そこで、果実をモチーフにしたカラフルで愛らしいパッケージに変更。新たなフランセのマークを全体にあしらった紙袋は街中でも目を引き、宣伝効果まで生んでいる。

ヒットのヒント

**失敗を恐れず、パッケージの大胆な刷新に挑戦。
リブランディングに成功。**

1/16

(禁酒の日)

世界初「アルコール0%のビール」完成の裏にあった素朴かつ大胆な発想とは

2009年世界初のアルコール完全ゼロの「キリン　フリー」が登場。年間販売目標を1カ月で達成するほどの大人気となった。

当時、飲酒運転による悲惨な事故が多発し、1滴のアルコールも含まない「ビール」こそ時代の要請、と考えたキリンが開発を決断。「アルコール完全ゼロ」と「ビールらしい風味と味を持つ」の2つを両立させるための挑戦が始まった。

アルコールは麦芽を発酵させる工程で発生する。そこで、ビールづくりの「命」である発酵の工程自体を省いたのだ。そして、発酵直前の麦芽に炭酸水を加えると、ビールっぽい泡と黄金色の液体が現れた。が、嫌なにおいがする。ひどくまずい！

そこで、香りを強めに効かせて、嫌なにおいを覆い隠す方法を考案。何千種類ものビールの香り成分を足した。が、嫌なにおいは少しだけ残り、その微かな嫌なにおいこそがビールらしいコクを生む結果となったのだ。発酵工程を省くという、素朴かつ大胆な発想が、世界初の成功へのカギとなった。

ヒットのヒント

ときには大胆に当たり前（発酵の工程）をやめてみる。

1/17

防災とボランティアの日

「非常食らしくない」がカギだった!?
畑違いの企業がつくった「非常食」が
ヒットしたワケ

杉田エースの非常食「IZAMESHI（イザメシ）」シリーズが人気だ。発売4年で初年度の10倍以上を売り上げる大ヒットとなっている。

同品の魅力は、試行錯誤の末、たどり着いたその“味”にある。目指したのは“普段食べてもおいしい非常食”。そのため、写真を使ったパッケージにこだわったり、食卓やアウトドアでの活用シーンを提案したり、他の非常食とは一線を画す。

そもそも、この商品を開発したのは食品会社ではない。建築金物を販売する老舗企業だ。異分野での事業を立ち上げたのは、東日本大震災の避難生活で“おいしい非常食が少ない”という現状を知ったのがきっかけ。調査してみると「備蓄していた場所を忘れた」などという声があり、非常食という存在を、“食べない備蓄食から、おいしく食べられる長期保存食”へ変えていこうと決意。非常食らしくない、同品シリーズが誕生した。普段も食べて活用し、食べた分を買い足して補充していく「ローリングストック」の発想で、ヒットを巻き起こしたのだ。

ヒットのヒント

**異分野ゆえに気づけた、
業界の常識に捉われないコンセプトが、
消費者に受け入れられた。**

1/18

初観音

お寺もリブランディングする時代!?
築地本願寺に長蛇の列ができた理由

“お寺業界”では今、参拝者数が減り続け、経営が厳しいお寺が増えているという。400年の伝統がある築地本願寺も同様で、なんとリブランディングに取り組んでいるのだ。

目的は、新しい顧客創造。そのために、まずは「開かれた寺」にして一般の人たちとご縁をつくる、という目標を掲げ、「築地本願寺カフェ Tsumugi」を創設した。そして、誰もが気軽に立ち寄れるようにと、「18品の朝ごはん」というメニューを開発。18という数字は、阿弥陀如来が人々を救うために立てた誓願の中の第十八願、「本願」にちなんだもの。そこからお粥とおみそ汁に16品の小鉢のついたメニューを考案したのだ。

価格は1800円（税抜）と高めの設定だったが、小鉢がずらりと並んだビジュアルはまさにSNS向き。「インスタ映えする」と行列ができるほどの大人気となった。「お寺のカフェで朝ごはん」という新しいシチュエーションと、予想外のビジュアルのよさが女性の心を引きつけた。

ヒットのヒント

「伝統」と「新しさ」のバランスのよさが幅広い層にウケた。

1/19

いいくちの日

「消費者のニーズ」を形にした!「LISTERINE」にはマーケティングのワザがギュッと詰まっていた

「LISTERINE（リステリン）」はジョンソン・エンド・ジョンソンが発売するマウスウォッシュ（洗口液）だ。マウスウォッシュ市場で売り上げナンバーワンと快調に売れ続けている。

その理由は、「口臭で人間関係を悪くしたくない」という消費者のニーズをとらえたことにある。商品開発において重要な考え方にマーケットイン（消費者のニーズを重視する）があるが、まさにリステリンは、この考え方を生かしたといえる。

さらに同社は、爆発的人気のTikTokでのキャンペーンに成功し、「リステリンホワイトニング」の売上を30%も増加させた。TikTokには「スタンプ」を配布する広告方法があるが、同社はこれを利用。歯を白く見せるスタンプを配布し、広告を出稿すると、ユーザーたちがスタンプを使って投稿を開始。その利用者数は17万人、広告の動画再生回数は3200万回にも上った。TikTokのユーザーの多くは若い人たちなので、その層へのアピール効果を十分に果たしたのだ。

ヒットのヒント

消費者のニーズをとらえながら、新しいメディアを巧みに使ってアピール。

甘酒の日

商品の魅力を深掘りし、大成功!
「冷やし」で市場を一気に拡大した
森永製菓の「甘酒」

甘酒ブームが続いている。市場の売上はすでに100億円超え。健康にも、美肌にも効くと、特に女性たちの間で根強い人気を誇る。その牽引役が業界最大手の森永製菓だ。

森永製菓は1969年にすでに瓶入りの甘酒を販売していた。酒粕の奥深い旨味と米麹のほんのりした甘みが相まった薫り高い味わいがウケて、地味に、長く売れ続けてきた。が、それに満足することなく、さらなる売上増を狙ったのだ。

2010年頃、夏用に冷やして飲む「冷やし甘酒」を投入。すっきりした喉ごしは夏にピッタリ。しかも、甘酒は水分、塩分、ブドウ糖が豊富。飲むだけで夏バテ対策ができるとあって、2013年度の売上は2010年度の7.5倍に、一気に急増したのだ。

さらに、東京工科大学との共同研究により、目の下のクマを和らげ、また、ニキビの原因ともなりえる皮脂分泌を抑える効果などもわかってきた。森永製菓では、このような甘酒の効果をネットで紹介し、さらなる顧客の獲得に努めている。

ヒットのヒント

既存の商品に新たな魅力と価値を見出す努力が再ブレイクを呼ぶ。

1/21

（料理番組の日）

「日常」から生まれた
キッチンの必需品「サランラップ」

今やキッチンに欠かせない「サランラップ」だが、元は軍事品だったというから驚きだ。原料の合成樹脂の研究は20世紀初頭にアメリカで始まり、最初は戦争で使われた。兵士を守るための蚊帳、ジャングルを行進する兵士を水虫から守るための靴の中敷き、銃や弾丸を湿気から守るための包装フィルムなどだ。しかし、戦争が終わると新たな用途が見つからずに低迷する。そんな中、あるきっかけでサランラップが誕生した。

それはフィルムのメーカーに務めていた男性2人が妻を伴い、近所の人たちとピクニックに出かけたときのこと。奥さんの1人が夫の会社のフィルムにレタスを包んで持って行ったところ、「私も欲しい」と大変な評判に。そこで2人はすぐさま商品開発を始め、第1号が完成した。名前は2人の妻のサラとアンにちなんで「サランラップ」となった。

日本には1960年に上陸するが、さっぱり売れなかった。しかし、冷蔵庫や電子レンジの普及とともに売れ行きが右肩上がりになり、現在はどの家庭にもある必需品となったのだ。

ヒットのヒント

非日常の素材でも、機能性に着目すれば、
日用品に生かす方法がある。

1/22

カレーの日

「工場の所在地」がヒットの秘密!?
いなばの「タイカレーシリーズ」は
発想の転換から生まれていた

　スーパーで、コンビニで、百均で、売り切れ続出の人気食品がある。2011年発売のいなば食品の「タイカレー」の「ツナとタイカレー」味だ。酸味と辛さと甘みが混じり合う味は、まさに本場の味。それも、100円前後で手に入るのだから、売れないわけがない。

　製造場所はタイの自社工場。しかも、通常であれば国内で行う企画や試作までタイで行った。本場の味が実現できるのも、味の決め手となる香辛料がすべて現地で調達できるからに他ならない。また、現地調達ならコストを低く抑えられ、低価格を可能にできるのだ。そもそもこの商品､「タイカレーありき」ではなく、同社がタイの工場でさまざまな加工品をつくっていたことから、タイの代表的料理「タイカレー」を現地でつくるのはどうだろうと考えたことから始まっているというから驚きだ。

　安い、おいしい、簡単。3拍子揃った優秀商品「タイカレー」は、つくる場所から考えるという発想の転換から生まれていた。

ヒットのヒント

今使えるものや設備でできる「おもしろいもの」は何か…。
考え方をガラリと変えることで新しいヒットが生まれる。

1/23

(アーモンドの日)

豆乳にとって代わるヒットとなるか!?
グリコ「アーモンド効果」の挑戦

アーモンドミルクがブームだ。その牽引役が「江崎グリコ」の「アーモンド効果」のシリーズ。2014年に発売され、じわじわと売上を伸ばし、直近の2020年でも販売量で前年比30%増を達成している。人気の秘密は、ビタミンEや食物繊維が豊富で、コレステロールが少なく低カロリーなこと。しかも、そのスーパーフード並みともいえる栄養価を手軽に取れるところにある。そのため、アーモンド効果は美容意識の高い女性にターゲットを絞り、売上を伸ばしてきた。

2020年は、用途を広げるべく、カフェやレストランを対象に「アーモンド効果　For Barista and Chef」を発売。コーヒーや料理に使う「新習慣」が家庭にも浸透することも同時に狙う。その効果か、カレーなどにアーモンドミルクを使ったメニューが話題になり、狙い通り牛乳の代わりに料理に使う人も増えている。豆乳の市場規模は約400億円。最終目標はその豆乳市場に追いつくことだという。

ヒットのヒント

多方面からのしかけで日常にじわじわ浸透。

1/24

（アメリカで世界初の缶入りビールが発売された日）

「第三のビール」市場を席捲する「本麒麟」のヒットを支えたものとは

それまで長く低迷が続いていたキリンビールで、2018年に待望の大型ヒット商品が誕生した。第三のビール「本麒麟」だ。発売されるや、わずか3カ月で出荷数が1億本にのぼった。

丁寧で、綿密な市場調査が、大きな勝因。この調査によって、「消費者は軽くて、さっぱりした味を第三のビールに求めている」が、思い込みにすぎなかったことに気づかされたのだ。実際には、消費者は「本物のビール」を飲みたいけれど、手頃な価格の第三のビールで我慢していることが多かった。

そこで、苦みとコクのある、本格的な味へと大転換をはかり、完成したのが「本麒麟」。その人気はいまだ衰える気配がない。

ヒットのヒント

丁寧に市場調査を行い、しっかりとその結果に向き合うことでしか得られないものがある。

1/25

美容記念日

9カ月で38万個売れた!
従来のコスメとは全く違った
「男子コスメ」のしかけ方

美容もメイクも、今や女性だけのものではない。それを象徴するのが、資生堂の男性向けコスメブランド「UNO（ウーノ）」のヒットだ。特に、2019年3月に発売したBBクリーム「UNO フェイスカラークリエイター」は、発売9カ月で累計出荷数が38万個を超えるなど、予想を上回る売れ行きを見せている。

BBクリームとは、スキンケア・化粧下地・ファンデーションなどが1つになったクリームのこと。この1本で肌の色ムラを簡単にカバーできるため、女性に人気の高いアイテムだが、男性の認知度は低く、使用率も低かった。好調の裏には、資生堂が行ってきた地道な啓蒙活動がある。企業研修や就活セミナーなどで「商談や面接で大事なのは第一印象。それを簡単に上げられるのがBBクリーム」と来場者に商品を紹介。また、テレビCMでも「洋服と同様、肌を整えればビジネスで自信を持って勝負できる」と、メイクによるベネフィットを徹底的に表現。こうして、男性のメイクに対するハードルを大幅に下げ、男性向けBBクリーム市場を切り開いたのだ。

ヒットのヒント

商品によって生まれる新しい価値やベネフィットを
伝えることで、新しい市場を創造。

1/26

腸内フローラの日

乳酸菌+チョコ!?
異色の組み合わせが大ヒットを生んだ
すごい理由

チョコレートの新たなジャンルを切り開いてヒットしているのがロッテの「スイーツデイズ 乳酸菌ショコラ」だ。

これは、乳酸菌を生きたまま腸に届けることができるという、画期的なチョコレート。開発のきっかけはアンケート調査で、女性がとりたい成分の代表として乳酸菌があがったことだ。そこで実験を重ねると、乳酸菌はチョコレートの中で長く生きられると判明。さらにチョコレートは脂肪分が多いため、胃で消化されにくく、乳酸菌を生きたまま運ぶのに好都合だったのだ。

こうして商品が完成した。ちょうど世の中では「菌活」という言葉も生まれ、乳酸菌に注目が集まっていたこともあり、大ヒット。健康志向に合致しただけでなく、チョコレートを食べることで、いつでもどこでも手軽に生きた乳酸菌がとれるという携帯性のよさや、乳酸菌を常温で保存できるという利便性もヒットの理由だ。そして、発売から半年で20億円もの売上を記録した。

ヒットのヒント

時代の流れに合わせ、乳酸菌に着目し、
自社商品との組み合わせで、新しいジャンルを切り開く。

1/27

求婚の日

なぜ、ニコライ・バーグマンは異国の地で人気ブランドをつくることができたのか

美しい箱の蓋を開けて、びっくり！ 色とりどりの花々が敷き詰められている。そして、「結婚してください」の言葉…。

例えば、こんなサプライズつきプロポーズも可能なのが「オリジナル フラワーボックス」だ。デンマーク出身で日本を拠点に活躍するフラワーアーティスト、ニコライ・バーグマン氏が発案した。

2000年に発表されるや、その斬新さと独創性が注目され、注文が殺到する大ブレイク。翌年には自身のブランドを立ち上げ、2010年、東京南青山にカフェ併設のフラワースクールをオープンする。現在、国内外に12のスクールを展開している。

バーグマン氏はカレッジを卒業後、来日し、フラワーショップに勤めた。徹夜も多く、車で仮眠をとったことも。そんなハードな労働の中で知った日本語が「我慢」だ。自分を犠牲にするのは「悪い我慢」。夢の実現のための「いい我慢」を続けて成功を手にした。「いいと思ったら、やってみる。失敗したら修正すればいい」は、彼を成功に導いたもう1つのモットーだ。

ヒットのヒント

「『いい我慢』+『やってみる』の積極性」が成功へ導く方程式となった。

1/28

コピーライターの日

「今日、ケンタッキーにしない?」がケンタッキーを再ヒットに導いた理由

「ケンタッキーフライドチキン」(KFC)の売上が好調だ。広告業界では、「今日、ケンタッキーにしない?」のキャッチコピーがその好調の呼び水になっていると話題になっている。確かに、女優の高畑充希を起用したCMは印象的だが、なぜあのフレーズがそこまで効果的なのだろうか。

そもそもケンタッキーといえば、お正月やクリスマスなど親戚が集まるような、"ちょっと特別なイベント時に大人数で食べるもの"というイメージがついていた。実際、消費者アンケートでも「利用は年に1回や2回」というケースが圧倒的に多かったという。そのようなイベント時に食べられるということは、逆をいうと普段の生活での利用シーンは少ないということ。まさに、それを払拭するかのような力があのコピーにはあるのだ。

ちょっと特別、でもおいしい。そんなケンタッキーを「今日、食べない?」と誘うフレーズ。これによって、普段使いの選択肢の1つにも入ってくる。こうして、ケンタッキーへのハードルが下がり、利用客の増加につながったのだ。

ヒットのヒント

はっとする言葉で伝えることで、
普段の食事という選択肢もつくり、
新たな需要を生み出す。

1/29

（タウン情報の日）

大人気施設「里山十帖」その背景には「宿も1つのメディア」という考えがあった

新潟県南魚沼市にある旅館「里山十帖」。2014年5月のオープン後すぐに話題を呼び、開業からわずか3カ月で稼働率9割超を達成。築150年の古民家をリノベーションした風情ある館内、地元の伝統野菜がふんだんに使われた料理など、里山ならではのライフスタイルが味わえると人気で、客足は衰えない。

この旅館を手掛ける岩佐十良氏は、温泉や食に関する記事が人気の雑誌『自遊人』を創刊した編集者。廃業する旅館を譲り受けないかという一本の電話をきっかけに、宿泊施設の経営をスタートした。雑誌編集と旅館経営は全く異なる分野の事業と思われるが「雑誌と同じく、宿も1つのメディア」と岩佐氏は語る。地域情報の発信の形を、文字や写真で伝えることから、宿で表現する方法に切り替えただけ。むしろ、実際に触れたり、食べたり、雰囲気を感じたりすることで里山を疑似体験できる点では、よりリアルなメディアだと位置づける。客に何をどう伝えるかを考え、細かい部分にまでこだわり抜く…。編集者として大切にしてきたことを宿づくりにも生かしていたのだ。

ヒットのヒント

編集者の視点を生かし、宿でも「伝える」。地域の魅力を発信する場にして大成功。

1/30

みその日（毎月30日）

「生活スタイルの変化」に とことん寄り添ったからヒットした「液みそ」って何だ!?

「液みそ」がヒットしている。例えば2009年、マルコメが発売した、液みそのシリーズは、2020年に累計出荷数が5000万本に達した。日本人の4人に1人が購買経験のある空前のヒットとなった最大の理由は、その簡便さだろう。

液状タイプのみそがボトルに入っているので、必要なときにサッと使える。例えばお椀に好みの具と液みそ大さじ一杯を入れ、熱湯を注ぐだけで味噌汁のできあがり。しかも、固形のみそに負けない保存性を誇る。が、簡便さだけでは消費者は納得しない。味にもこだわり、固形のみそと変わらない風味に仕上げたのだ。

液みその開発は、消費者の「みそがダマになって、溶くのに時間がかかる」の声がきっかけとなった。

共働きの夫婦が増え、料理に時間をかけられない事情があり、それでいて味のよさも求める。そんな消費者の生活スタイルや“わがまま”にとことん寄り添うことで、使い勝手がよく、そして、おいしい液みそが誕生したのだ。

ヒットのヒント

消費者のニーズに細かく応えることで、多くの人に支持される人気商品に。

1/31

菜の日（毎月31日）

「業界を変えたい」という熱い想いが
サービスの認知拡大につながった!
「食べチョク」

「食べチョク」はビビッドガーデンが運営するネット上のプラットフォームだ。ここでは、野菜や米などの生産者が自由に出店し、全国の買い手に直接販売できる。現在、出店者数も利用者数も伸びて、急成長を遂げている。

農業界では、最近は卸売り市場を通さない取り引きが増えているが、そのほとんどが直売所などでの販売で、オンライン化が非常に遅れているのが実情だ。そこで、同社はこの農業界を変革しようと、インターネットで都市部と農家をつなぐことを決意。掲げている目標は「地方だけで消費されている食材を掘り起こすこと」「安売りではなく、正当な価格で売買すること」だ。それを前例のないスピードで進めていこうと、コロナ禍にも関わらず、6億円の資金を調達した。急がないと、高齢の生産者がどんどん辞めていってしまうからだ。その地方では当たり前に安く消費されているものでも、都市部の人にとって魅力的なものはたくさんある。生産者も買い手も満足するシステムだからこそ、急成長を遂げているのだ。

ヒットのヒント

**買い手だけでなく、「つくり手（生産者）」も満足する
システムづくりで、
新しいヒットを生み出した。**

2/1

（ ニオイの日 ）

においを「生ませない」
逆転の発想で勝利した
「ソフラン プレミアム消臭」

においの発生を防ぐ新技術を売りにした柔軟剤「ソフラン プレミアム消臭」が売れている。ライオンが2019年に改良新発売した商品で、前年比で約130%の売上だという。

衣料用柔軟剤は商品が多く、風合い・香り・消臭効果など特徴もさまざまな上、ユーザーの目も厳しい。そこで開発の際に同社が心掛けたのは、訴求ポイントを絞り、とがらせること。消費者の不満や悩みに応える特徴を1つに絞り込み、その突破ポイントを徹底的に磨き上げることにこだわったのだ。

今回着目したのは、一日中身につけることで靴下や服がにおってしまう…という消費者からの不満。それを解消するべく考えたのは「臭くならない服は、つくれる」というキャッチコピー。これまでの消臭の常識だった「においを“消す”」のではなく、「においを“生ませない”」ことができるとアピールしたのだ。

既存品にはない価値を訴求すべく、柔軟剤革命をうたったCMや、靴下5000足を集めた実証実験なども話題に。その結果、主婦だけでなく男性からの支持も集めることに成功した。

ヒットのヒント

訴求する特徴を1つに絞り、
その突破ポイントを徹底的に磨き上げて勝負をかける。

2/2

フレンチ・クレープデー

価値と市場をつくり出し、大ヒット!
ティファールの電気ケトルがすごい理由

フレンチ・クレープデーは、ティファールブランドを保有するグループセブ ジャパンが制定したフランスの食文化を伝えるための記念日。たくさんのクレープを焼いて春の訪れを祝う行事「ラ・シャンドルール」が由来だ。そのティファールといえば取っ手がとれるフライパンで有名だが、実は「電気ケトル」のパイオニアでもあることをご存じだろうか。

ティファールが世界で初めてコードレス式電気ケトルを発売したのは1986年。日本では2001年から販売を開始し、2018年には累計販売台数2000万台を突破。市場を牽引している。

元々日本ではお茶やコーヒーを淹れる際、やかんでお湯を沸かし、ジャーポットで保温することが一般的だった。すると、大量のお湯を沸かしてしまい、保温しておけば電気代がかさみ、残ったお湯は捨てることに…という不満を抱えていた。そこで、必要なときに少量の湯を手早く沸かせる電気ケトルなら、その不満を解消できるとアピール。「必要な分だけ沸かす」という“当たり前”をつくり出すことで、新たな需要を喚起したのだ。

ヒットのヒント

日本人が抱える不満とそれを解消する手段を提示することで、新たな需要を喚起。

2/3

（節分）

しかけたのは「セブン-イレブン」!?
恵方巻が節分に売れるようになった理由

セブン-イレブンだけでも毎年660万本以上が売れる恵方巻。節分にその年の干支の方向に向かって太巻き寿司を食べると、願いが叶うとされる。一説によると、大阪の一部であった風習だという。これを全国に行きわたらせた「しかけ人」が、セブン-イレブンだった。

1989年、広島市のオーナーがこの太巻き寿司の販売を始めた。当時は、客にこの風習を説明しながら売ったといわれている。

そして、9年後の1998年、「恵方巻」の名称で全国販売を開始すると、瞬く間に大ヒット商品となる。

では、一体なぜこれほどの人気者となったのか。

「恵方巻」という言葉の持つハッピーな響きも人気の一因だろうが、恵方巻は1本でお腹がいっぱいになる。節分にかこつけて、夕飯の支度をパスできることは主婦にとってもありがたい。

そして、同じ方向を向いて大口を開けて食べるしぐさには、子ども達も大喜び。お正月が終わり、イベントの減った2月に、恵方巻を食べることは、家族イベントとして、豆まきを超える勢いで浸透してきている。

ヒットのヒント

節分に食べるという売り方で特別感を生み出す、記念日マーケティングが成功。

2/4

（ぷよの日）

ヒットに追随するのではなく、あえて正反対にする発想から生まれた大人気ゲーム「ぷよぷよ」

テレビゲームが好きな人なら「ぷよぷよ」を知らない人はいないだろう。コンパイルが1991年に開発し、現在はセガが権利を管理するこのソフト。累計1000万本という大ヒットを記録し、今なお多くの人に愛される人気ゲームだ。

開発当時は「テトリス」など“落ちモノパズルゲーム”の人気が上がり始めた頃。コンパイルでも落ちゲーをつくれという命が、開発者の米光一成氏に下った。テトリスは確かにヒットしているが、追随するのではおもしろくない。そこで米光氏は、テトリスに関連する要素をすべて書き出し、それらが「ソリッド」というテーマで統一されていることに気づく。そして、この一番の核であるソリッドな部分を捨て、反対にしてみようと思いついた。固いブロックを柔らかいぷよぷよしたものに、列が一直線で消えるのではなく色でぐねぐねつながるように、ストイックではなく陽気で楽しい雰囲気に。ソリッドな仕組みをソフトに反転することで、これまでとは一線を画すつくりに仕上がった。こうして国民的人気ゲームができあがったのだ。

ヒットのヒント

ヒット作をリスペクトしつつ、特徴をあえて正反対にして、違う魅力をつくり上げた。

2/5

(日本語検定の日)

ヒットのヒントは“海外”にあった!?
机に向かうのが楽しくなる
秘密のアイテム「スタディプランナー」

2018年から女子中高生の間で大流行している「スタディプランナー」。いつ、何の教科を、どれだけ勉強したかの記録を書き出し可視化することで、学習を効率化する勉強専用手帳だ。付箋や蛍光ペンを使いデコレーションすることで、毎日の学習記録をおしゃれに書き残せ、勉強へのモチベーションも高まると人気で、コクヨ・いろは出版・学研など、各メーカーがそれぞれに工夫を凝らしたオリジナル商品を次々と市場へ投入。「日経トレンディ2018年ヒット商品ベスト30」にも選ばれている。

実は、このスタディプランナーは受験大国・韓国で生まれたもの。韓国での人気が日本の女子中高生にも飛び火し、2017年には、スケジュールや達成度を書き込んだかわいい自作ノートの画像をSNSにあげることが流行り始めていた。

そこに目をつけた日本の文具メーカー各社が、同時多発的に商品化。日本人の勉強スタイルに合わせた仕様にし、大ヒットした。今や愛用者は働く女性にも広がり、勉強色を薄めた大人向けのアイテムも発売されるなど、市場は拡大を続けている。

ヒットのヒント

**海外の流行・ブームを見逃さず、
日本流にアレンジし、業界の新たなカテゴリーを確立。**

2/6

（お風呂の日）

なぜ、高価格入浴剤「BARTH」は需要が落ち込む夏でも売れ続けたのか

1袋900円（3回分）という高単価な入浴剤「BARTH（バース）」が堅調に売れ続けている。これは「中性重炭酸泉」という世界的にも希少な温泉の研究から生まれたもので、2017年の発売当初の売れ行きは今ひとつだったが、ツイッターから火がついた。発売から3年経ったころ、「気絶するように眠れた」「疲労感がとれた」といったツイートが増えて拡散したことで、取り扱い店舗が急増。売り上げが10倍になったのだ。

さらにコロナ禍によって、自宅でいかに気持ちよく入浴するかというニーズが高まり、サウナ好きな男性は「汗をかける」とツイートし、盛り上がった。結果、入浴剤の市場が落ち込むといわれる夏にも売れ続けた上、30代男性の購買意欲を掘り起こすことにもなったのだ。

高品質の商品であることがユーザーの好コメントを生み、ネットで広がることで人気ブランドに躍進した。発売元のTWOはツイート内容を分析し、美容、ヘルスケア、睡眠などの効果とリンクした入浴剤として新たな方向性を打ち出している。

ヒットのヒント

たとえ高価でも、そこに他社にない強み（中性重炭酸泉）があれば、好感触のツイートが自然発生し、拡散されていく。

2/7

長野の日

「男性の意見を採用しない」で成功 長野の老舗メーカー・マルコメが生んだ「プラス糀」

長年、業界のトップを走ってきた味噌メーカー・マルコメが2012年に立ち上げたブランド「プラス糀」が人気だ。塩糀の調味料に、ドレッシング、ヨーグルトソースまで。また、昨今の甘酒ブームも追い風となり、2014年に発売した同ブランドの「糀甘酒」は、発売4年で売り上げが業界2位にまで躍進した。

糀には自然の甘さがあり、体にもいいので砂糖のような基礎調味料にならないか、と考えたのが企画のきっかけ。さまざまな部署の若い女性が集まりプロジェクトチームを結成し、女性ならではの視点を生かしてよいものをつくろうと考え、男性の意見はシャットアウトして開発を進めた。

「糀らしい味」はもちろんだが、一番こだわったのは「見た目」。少しでも茶色く見えると人気が出ないと、糀のきれいな白が出るように配慮。また、店頭で目立つことより食卓の雰囲気を壊さないことが重要と、白を基調としたおしゃれなパッケージに小ぶりなサイズを意識したことも好評だった。こうした女性社員ならではの発想とチーム力が、見事ヒットを生み出したのだ。

ヒットのヒント

「男性意見は排除」「女性限定」のチームづくりでターゲットの心に刺さるブランドをつくった。

2/8

にわとりの日

今では大人気のサラダチキンは「窮余の策」で生まれた商品だった!

スーパーやコンビニで、もはや定番となっているサラダチキン。低カロリーながら、良質のたんぱく質を豊富に含み、そのヘルシーさが人気の理由だ。2001年50万パックから2017年には1100万パックと、22倍も売り上げを伸ばした。

サラダチキンとはムネ肉にハーブなどで味をつけ、加熱したもの。開発したのは、鶏やカモの生産、加工品製造を行う岩手県大船渡市のアマタケだ。ただ、サラダチキンは最初からヒットを狙ってつくったものではなかった。売れ残りが多いむね肉をなんとか売るための策として、開発したものだったのだ。

2001年の発売後、サラダ人気にも支えられて、順調に売上を伸ばし、2014年には大ブレイクを果たす。皮を除去したのがそのきっかけだった。精肉業界ではおいしいとされている皮を捨て去ることは、大きなカケだったが、それによって、さらに40%もカロリーを下げられたのだ。後発商品も次々に出ているが、アマタケの商品は真空状態で味をじっくり染み込ませるなど、味のよさは折り紙つき。断トツ1位の人気を保ち続けている。

ヒットのヒント

美味な皮をあえて取る——。
業界の常識を無視した英断が
世の健康志向に合致し大ブレイクに。

2/9

服の日

世界で10億枚売れた!
「ヒートテック」がヒット商品になるまで

薄いのに温かい肌着「ヒートテック」が世に出たのは2004年。薄着でも快適に過ごせるとあって、爆発的人気を呼び、世界中で累計10億枚以上を売り上げる超人気商品となった。

新しい生地の開発のためにユニクロは世界的繊維メーカー東レとタッグを組み、試行錯誤の末、レーヨンとアクリル、そして、ポリエステルを組み合わせることで､「薄いのに温かい」、かつ「蒸れない」を実現し、大ヒットを生んだのだ。

ヒットの要因としては、商品自体の魅力と共に､「新聞」に力を入れていることも大きいだろう。デジタル時代に意外だと思われそうだが、クリスマスや新商品の発売などのイベントには1面広告を打つことも。新聞という媒体を通じてユニクロの商品情報も貴重な「ニュース」の1つとなるからだ。

また、折り込みチラシが多いのも特徴。セール日には必ずチラシを入れる。新聞のチラシをほぼ毎日見る人は全体の70%以上、それを読む時間は平均9分以上との調査結果もある。地域に密着した広告の仕方もまた、人気を支え続けているのだ。

ヒットのヒント

確かな商品の魅力を、多彩な展開で伝えていく。

2/10

フルーツアートの日

「発信力」でヒットをつくる!
「ダイワスーパー」の「フルーツサンド」

食パンに生クリームとイチゴやキウイ、メロンなどの果物を挟んだ「フルーツサンド」が静かなブームを呼んでいる。美味なだけでなく、果物の淡いイエローやレッド、グリーンなどが生クリームの白に映える「断面美」も人気の秘密だ。

このフルーツサンド戦線に2018年7月半ばに参戦し、瞬く間に自社商品を人気商品に押し上げた人物がいる。愛知県岡崎市のダイワスーパー社長、大山皓生氏だ。

成功のカギは、Instagram。「八百屋がつくる本気のフルーツサンド」のインパクトあるコピーとともに、果物がゴロゴロ入ったフルーツサンドの美しい写真をアップした。すると、翌日には行列ができ、開店5分後には売り切れる盛況ぶり。

大山氏は地域の人たちに商品を知ってもらうために、手書きの「ダイワ新聞」を作成し、自らポスティングして歩くこともする。SNSというデジタルだけでなく、手と足を使った地道で、ぬくもりあるアナログ戦略も奏功しているのだ。

ヒットのヒント

**「おいしい」のはもちろん、
「おいしい」をさまざまな手を使って
伝える発信力が「勝ち」を呼び込む。**

2/11

（ 発明家 トーマス・エジソンの誕生日 ）

発明で1億円の大ヒットを生んだ主婦が
商品開発のときに
自分に許している「間違い」とは

松本奈緒美さんは「お金をかけずに発明する」をモットーに、数々のヒット作を生み出している主婦発明家だ。最初の発明は、吸引しながら拭き掃除ができる掃除機のノズル「おそうじペン先すーぴぃ」。水拭きが嫌いという自らの経験からひらめきを得て、試作を繰り返し、メーカーに売り込んだ。結果、約1億円のロイヤリティを得て、その後も次々にヒット作を生み出している。

発明のコツは、発想の段階で「組み合わせの間違い」を許すことだという。例えば、スリッパとモップの組み合わせは「間違いだ」という常識が働くと、ユニークなアイデアは生まれない。この間違っている組み合わせを許せば、「モップ機能のついたスリッパ」という新しいアイデアが生まれるのだ。

そうしたアイデアをメーカーに売り込むコツは、簡単な構造で、部品がなるべく少なく、特徴がある形状をしていること。ただし斬新なアイデアゆえに売れないといわれることもある。そんなときは、人の話を聞かない人のほうが発明家に向いているという。直感を信じて突き進む情熱がヒットを生むのだ。

ヒットのヒント

自分の経験からひらめきを得て、
「組み合わせの間違い」を許し、
売れるという直感を信じて前進する。

2/12

ブラジャーの日

胸の大きい人にも悩みがある!?
「小さく見せるブラ」が
隠れた市場を開拓できたワケ

大きな胸を小さく見せるブラに需要がある？ と思うかもしれないが、2012年に発売された「小さく見せるブラ」は累計50万枚を超えるヒットを記録している。きっかけは、発売元の三恵のスタッフのつぶやきだった。それは「大きな胸が小学生の頃からの悩み。デカパイといわれる、常に胸を見られる、異常な肩こりに悩まされる。ずっと自分に合うブラを探し続けてきた」というもの。当時、小さく見せるブラは数社から販売されていたが、どれも理想には程遠かったのだ。

そこで三恵は「機能性が高く、見た目が美しく、リーズナブル」を目標として、商品開発に着手。胸を押さえる独自のカップを採用し、痩せて見える、谷間を隠す、バストの揺れを防ぐといったノウハウを詰め込んだ。また、工場と直接取引することで低価格も実現。大々的な広告は行えなかったが、発売するとリピーターが増え、クチコミも広がり、月1万枚を超えるヒットとなったのだ。

当事者にしかわからない悩みをとことん解決したことで、新たな市場のパイオニア的存在になった。

ヒットのヒント

コンプレックス・悩みを解消するさまざまな工夫を盛り込み、低価格で提供したことで、隠れた市場を開拓した。

2/13

（ 苗字制定記念日 ）

“字を字で隠す”で、1200万個売れた！
個人情報保護スタンプ「ケシポン」

1875年の2月13日、明治政府は「平民苗字必称義務令」を公布し、武士や公家だけでなく、すべての国民に苗字を名乗ることを義務づけた。それからときは流れて2005年、今度は「個人情報保護法」が制定され、氏名や住所などの情報は公にしないことが求められた。漏洩による事件・事故を防ぐためである。

そんな個人情報保護への意識の高まりを受けてヒットしたのがPLUSの「ケシポン」。累計出荷個数は1200万個を突破した。

開発のきっかけは、個人情報が載った大量の郵便物の処理を面倒だと感じたこと。そこで、切ったり破いたりするのではなく、簡単で安全で、ごみが出ない方法はないかと考え続けた結果、“スタンプで隠す”というアイデアが生まれたという。

しかし試作は失敗の連続。記号など規則的な模様では隠しきれず、黒塗りだとかえって文字が浮き上がってしまう。そんな中ひらめいたのが、コピー偽造防止用紙のような“文字で文字を隠す”方法。漢字・ひらがな・数字などさまざまな組み合わせを模索し、現在の画期的な印面パターンにたどり着いたのだ。

ヒットのヒント

**時代の流れを読むだけでなく
その中で自社の強み（文房具）を
どう生かせるか考え、ヒット商品を生み出す。**

2/14

バレンタインデー

たった1年弱で3000万枚!
明治「ザ・チョコレート」が
高くても売れるワケ

スーパーのチョコレートの棚の前で、カカオ色のシックな装いのパッケージに目を奪われた人も多いだろう。真ん中にカカオのかわいいモチーフがあしらわれ、商品名も英文字。このシンプルで、高級感漂うパッケージの主は、2017年にリニューアルされた明治の板チョコ、「ザ・チョコレート」だ。

価格は通常の板チョコの倍ほどだが、発売から1年弱で3000万枚を売り尽くす人気となった。大きな勝因といえるのが、そのデザインだ。板チョコの世界では「掟破り」の「縦型デザイン」を採用。中に何が入っているか、ぱっと見てわかるものがよいとされる中で、その真逆をいくともいえる斬新なものに。これがSNS上で評判を呼び、中には、パッケージのカカオモチーフを使い、イヤリングなどをつくって写真をアップする人も。これらの投稿がさらに新たな話題を呼び、商品の認知度を上げる起爆剤の役割を果たしたのだ。商品自体のクオリティや地道なPRもさることながら、「商品の顔」であるパッケージがイメージにぴったりはまり、消費者に刺さった好例だといえる。

ヒットのヒント

パッケージの定石や既成概念に
とらわれず、大胆なデザインを採用。
届けたいイメージを見事に伝えることで
ヒットにつなげる。

2/15

お菓子の日（毎月15日）

「うまい棒」が40年以上愛され続ける意外な理由とは

駄菓子屋向けのお菓子、やおきんの「うまい棒」は発売当時の1本10円という価格をいまだに貫き、40年を経た今日もなお、コンビニなどで絶大な人気を誇るロングセラー商品だ。

ヒットのカギは、1本10円の低価格にあると思われがちだが、決してそれだけではない。

ヒットの要因は、むしろその豊富かつユニークな味の種類にあるだろう。フレーバーの種類は19種類（2021年1月現在）。「やさいサラダ味」「コーンポタージュ味」「なっとう味」「テリヤキバーガー味」、そして、不動の人気を誇る「めんたい味」…。

1本10円なら、百円玉1枚で豊富なラインナップからユニークな味を10個も選べる。迷いながら選ぶ時間は実に楽しい。

そして、味にはひねりを加えているのだ。例えば「めんたい味」にしても、明太子そっくりの味を追求するのではなく、あえてデフォルメしているという。消費者は「確かに明太子っぽいけど…」と、にやりとしながらファンになってしまうのだ。こうしたしかけも、ロングセラーをひた走る理由の1つといえるだろう。

ヒットのヒント

1本10円という手頃な価格と、
ひとひねりを加えた“クセのある味”がヒットの要因。

2/16

似合う色の日

色を変えるだけで2倍の売り上げ! 家具に採用された「他にはない」色の秘密

色を変えたらヒット商品となったのが、内田洋行のオフィス家具「LEMNA（レムナ）」シリーズだ。このシリーズは長らく「白」が中心だったが、独自に「エル ブラック」と呼ぶ「黒」を開発。それをデスクの脚などに使い、木材を使った天板と組み合わせたところ、1年間で約2倍の売れ行きを示したのだ。

このエルブラックはイエローを混ぜた暖色系で、それまで使用していたエグゼクティブ向けの高級感がある黒とは違うもの。それがクールなカジュアル感を生み出し、「社員の創造性を発揮できるオフィス」というニーズに合致した。

最近は、企業の「色」に対する認識が変わってきている。単にトレンド色を商品に使うといった時代は終わり、他社とは違う商品の独自性をアピールするために色を選ぶようになっている。オフィス家具でいえば、無難な「白」ではなく、創造的で自由な空間を演出する「カジュアルな黒」が成功のカギだったといえるのだ。

ヒットのヒント

ユーザーのニーズを的確にとらえた商品を開発し、その魅力が伝わる配色をほどこす。

2/17

ガチャの日

宣伝なしでもブームをつくった!
「コップのフチ子」のすごさとは

「20万個を超えればヒット」といわれるカプセルトイ業界。その中で、2012年に発売された「コップのフチ子」は、現在までにシリーズ累計2000万個を超える大ヒット商品となった。

開発したのは、玩具メーカーのキタンクラブ。同品誕生の裏には、「『おもしろいもの』を生み出せば結果として『売れるもの』が出てくる」という、同社の“モットー”があった。企画を担当したマンガ家のタナカカツキ氏は、OLがランチ写真をSNSに上げる様子を見て「ランチ風景にフィギュアを盛り込めたらおもしろい」と考え、コップの縁に乗せるアイデアを思いつく。カプセルトイで売れる定番といえば、ストラップやマグネットだったが、同社は「おもしろいから」という純粋な動機で商品化を即決。

制服姿で清楚な顔立ちながらも、アクロバティックなポーズを決めるフチ子は、質の高い造形も相まって大反響。さらに、細かい設定のないキャラクター性が逆に多くの人の想像力を刺激し、SNSで自由に遊ぶ大人が続出した。人々の心に刺さるものなら宣伝なしでもブームが巻き起こる。その好例といえるだろう。

ヒットのヒント

ありきたりでない、個性的でおもしろいものをひたすら追求。どう使われるか、撮られるかまで熟慮することでSNS世代の支持も集め大ヒット。

2/18

エアメールの日

便箋からホッチキス、椅子まで…。次々ヒットを飛ばすコクヨが大事にしていることとは

世界で初めて飛行機で郵便が配達されたのが、1911年2月18日。郵便といえば、便箋。文房具と事務機器のトップメーカー「コクヨ」は便箋でも1932年、一流画家の絵の色紙を挿入した「色紙付書翰箋《しょかんせん》」を大ヒットさせている。

この独創性と自由な発想力はその後も「コクヨ」に脈々と受け継がれ、ヒット作の源となっている。例えば、2009年に発売された、針のいらないホッチキス「ハリナックス」。10年間でシリーズ累計出荷数1150万個を突破する大ヒットとなった。

そして、2018年発売の回転椅子「ing」。座面が揺れることで、長時間座る弊害を改善できるとあって人気に火がつき、特に2020年コロナ禍の6月には前年同月売上比がなんと811％に。

社長が重要視しているのは、社員自らが「自分事」として開発に携わること。そのあと押しをするのが会社の役割と考えている。これが社風として定着し、「あったらいいね」の製品を次々に誕生させる原動力になっているようだ。

ヒットのヒント

独創性、自由な発想力、
「自分事」として主体的に開発に携わる社風が
ヒット連発の原動力。

2/19

（ プロレスの日 ）

倒産寸前からアメリカでも大ヒット「新日本プロレス」再ブレイクの背景にあった「らしさ」とは

1996年約40億円あった売上が、2010年には4分の1に。倒産寸前の新日本プロレスリングがその後、6年で売上を5倍に伸ばし、2018年には過去最高の54億円の売上を叩き出したのだ。

奇跡のV字復活の始まりは、2012年のカードゲーム会社「ブシロード」による買収だ。新オーナーは、東京メトロのほぼ全線で「中吊りジャック」を断行するなど、「プロレスが流行っている感」を演出。そして、身長191cmのオカダ・カズチカなどの若手スターを次々に輩出したのだ。「プ女子」と呼ばれる女性ファンが会場に押しかけ、その割合は全体の4割にも及んだ。

さらに、2018年にはプロレスの聖地、ニューヨークの「マディソン・スクエア・ガーデン」に乗り込む。1万6000席が19分で完売する人気だ。アメリカでは、プロレスはエンターテイメントだが、日本では「スポーツ」。現地に合わせることなく、日本の「らしさ」を押し通した。スポーツそのものの高度で美しいワザの応酬が、現地のファンを魅了したことはいうまでもない。

ヒットのヒント

国内では若手育成と斬新なPRでブレイクし、海外では、あえて「日本らしさ」を貫くことで成功。

2/20

（旅券の日）

使い勝手のよさは
常識破りの発想から生まれていた
「ポケトーク」ヒットの裏側

グローバル化で小型通訳機の需要が伸びているが、その市場で一人勝ちしているのがソースネクストの「ポケトーク」だ。2017年に発売されて以来、9割以上のシェアを占めてきた。

成功の理由は、AI（人工知能）を搭載したオンラインタイプで、インターネット契約がいらないことにある。小型通訳機にはオフラインで使うタイプもあるが、翻訳精度は「オフライン」→「オンライン」→「AI搭載」の順に高まる。しかし、オンラインタイプで面倒なのがインターネット契約をすることだ。そこで同社は、商品にSIMを添付し、通信料をチャージすれば即日使えるようにした。

この今までになかった常識破りのアイデアには、個人のみならず、法人向けの需要も想定外に多かった。「ネット接続を購入者任せにしたとすると、現状の10分の1も売れなかったと思う」と、同社社長はあるインタビューに答えている。まさに高性能でありながら、手軽に使えることが爆発的なヒットにつながった。

ヒットのヒント

「商品自体のクオリティの高さ（翻訳精度の高さ）」に「その日から使える手軽さ」をプラスし、使い勝手のよさを追及。

2/21

国際母語デー

縮小する市場の中で、
ヒットした国語辞書にある秘密とは

お堅いはずの「三省堂国語辞典」が「阪神タイガース仕様」なる特別版を出版した。焼鳥屋での若いメンバーの「阪神タイガース版の辞書をつくりたいのですが」のひと言がきっかけ。その場で「イケる！」と直感した編集者が、編集を買って出た。

ケースには全体に縦縞をあしらい、タイガースのロゴマークをデカデカと配し、帯には「すべての阪神ファンに捧ぐ！」の文字を入れた。項目を変えられるのは改訂時のみ。そこで、用例にタイガース関連をもぐりこませた。例えば、「甲子園」の項目に「―は、阪神ファンの聖地である」といった調子だ。

発売は2018年3月だが、印刷中にすでにAmazonの辞書部門で1位を獲得。改訂版ではないのに、売上部数が4万部に達する異例のヒットとなった。二匹目のドジョウを狙うのは出版界の常。1年後には「広島東洋カープ仕様」を発売し、こちらも1カ月足らずで1万部を突破した。どちらにも、低迷する紙の辞書のすそ野を広げたいという編集者の熱い想いが詰まっている。

ヒットのヒント

ヒットのタネは何気ない会話の中にあることも。
「おもしろい！」を見逃さない姿勢がヒットを生む。

2/22

頭痛の日

発売翌年に300万個を売り上げた！「アイスノン」のヒットの裏にあった「真逆の発想」とは

頭痛や風邪のときに頭を冷やすものとして、「アイスノン」を使う人は多いだろう。実はアイスノンは、白元（現・白元アース）の創業者、鎌田泉氏が「好物からアイデアを得て生まれた商品」だった。

鎌田氏は以前から、氷を入れる従来のものとは違う、手間がかからない、新しい形の氷枕を開発したいと思っていた。あるとき、アメリカでは鮮魚の輸送に保冷パックを使っていると聞いて、パックに水を入れて冷凍庫で凍らせてみたが、これは硬すぎた。そして、ヒントとなったのが、好物の「葛湯」だ。

「葛湯はいつまでも熱々のままだ。なぜだろう…」ふと、鎌田氏に疑問がわいた。「ああ、とろみが温度を保っているからか。それなら、水をジェル状にすれば、低温に保てるはずだ！」

そこで、合成樹脂で凍らせた水をジェル状にしたら、案の定、冷たさが持続し、適度なやわらかさも実現できた。こうして1965年、葛湯とは「真逆の発想」から生まれたアイスノンは発売翌年に300万個を売り上げる空前の大ヒットとなった。

ヒットのヒント

好きなものを徹底的に愛する。
好物への「深い偏愛」は人にひらめきを与え、
商品開発のヒントをもたらす。

2/23

（富士山の日）

他とは違う「着眼点」が、人気の秘密！エアイン富士山消しゴムが大ヒットした当然の理由

「エアイン富士山消しゴム」は普通の四角い消しゴムだが、使っているうちに角が取れ、雪をかぶった富士山が姿を現すというものだ。そんな画期的なアイデアを商品化したのがPLUSで、2019年、富士山の開山日に合わせて「青富士」「赤富士」を限定発売すると、即完売。その後、定番商品となっている。仕組みは、樹脂が2層構造になっていること。外側の樹脂が削れることで中心の白い部分が露出してくる。開発のきっかけは、「消しゴムは間違った文字や修正したい箇所を消す道具。どうせなら『消す』をもっと楽しくできないか？」と考えたことにある。これが「コト消費」とリンクした。

「コト消費」とは物を所有することより、「体験」に価値を見出す消費傾向だ。物があふれる現代は、「物消費」から「コト消費」に変化しつつある。富士山消しゴムは、こうした時代の流れにはまり、実用的な商品でありながら、富士山が現れるという「体験」の付加価値をつけたことで、大成功をもたらした。

ヒットのヒント

消しゴムという定番商品の物づくりに「コト消費」という時代の風を取り入れた。

2/24

（ヴィルヘルム・グリムの誕生日）

フェリシモ「童話コスプレ」に見る
ボトムアップでヒットが生まれる仕組み

ヴィルヘルム・グリムといえば、『グリム童話』の生みの親。そんな「童話」の世界を日常で楽しむ商品として大ヒットしたのが、衣服・雑貨を主に通販で販売するフェリシモの「世界の童話を楽しむコスチュームセット」だ。「不思議の国のアリス」や「白雪姫」など、童話をモチーフとした服を販売した。この企画を生んだのは、自身が“コスプレイヤー”だという女性スタッフで、女の子が小さい頃に夢見る「お姫様になりたい」という思いを形にした。「ファッション感覚で着られるコスプレ」を目指したというが、発売されるやいなやSNSで話題になり、異例の大ヒットとなったのだ。

こうしたユニークな商品開発を支えているのが、トップダウンよりもボトムアップというフェリシモの企業体質だ。社員が自発的に運営する「部活動」があり、その活動の中から自分達がやりたいことを提案し、採用されればどんどん商品化されるという環境が整っている。すでに猫部、小鳥部、魔法部など、会社の一部門として事業化されたものもあり、自然発生的な“好き”から生まれた企画が、異例のヒットを生んでいる。

ヒットのヒント

**社員の“好き”を企画として提案し、
それが商品化される仕組みが整っている。**

2/25

（ プリンの日（毎月25日） ）

なぜ、「プリン専用醤油」は入荷と同時に売り切れる大ヒット商品になったのか

「プリン専用醤油」という名前の一見するとニッチな商品がウケている。これは「プリンにしょうゆをたらすとウニになる」という都市伝説を商品化したもの。つまり、このしょうゆをプリンにかけるとウニの味になるというものだが、「想像以上だった」ということで話題になり、先行発売の1000本が即売り切れた。アイデアの発端は、この都市伝説を知った福岡県北九州市にある企業YK STORESが、ならばその商品をつくってみようと思い立ったことにある。しょうゆは市場規模が大きいため、遊び心のある商品も受け入れられるだろうと目論んだのだ。しかし、売れるためには商品の品質が問われる。そこで、同市にある老舗メーカー「ごとう醤油」に話を持ちかけたところ快諾され、ベテラン職人がプリンにかけたときにウニの味を出すため、こだわって仕上げたのだ。「発案は軽いノリで自由に、しかし、味は老舗のプライドをかけて本格的に」を追求し、しょうゆ市場に新たなインパクトを与えている。

ヒットのヒント

成熟した市場に目をつけ、奇抜なアイデアを投入。アイデア騙しでない「クオリティの高さ」が「うれしい驚き」につながり、ヒットとなる。

2/26

脱出の日

全国各地でも、オンラインでも話題!「リアル脱出ゲーム」はなぜ、若者の心を動かすのか

閉じ込められた密室から謎を解いて脱出することを体験する「リアル脱出ゲーム」が流行っている。参加者の多くは20〜30代。野球場や遊園地などの会場に集まった参加者同士でチームを組み、協力しながら制限時間内に脱出を試みる体験型のエンターテイメントだ。このイベントを制作しているのが、東京にあるSCRAP(スクラップ)で、これまで550万人をも集客し、海外への進出も果たしてきた。

こうした体験型ゲームがウケているのは、スマホなどの画面上のゲームとは違い、自分の体を使ったリアルゲームであることだ。特に、同社のゲームは謎が提示されるだけでなく、設定した物語に没頭できるようにつくられており、非日常の世界を体験できるという。

また、成功率が1割弱と難しいのも特徴だ。脱出に向けてチームで協力して取り組むことが、このゲームの醍醐味だという。現在はコロナ禍のため、オンラインでの脱出ゲームも始めており、1万人が同時参加という大規模なものも好評だ。

ヒットのヒント

そこでしか経験できない「非日常の世界」の提供が、多くの若者の心をつかむ。

2/27

(Pokémon Day)

世界的コンテンツ「ポケモン」には
ヒットの秘密がたくさん詰まっていた!

1996年のこの日、ポケモンの最初のゲームソフト「ポケットモンスター 赤・緑」が発売された。その後、ポケモン人気は途切れることなく全世界に羽ばたき、巨大な市場を形成している。ヒットの理由は、モンスターを収集するというコレクション性、友達とポケモンを交換・対戦できるといった、子どもにウケる要素がたくさん詰まっていることにあるだろう。

そうしたゲーム自体のヒットはもちろん、1997年よりスタートしたTVアニメの存在も大きかった。このヒットの要になったのが、主人公の相棒として登場するピカチュウだ。初代のゲームではモンスターの1つに過ぎなかったピカチュウを、その愛らしい見た目が女子にもウケるだろうと抜擢。狙いが見事に当たり、多くの層を取り込むことで、晴れて国民的キャラクターになったのだ。

こうして、それぞれのメディアの特性を生かしながら、漫画、映画、グッズと多角的に展開したことが、世界にも通用するコンテンツの形成につながった。

ヒットのヒント

**子どもたちの好きな要素を詰め込んでゲーム化し、
より多くのターゲットを取り込めるよう、
メディアごとに戦略を考えた。**

2/28

ビスケットの日

地方の小さな工場がつくる「ミレービスケット」はなぜ、世界に羽ばたくヒット商品になったのか

高知の小さな菓子工場がつくる「ミレービスケット」は、県民のおやつだった。それが「全国区」の人気となり、シンガポールや中国など海外へ進出するまでになった。なぜだろうか。

1923年創業の野村煎豆加工店は豆菓子や甘納豆などをつくっていた。ミレービスケットを始めたのは1955年。小麦粉に砂糖などを混ぜた生地を油で揚げ、海水天日塩を振りかけただけのシンプルで、素朴な味わいが県民に愛されてきた。

修学旅行生がみやげに持ち帰ったりして少しずつ県外でも知られるように。そして、2009年「スーパーマーケット・トレードショー」に出展して、一気に人気に火がつく。2016年にはテレビでタレントが絶賛して人気がついに爆発し、2018年には、海外進出も果たす。

シンプルなモノが少ない時代だからこそ、人々は素朴な味に新鮮な驚きを感じるのかもしれない。昔からのやり方で真面目にコツコツつくり続けてきたことが、ヒットに結実したといえる。

ヒットのヒント

**品質にこだわった商品を
真面目にコツコツとつくり続けることで
じわじわと人気を拡散。**

3/1

（省エネルギーの日（毎月1日））

今やトイレに必ずある「音姫」。
大ヒット商品は、発想の転換から生まれた

音を聞かれたくないばかりに、日本の女性はトイレに1回入るごとに平均2、3回も水を流すという。これでは水の無駄使いだし、環境への負荷も高まる。

そこで、節水をめざし、「TOTO」は1998年、音を音で消す「音姫」を開発した。この発想の転換から生まれたヒット作は発売以来、売上高は右肩上がり。いまや女性トイレの「必需品」だ。その「音姫」が22年ぶりに大改造を断行した。

まず、トイレの広い範囲をカバーする人感センサーを開発。入室すれば、「音姫」が自動的に作動してくれるようになった。

そして、音も大改造。心地よい自然の流水の音を採録しながらも、女性が気になる小便、大便、おなら、生理用品の包みを破る音などを目立たなくするよう検証を重ねた。

反響は大きく、リニューアル品に取り換えるユーザーも増加中。

この成功は、女心と向き合っては実験用トイレにこもり、研究を続けた研究員たちの努力の結晶といえる。

ヒットのヒント

**音は音で消す。
問題解決のための、シンプルな発想の転換が
なくてはならない商品を生む。**

3/2

ミニの日

「洗濯板」が今ヒットしているのは、「あえて小さくした」からだった！

現代は洗濯機が全盛と思いきや、洗濯板が売れている。しかし、昔とはサイズが違うのだ。高知県の土佐龍が発売している「サクラの洗濯板」は12×26㎝というミニサイズで、これが年間3万枚以上売れる大ヒット。

用途は、洗濯機では落ちない靴下やシャツの襟などの部分的な汚れを手洗いするというものだ。部分洗いには、昔の洗濯板では大きくて使いづらいだろうと発案した。さらに、洗濯板の溝を斜めにすることで、水や洗剤が両端から流れ落ちず、汚れがよく落ちるように工夫してある。

原料に、高級木材のヤマザクラを使っているため、生地を傷めないというのも利点だ。同社は木材でいろいろな生活用品を制作しているため、ヤマザクラも無駄なく使え、コストが高くてもペイできるという。

この洗濯板が好評だったため、さらに小さい12×6㎝のスマホサイズも発売。合宿や旅行用として人気で、37万枚のヒットとなっている。

ヒットのヒント

廃れたかに見えるものも、新たな用途に合わせて改良すれば、よみがえり、大ヒットとなる。

（ ひなまつり ）

世界で5億体売れた「L.O.L. サプライズ!」に隠された新しいワクワクとは

ひなまつりで飾る雛人形は「女の子のための人形」。現代のそれで圧倒的な人気を誇っているのが、サプライズトイだ。これは、商品の開封そのものを楽しむしかけが用意されているオモチャ。その1つである「L.O.L. サプライズ！」は全世界で累計5億体以上を売り上げており、日本ではタカラトミーから発売された。

カプセルトイのカプセルと同じ球状のパッケージに、7つのアイテムが仕込まれており、開封するごとにコスチュームなどのパーツが現れ、最後にドールが登場する。全28種で、1個1680円と高めだが、開封するときのワクワク・ドキドキが何度も続くから、納得のコスパなのだ。

サプライズトイがウケているのは、もう1つSNSとの親和性が高いこともある。YouTubeにはオモチャ開封動画というジャンルがあるが、ポップなデザインで7回も開封が楽しめるこれはSNS向き。すでにたくさんの動画がアップされており、まさに今という時代に合った“お人形”なのだ。

ヒットのヒント

「楽しみがいくえにも重なるしかけ」＋「SNSとの相性のよさ」が、新しい人形遊びのかたちを生んだ。

3/4

雑誌の日

出版不況の中
「売れる雑誌」LDK
ヒットの秘密は「本音」にあった

雑誌の休刊が相次ぎ、出版不況が叫ばれる中、“テストする女性誌”『LDK』（普遊舎）が部数を伸ばしている。2013年の創刊時に7万部だった発行部数は今や月20万部。2018年4月からはコスメに特化した『LDK the Beauty』も月刊誌となり、30～40代の女性を中心に、圧倒的な支持を集めている。

一番汚れが落ちる洗剤、使いやすい圧力鍋、保湿力の高い化粧水…。身の周りにあるさまざまな日用品を比較し、その効果や使用感を紹介するのがこの雑誌の内容だ。商品をテストし、その結果を飾らず、そのまま伝えるのが特徴で「汚れが落ちない」「使いにくい」といったネガティブな表現もいとわない“本音”の批評が読者を惹きつける。製品の広告や口コミがあふれ、何を信じればいいのかわからない消費者にとって、よくないものも率直に伝えるこの雑誌が新鮮に映るのだろう。

本音が書けるカギは、広告を一切入れないこと。それゆえ、メーカーに配慮せず商品の検証結果を公開でき、忖度なく書くことができる。その説得力・信頼感が、選ばれる理由なのだ。

ヒットのヒント

情報があふれるからこそ「本当」がウケる。
手間をかけた商品テストと本音の批評で
読者の信頼を勝ち得た。

3/5

(産後ケアの日)

妊婦の定番「トコちゃんベルト」苦境を乗り越え、定番になるまでの道のり

妊娠中・産後女性のほとんどがその存在を知っている「トコちゃんベルト」。ゆるんだ骨盤を支える腰痛緩和アイテムだ。年間売上は約20万本、妊婦の5人に1人が使っている計算になる。同品の考案者は、助産師・整体師の渡部信子氏。妊婦や産後女性の腰痛の原因は骨盤にあると知り、整体・カイロプラクティック・操体法などの理論や技術を習得。それを生かし、試行錯誤の末に「トコちゃんベルト」を完成させ、普及するために、有限会社青葉を設立した。しかし当時、妊産婦の腰痛は「仕方がない」「産めば治る」などといわれ、同品の考え方はなかなか理解されなかった。それでも信子氏の夫で同社社長の渡部一博氏は、助産師・産科婦人科学会などの展示会で着用してもらったり、医師や専門家に同品の効果について論文発表してもらったり、その効果を周知する活動を徹底的に実践。また、ホームページを立ち上げて、妊娠・産後の腰痛ケアに関する情報発信も積極的に行った。その甲斐あって徐々に評価が定着。今では妊婦の定番品となったのだ。

ヒットのヒント

商品へ絶対の自信を持ち、
効果を周知させる行動を徹底的に行う。

3/6

スリムの日

なぜ、「カーブス」は“運動していなかった人たち”をターゲットにして成功したのか

2004年アメリカから上陸した健康体操教室「カーブス」(カーブスジャパン)は、2020年には全国に2014店を展開し、会員数は80万人を超えている。

成功の一大要因は、運動習慣のほとんどない女性、それも、50代以降の主婦を対象としていることだろう。つまり、全く新しい市場を見出し、その開拓に成功したのだ。そこではシェア競争とも無縁でいられる。

会員の体力や身体能力に合わせたメニューは1回30分。その内容は12機のマシーン、足踏み、そしてストレッチの3種類だ。店舗は主婦の通いやすい場所にある。

コーチは会員全員の氏名を記憶。会員はファーストネームで呼ばれる。「○○の奥さん」「××のママ」と呼ばれてきた主婦にとって、名前を覚えてもらえ、ファーストネームで呼ばれることで、「個」として「大切にされている感」を味わえるという。

「カーブス」は会員の体力や主婦の心理に気を配り、きめ細かな運営に徹することで、「未知の市場」の開拓に成功したのだ。

ヒットのヒント

競合のいない市場を見出し、その市場のトップで在り続けるための工夫や努力を惜しまない。

3/7

（サウナの日）

サウナブームを牽引しつつ、人気を集める「スカイスパ」の取り組み

サウナはもはやオジサンだけのものではない。2015年頃から20代の若者や女性たちの間でサウナ人気がうなぎのぼりなのだ。

ブームの火つけ役は、タナカカツキ氏の漫画「サ道」だ。サウナの奥深さを極める「茶道」ならぬ「サ道」が描かれている。2019年にはドラマ化され、サウナ人気がさらにアップ。

老舗サウナ施設でありながら、この人気にいち早く目をつけて、さらなるブーム拡大を図っているのがスパ&サウナ「スカイスパYOKOHAMA」だ。「サウナ部会員制度」を新設した。その目的は、企業の社員間の交流を深める場としてサウナを提案し、彼らのサウナの活用を喚起、促進すること。

社員4人以上が集まり、ネットで会員登録すれば「サウナ部会員」になれる。仲間と「サ活（サウナ活動）」を楽しみながら、好きなアロマを選び、宴会プランが利用できるなどの会員限定特典も享受できる仕組み。企業にアプローチし、サウナ愛好者を増やし取り込む作戦が当たり、客数は右肩上がりだという。

ヒットのヒント

ブームがきたら逃さず乗るのはもちろん、自らそれを拡大、牽引する意欲と頭脳がヒットの勝因。

3/8

レモンサワーの日

後発のレモンサワー「檸檬堂」がこれだけ売れ続けている理由とは?

居酒屋から缶チューハイ市場へと広がりを見せるレモンサワーブーム。キリンやサントリーなど大手各社による熾烈な競争が繰り広げられている中、後発で参入してきたのが、ソフトドリンクの最大手である日本コカ・コーラだ。2019年に発売した「檸檬堂」は、登場と同時に人気に火がつき、一時は品薄続出で、出荷休止になるほどの売れ行きを見せた。初参入にして一躍人気を博した理由は何なのだろうか。

ポイントは、後発だからこそ、他とは違うレモンサワーのよさを深掘りしたことにある。まずは、全国の居酒屋を回って調査。ある店のこだわりの味を再現するべく、皮ごとすりおろしたレモンをお酒にあらかじめ漬け込む「前割り製法」で、味わいを深めた。また、果汁量やアルコール度数を変えた4種のバリエーションを展開し、多様なレモンサワーファンのニーズにも応えた。さらに、酒屋の前掛けをイメージしたパッケージでも「こだわり感」を演出し、従来のレモンサワーの常識にとらわれない斬新なブランドであることを的確に訴求したのだ。

ヒットのヒント

後発だからこそのよさを生かし、
徹底的に商品研究。味やデザインをきっちりつくり込んで
ファンを集めた。

3/9

サンキューアートの日

「インスタ映え」を狙っていないのに、SNSで話題に! 森美術館のSNS戦略は何がよいのか?

森美術館の「塩田千春展：魂がふるえる」が、2019年の入場者数ランキングで3位を獲得した。同館のSNSフォロワー数は美術館の中では群を抜いて多い。また、同館への来館者は60%がインターネット情報、中でもSNS情報をきっかけに訪れるという。

しかし同館はSNSで、いわゆる「インスタ映え」を意識した投稿を続々としているわけではない。にもかかわらず、結果的にSNSの情報経由で、集客を成功させている。なぜ、そんなことができたのか。

実は同館では、展覧会での写真撮影をOKにしている。そして入口にはハッシュタグを掲載しているのだ。すると、来館者がハッシュタグつきのツイートを自主的に毎日大量にアップしてくれる。特に現代アートの場合、鑑賞者が作品の中に入って楽しめるものがあるため、それが強力な宣伝になる。

関心を持つ層が限られるといわれる現代アート展での大成功は、こうしたSNS戦略の力も大きかったといえるだろう。

ヒットのヒント

来館者が楽しめるものを用意した上で、ハッシュタグで、SNSでの拡散を後押し。「生」の情報が拡散されることが、大きな宣伝に。

3/10

たけのこの里の日

分断をあおって売れ続ける?「きのこたけのこ戦争」に見るヒットのしかけ方

「きのこたけのこ戦争」をご存じだろうか？

「きのこの山」も「たけのこの里」も1970年代に売り出された明治のチョコ菓子。1980年代、巷ではこの2つの姉妹品のどちらがおいしいかで論争が起こり、21世紀に入ると、ネット上に引きつがれ、論争が繰り広げられるようになったのだ。

話題づくりのチャンスとみた明治は2001年にちゃっかり便乗し、ここに本格的な「きのこたけのこ戦争」が勃発する。「きのこ・たけのこ総選挙」を定期的に行うようになったのだ。

2018年には総選挙委員長に松本潤を起用し、元柔道五輪代表の篠原信一が「きのこ党」から出馬。マニフェストを掲げて政見放送を行う動画を配信した。

東京渋谷のマークシティ1階には「投票所」を設け、集まった客たちに試食の上、清き1票を入れてもらった。

この「したたか」ともいえる話題づくりが功を奏したか、2つのチョコ菓子とも50年たった今もロングセラー街道をひた走っている。

ヒットのヒント

話題となっているワードや出来事はうまく使い、消費者を巻き込み、ファンに変える。

3/11

（東日本大震災発生の日）

「エヴァっぽさ」だけで、人気なワケではない！ 被災の経験と防災への熱い想いが 100万DLの人気アプリを生んだ

「特務機関NERV（ネルフ）防災」というスマホ向け防災情報アプリがウケている。人気アニメ「新世紀エヴァンゲリオン」を題材にしたもので、配信から1年で100万ダウンロードを超えた。「ネルフ」とは、エヴァの主人公が所属する組織の名前だ。開発した石森社長は、中学時代からの筋金入りのエヴァファン。東日本大震災で石巻の実家が全壊したという経験をきっかけに、「スピード」「わかりやすさ」「地域ごとに必要な情報を流す」ことを追及している。

気象庁からダイレクトに情報を取得し、独自に設置した定点カメラ情報などとあわせて配信。地震情報は、独自の映像をつけて配信まで約1秒でという早業だ。アプリのデザインなどは“エヴァ愛”に満ちているが、震源の深さの表現など、あえてエヴァに近づけなかった部分もある。それは、情報を正しく伝えることにこだわったからだ。こうしたシステムが評価され、放送局から使用のオファーが来るまでになり、エヴァファンのみならず幅広い層に支持されている。

ヒットのヒント

どこよりも「早い」「わかりやすい」災害情報を「地域ごとに届ける」という、使い手が必要とするコンテンツを消費者にウケる形で開発した。

3/12

スイーツの日

3日で100万個売れた「バスチー」
ヒットの理由は意外なところにあった!

コンビニ業界にムーブメントを起こしたスイーツといえばローソンの「バスチー」。発売後わずか3日で販売数100万個を突破。これまでに3200万個以上を販売する大ヒット商品となっている。

この商品の元になったのは、スペインとフランスをまたぐ美食の地・バスク地方で食されている「バスクチーズケーキ」。2018年には都内にオープンした専門店が話題になり、ブームの兆しが見え始めていた。だが、「流行のスイーツをコンビニで」というのはよくある話。大躍進の理由はそれだけではなかった。

こだわったのは、SNSを意識した名前とパッケージ。口にしやすい、つい人に話したくなる名前、ということでネーミングされた。また、売り場で目立つことやSNS映えを考慮して、鮮やかな黄色のパッケージを採用。黒で大きく商品名を印字した。いざ発売されると、狙い通り、口コミが拡散。「SNSで話題になっているスイーツを食べてみたい」「新しいものを見つけ、情報を発信したい」という現代の消費者心理を見事につかんだのだ。

ヒットのヒント

キャッチーなネーミングとパッケージデザインで、
SNS時代のニーズにフィットさせる。

3/13

（　サンドイッチデー　）

1日3万食以上が売れる！
まい泉を支える
「ヒレかつサンド」ヒットの理由とは

　カツサンドといえば、井筒まい泉の「ヒレかつサンド」が知名度ナンバーワンだろう。1日に3万食以上が売れ続け、すっかり「とんかつ まい泉」の看板メニューになっている。人気のきっかけは、まい泉1号店が有楽町にあった頃、東京宝塚劇場の幕間メニューの1つとして提供されていたことだ。手を汚すことなく手軽に食べられるものとして女性客に好評だった。

　それが時代を超えても愛され続けるのは、「肉＋ソース＋パン」といったシンプルなつくりの1つひとつに、尋常ではないこだわりがあるからだ。豚肉の肉質選びはもちろん、それをパンチャーで叩いて柔らかくし、パン粉は2種類使うことでサクサクした食感に仕上げている。揚げ油は、以前はラードだったが、現在はさっぱりしたヒマワリ油に変更。パンはヒレカツサンド用としてパンメーカーに特注し、ソースはレストランで使うものをサンドイッチ用に調整している。

　そのこだわりには、創業から味を変えずに守る部分と、時代と共に変化していく部分をうまく織り交ぜている。

ヒットのヒント

シンプルなものだからこそ、
1つ1つの素材・味・つくり方に徹底的にこだわる。

3/14

ホワイトデー

「ママの味」を追い求めて、
お菓子界を代表する
ロングセラー商品が生まれた

ホワイトデーのお返しの1つにキャンディがある。そのキャンディのロングセラーといえば、誰もが知る「ミルキー」だ。

発売されたのは1951年。不二家は、戦後、焼け残ったボイラーで、水あめと練乳を製造していた。このとき、創業者の林右衛門氏が「この水あめと練乳を組み合わせたらどうなるか」と思いつき、幼児のためのお菓子づくりに没頭。終戦当時、お菓子などなかった頃に、甘いだけでなく、栄養が豊富で、安くて、母親が安心して子どもに与えられるキャンディをと考えたのだ。

そしてできあがったのがミルキーだ。キャッチコピーは「ミルキーはママの味」。柔らかい口当たり、母乳を思わせる懐かしい味、箱を飾る「ペコちゃん」のキャラクターがウケて、あっという間にヒット商品に。練乳を50%近くも使って原価が高くなったが、1箱10円という廉価で売り出したことも功を奏した。日本が貧しかった時代に、小さい子どものためにとつくったお菓子が、時代を超えて愛されるロングセラーになったのだ。

ヒットのヒント

**味、栄養、パッケージ、価格のすべてを、
消費者(＝母と子)のためにという視点で考えた。**

3/15

靴の日

NIKE「ピンクの厚底シューズ」は購入者の不安をポジティブな期待に変えて大成功

ランニング界に「厚底ブーム」を生み出し、業界のナンバーワンに君臨しているNIKE（ナイキ）。その火付け役となったのが「ヴェイパーフライネクスト%」だ。NIKEのタイムトライアルイベントでエリウド・キプチョゲ選手らが履くためにつくったのが開発の発端。2018年にこのシューズを履いた同選手がマラソン世界記録を更新し、その後、日本人選手にも同様に記録更新が続いた様子が大きく報道され、着用する選手が増えていったのだ。ブームの要因は、このシューズが市販品と全く同じものだといえる。これまでのトップ選手のシューズは特注品が当たり前。しかしこれなら、誰もがトップランナーと同じシューズが履ける。大会が立派なプロモーションの場となった。

また、「厚さは速さだ」というコピーを前面に出し、日本人が持つ“薄底で軽量のほうが速く走れる”という固定概念を取り払ったことも大きい。「速い厚底」＝「型破りでかっこいい」というメッセージにより、厚底という未知のシューズに挑戦する不安や躊躇をポジティブな期待に変えることに成功したのだ。

ヒットのヒント

強いコピーで、固定概念（薄底のほうが速い）を覆し消費者の不安を「期待」に変える。

3/16

ミドルの日

ターゲットに確実に届いた！男性用スキンケア「ニベアメン」が中高年にウケている理由

拡大を続けている男性用スキンケア市場。その中でも勢いがあるのが、ニベア花王の「ニベアメン」だ。2015年9月にはブランドをリニューアル。その結果、同年12月半ばには男性用フェイスケア市場で金額シェアが約3割までアップしたという。

ターゲットは30〜50代のビジネスマン。2005年から採用した「肌悩み別」の展開が特徴だ。エイジングケア・乾燥ケア・皮脂ケアのラインがあり、パッケージも「乾燥による小じわを目立たなくする」など悩みの文言を大きく目立たせ、選びやすいデザインに。この“悩み訴求型”が、「何をどう選んだらいいかわからない」というスキンケア初心者の中高年男性にウケた。

また、もう1つの大きな強みは、「ニベア」という長年培われてきたブランド力。青缶のニベアクリームは、子どもの頃から目にしていた人も多いはず。その安心感から、「肌へのやさしさ」「穏やかな使い心地」を求める人が手に取りやすいのだ。この揺るぎないブランド力と、機能別というわかりやすさが、肌に悩みの出始める中高年男性の隠れたニーズを捉えたといえよう。

ヒットのヒント

「悩み訴求」という戦略で、自社の商品を選ばせる。

3/17

（みんなで考えようSDGsの日）

“残りもの”を生かして、ヒットを生み出す! D&DEPARTMENTのやり方

全国の織物産地には売れ残り品やサンプル品など、いわゆる「デッドストック」がたくさん眠っている。しかし、それを「ライフストック」＝「生きた在庫」と呼び、デザインを変えて、バッグやクッションカバー、ラグなどの新しい商品に生まれ変わらせているのが、D&DEPARTMENT（ディアンドデパートメント）だ。同社は、SDGs（持続可能な開発目標）が注目される前から、「ものを長く使う」ことをテーマに事業を展開し、「FROM LIFESTOCK（フロムライフストック）」と名付けられたこのプロジェクトは、年25%の成長を遂げている。

具体的には、国内13カ所の産地を巡り、使える在庫を発掘して買い取り、完成した商品に織物産地のタグを付け、同社のショップで販売する。目指しているのは、長く使い続ける商品をつくることだ。そのためには、売りっぱなしにしない。モノの価値を見た目や流行だけではなく、経年変化、つまり「時間」にも置く。その商品にどんなストーリーがあり、どんな楽しみ方があるかを売り手が伝えることが重要だと考えているのだ。

ヒットのヒント

新しい視点でモノの価値を捉え、
デッドストックを利用する。
それに共感するファンを開拓していく。

3/18

防犯の日（毎月18日）

FFミラーが支持され続けるのは「ユーザーと共に喜ぶ」を最優先に考えているからだった

「FFミラー」とは、エレベーターや銀行のATMなどに設置されている鏡だ。ペタッとした平面なのに広範囲を映せる、世界初の鏡。製造しているコミーは、ふとしたことから凸面鏡を2枚合わせたものを内蔵のモーターで回転させる鏡を開発した。それを30個も買ってくれた人がいたので訪ねてみると、万引き防止用に設置しているとわかった。そこで防犯・安全用の鏡の開発に着手し、完成したのが冒頭の「FFミラー」なのだ。

それをエレベーターに使えないかと、あるデパートに販売し、その後に感想を聞きに訪ねると、お客様の視認用に予想以上に喜ばれていることがわかった。同社では、モノづくりは「買ってくれる人」ではなく､「使ってくれる人」の声を反映させるべきとの考えから、商品納入後も定期的に訪ねて「何のために、どう使っているか、本当に役に立っているか」を聞いている。

こうした努力から次々に新たな販路を開拓し、現在では航空機分野にも進出。アメリカのボーイング社など100社以上で採用され、飛行機に40万枚以上が装備されるまでになっている。

ヒットのヒント

取引先の「先」にいる「ユーザー」が「何のために、どう使っているか」を調査し、必要とされる新たな分野を開拓する。

3/19

カメラ発明記念日

あえて時代と「逆行」することが、ヒットのカギ!?「チェキ」人気復活の理由

インスタントカメラの「チェキ」といえば、2002年に年間販売台数100万台を達成した富士フィルムの大ヒット商品。が、デジカメやスマホの普及により、2004年以降は10万台ほどに落ち込んだ。そのチェキが大復活を遂げた。

きっかけは2007年に韓国のTVドラマのシーンに使われ、話題を呼んだこと。そこで、韓国などのアジアの国で、若い女の子向けに雑貨店などにも販路を拡大したところ、大ヒットに。この売り方が日本へ逆輸入されると、若い女性たちの間で人気が沸騰し、2017年には世界全体で年間売上が500万台に到達したのだ。

撮影したその場で紙焼きの写真が出てくる楽しさ、いくらでも撮り直せるわけではない緊張感、フィルム写真ならではの味のある風合いなどが若者たちの心に強く響いたようだ。

また、撮影した洋服の写真でコーディネートを試したり、靴の写真を靴箱に貼って整理したり、余白にひと言書いてメッセージカードにしたり…。富士フィルムはさまざまな活用法を発信し、さらなる人気につなげる努力を日々、行っている。

ヒットのヒント

**「新しいもの」だけがウケるわけではない。
アナログ感を「新たな魅力」として売り出す。**

3/20

（ LPレコードの日 ）

今、泳ぐのは「鯛」だけじゃない！ 鯛のないたい焼き屋のヒットから見る「新しい飲食店」のつくり方

日本で一番売れたLPレコードは「およげ！ たいやきくん」。その鯛焼きの発祥には諸説あるが、明治時代に亀の子焼きや今川焼きから生まれたという。最近は、鯛焼きがさらに進化した「鯛ではないたい焼き」がヒット中だ。これは鯛の代わりにイワシ、アジ、アサリをモチーフにしたもので、開発したのは「鯛のないたい焼き屋　OYOGE」。昔は高級魚に憧れがあったが、現代は「高級よりも個性が尊重される時代」であると、地味な魚を選んだという。さらに、冷めてもおいしい鯛焼きをつくろうと、フレンチのシェフが監修し、洋風鯛焼きにした。

こうしたコンセプトもさることながら、店のあり方も現代的だ。会計は完全キャッシュレスで、HPはなく、InstagramとTwitterで情報を発信。また、ショップカードがなく、箱に記載されたQRコードでインスタに飛び、そこで情報を得る仕組みになっている。しかし、こうしたコンセプトがウケて、SNSでも「たい焼きじゃなくてイワシ焼き」などと盛り上がり、結果、広告を一切出さず、口コミで人気を獲得しているのだ。

ヒットのヒント

定番品に、今までにはないコンセプトを付加して商品化。
SNSのみの情報発信で、無駄なコストをカットする。

3/21

（ 国際森林デー ）

社会現象ともいえる「あつまれ どうぶつの森」背景にあった「初心者こそはまるしかけ」とは

2020年3月に発売されたNintendo Switch（ニンテンドー スイッチ）のゲームソフト「あつまれ どうぶつの森（あつ森）」がメガヒットを記録している。その理由の1つは、ゲーム初心者でも楽しめる簡単な操作方法にあると、ゲームジャーナリストの野安ゆきお氏は分析している。「それは、あつ森に隠された通常のゲームではあり得ない非常識さで、2つの操作を同時に要求しない設計にある。例えば、虫を捕る動作が『立ち止まった状態』で行うようになっている。通常は難易度の高い操作を要求し、それを達成させる快感をプレイヤーに与えるよう作られるが、あつ森は逆。」（日経クロステックより引用）。

さらに、Nintendo Switchには、ゲーム画面のスクリーンショットを取り、Twitterなどと連携してSNSに投稿できる機能が搭載されている。ゲーム内で好きな服を着たりして撮った「写真」を投稿することが、プレイヤー同士のつながりを深めると共に、新たなファン層の獲得につながっているともいえるだろう。

ヒットのヒント

市場と逆行（ゲームの操作性をシンプルにする）したとしても、どうするのが広がりが大きいか考え
よいと思えるほうに勇気をもって舵を切る。

3/22

世界水の日

「こすらない掃除」で大ヒット！
ライオンの
「ルックプラス バスタブクレンジング」

夫婦共働き世帯が全体の半数を占めるいまの時代、家事の軽減は切実な問題だ。そんな時代のニーズにピタリとはまり、2019年に発売6カ月で1300万本も売れた大ヒット商品がある。ライオンの浴槽洗剤「ルックプラス　バスタブクレンジング」だ。

最大のウリはこする必要がないこと。シュシュッと吹きかけ、1分待って水で流すだけで完了するから、手間も時間も省ける。

しかも、1回のプッシュで約1メートルもの幅でミストが広がるため、あっという間に浴槽全体にかけられるのもミソ。

以前にも「こすらず洗える」を標榜する浴室洗剤を出していたが、多くの消費者は結局、こびりついた汚れを落とすためにこすり洗いをしていた。

そこで、ライオンは約7年をかけて、商品の改良に取り組み、ついに汚れのこびりつきを無力化するメカニズムの開発に成功。ミストを広範囲にかけられるスプレー技術も完成させ、ここに、「浴槽全体にかけて流すだけ」のラクチン掃除の浴槽洗剤が実現した。

ヒットのヒント

時代を読む「目」と地道な研究の合体こそ
ヒット商品誕生の王道。

3/23

世界気象デー

「従業員に理解してもらう」のがヒットのカギ「トップバリュ グリーンアイ」のやり方

昨今、豪雨・猛暑といった異常気象が頻発し、自然災害による被害が世界中で起きている。その要因は地球温暖化で、それを助長する原因の1つが、現代の食と農のあり方にあると数々の報告で明らかになってきた。近代農業が気候変動を加速させ、逆に有機農業は温暖化の緩和に貢献すると指摘されているのだ。

有機農法とは、農薬や化学肥料に頼らない農業のこと。そしてこの方法でつくられるのがオーガニック製品だ。日本で気軽に購入できる商品として伸びているのがイオンの「トップバリュ グリーンアイ」だろう。しかし、当初はその価値と価格がなかなか消費者へ届かなかった。そこで同社は「従業員に商品のよさをより理解してもらう」ことを徹底。特に店舗で働くスタッフは、購入者との距離が近い。彼らがおいしいと思えば、その商品を客に勧めたくなり、売り場にどんどん並ぶ。また、客にも商品のよさをより伝えることができる、と考えたのだ。そのため、従業員専用サイトの活用や試食会等を積極的に実施。その他、商品価値を広めるための工夫を現在も続けている。

ヒットのヒント

約50万人の従業員に商品の理解を深めさせ、顧客に魅力を伝える役目を担ってもらう。

3/24

ホスピタリティ・デー

星野リゾートはなぜ「高い価格設定」でも支持され続けるのか

107年前に軽井沢の「星野温泉旅館」から始まり、今では「星のや」「リゾナーレ」「界」「OMO」といった個性的なブランドを次々に打ち出しているのが星野リゾートだ。宿泊料金は決して安くないが、それでも支持され続けているのはなぜか。

理由は、料金と顧客満足度が見合っているからだ。その満足度を支えているものの1つに「人材」がある。例えば、顧客1人ひとりの記念日などに対応したり、その土地に根差した静岡ならお茶の淹れ方、信州なら漬物づくりといった体験をサービスする。それを、上司からの指示ではなく、マニュアル通りでもなく、自らが考えて実行する。星野リゾートにはそうした仕組みができているのだ。

こうしたことから、例えば「界」ブランドは地元にある旅館を買い取ってリノベーションをしているため、施設自体が最上というわけではないが、おもてなしのきめ細やかさに大満足するという結果が出ているのだ。

ヒットのヒント

スタッフ自らが考えて実行するシステムをつくり、マニュアル通りではない、その宿泊施設の個性に合った最上のおもてなしを提供する。

3/25

電気記念日

キーワードは「ものより体験」高額家電を次々ヒットさせるバルミューダのやり方

2万3500円（税抜）のトースターや3万6000円（税抜）の扇風機など、高額な家電でヒットを続出しているのが、バルミューダだ。同社は、元ミュージシャンという異色の経歴を持つ寺尾社長が立ち上げた家電メーカーで、こだわりのある商品を開発している。そのコンセプトは､「ものより体験」。

例えば「BALMUDA The Toaster（バルミューダ・ザ・トースター）」は機能特化型で、トースト、チーズトースト、クロワッサンなど5つのモードしかないが、それぞれを最高の状態に焼き上げる。だから、消費者はものを買うのではなく､「感動のバタートーストを食べる」という体験を買うのだという｡「GreenFan（グリーンファン）」という扇風機であれば、自然の風を再現することにこだわる。そして、消費者は「子どもの頃、夏に浴びた風を感じる」という体験を買うのだ。

こうした商品を、画期的な新しいデザインで発売する。すると熱烈なファンが生まれ､「バルミューダブランド」が確立されていくのだ。

ヒットのヒント

家電という「もの」を売るのではなく、
家電でどんな「体験」を提供できるかを考える。

3/26

北海道新幹線開業の日

大ヒット商品「白い恋人」はどうやって北海道土産の定番品になったのか

2016年の3月26日は北海道新幹線の新青森～新函館北斗間約149㎞が開業した日。北海道は観光スポットが多く名産品や土産物も多いが、数あるお土産の中でも不動の人気を誇るのが「白い恋人」（石屋製菓）だ。なぜ選ばれ続けるのだろうか。

同社によると、長く支持される理由は“発売から中身を一切変えていないこと”にあるという。梱包材などは改善しつつも、クッキー自体は変えていない。いつ買っても変わらない味という「安心感」がロングセラーにつながっている。

そして、同品が北海道のお土産品として世間に認知されることとなった大きなきっかけともいえるのが、実は機内食としての提供。現会長の石水勲氏自ら、航空会社に飛び込み営業し、北海道行きの便で提供されることになったのだ。機内で提供されることで「北海道のお菓子」としての認知は上がり、販売店での売上がアップ。「北海道といえば…」というブランドイメージをつくり上げた「画期的な施策」が功を奏した。

ヒットのヒント

機内食として採用してもらうことで定番土産感をつくり出した。

3/27

さくらの日

サクラクレパスが
ロングセラーであり続ける背景には
たゆまぬ進化があった

「サクラクレパス」といえば、お絵かきに使った記憶がある人も多いだろう。そのクレパスが誕生したのは1925（大正14）年。それまでは、クレヨンやパステル等が使われていた。しかし、クレヨンは線は描けるが、混色ができない、パステルは混色しやすく、面も塗れるが、定着液を吹き付けなければならないという難点があった。そこで、サクラクレパスの創業者が、そうした難点をクリアした「クレパス」を開発したのだ。価格を安く抑えたこともあり、小学校の図画教材として推奨され、大ヒット。クレヨン・クレパス市場の6割以上を占めるまでになった。そうした不動の地位がありつつも、専門家用の85色を開発、海外に進出、「大人のクレパス教室」を開くなどの事業を展開。近年では、昔から変わらないクレパスのパッケージデザインを使いたいというライセンス申し込みが相次ぎ、石けん、日本酒、ラムネ、歯ブラシなど、さまざまなコラボ商品が誕生した。ただし、契約は1業種1社だけとし、クオリティを保つことでブランド力を維持し、進化し続けている。

ヒットのヒント

主軸となる商品を変えず、プロ用、大人向け、ライセンス展開とさまざまな枝葉を伸ばして育てている。

3/28

三ツ矢サイダーの日

なぜ「三ツ矢サイダー」は100年以上経った今も人気商品でいられるのか

「三ツ矢サイダー」（アサヒ飲料）は1884年、兵庫県多田村平野から湧き出した炭酸水を瓶詰めにした「平野水」が前身だ。

1907年には、この炭酸水に甘みを加えた「三ツ矢」印の「平野シャンパンサイダー」（現：三ツ矢サイダー）を発売する。

「平野水」の販売開始から135年。今も年間約4000万箱を売り、透明炭酸飲料水での市場シェアは約7割にものぼる。入れ替わりの激しい業界での驚異の「100年ブランド」なのだ。これを可能にしたのは、三ツ矢の「攻め」の姿勢だろう。

長い歴史と高い知名度、ブランドの信頼感もすでに確立されている。が、それらに頼ることなく、積極的な宣伝活動を展開してきた。古くは三ツ矢歌子や風吹ジュン、最近では広瀬すずや北川景子など、そのときどきに輝いている女優たちを起用。また、サザンオールスターズやandrop、嵐も登場させた。CMソングには大瀧詠一や山下達郎が名を連ねたことも。

果敢にCMを打ち、商品を露出し続けることで、「三ツ矢サイダー」は新鮮で瑞々しいイメージを保ち続けてきたのだ。

ヒットのヒント

**高い知名度に頼らず、
広告を打ち続け、イメージの「新陳代謝」を促進。**

3/29

作業服の日

商品を変えなくても売上は倍にできる！
「ワークマン」が教えてくれる売り方とは

職人向けの作業服専門店であった「ワークマン」。その新業態「WORKMAN Plus（ワークマンプラス）」が若者や女性にもヒットし、2020年10月末の店舗数は885とユニクロ超えを達成。また同年3月期の売上高は1220億円と創業以来初めて1000億円の大台に乗った。快進撃のきっかけは、職人向けレインウエアがバイク乗りの間で「コスパ最強」と話題を呼んだこと。その後、作業服としてつくった高機能な防寒着や靴などが、釣り人・キャンパーなどにウケ、店内に一般客が増加していったのだ。

これまで追求してきた低価格かつ高機能な商品が、アパレルでは競合不在の市場だと気づいた同社は、2018年から新業態店を続々と出店してきた。2020年10月には横浜みなとみらいに女性向け店舗「#ワークマン女子」をオープンし、話題となる。そのイメチェンぶりに驚く人も多いが、実は並んでいる商品はすべて既存のワークマンで扱っているアイテム。変えたのはターゲットと店構えだけだ。そう、今までと全く同じ商品を一般の人向けの店舗で販売することで、大ヒットを生んだのだ。

ヒットのヒント

**商品の特性を冷静に見極め、
売り方を変えて（プロ仕様から一般向けへ）大成功。**

3/30

サラサーティの日

サラサーティ、熱さまシート、ケシミン…。小林製薬に見るヒットするネーミングの極意

「ケシミン」「熱さまシート」、そして、さらっと快適におりもの対策ができる「サラサーティ」…。創業1917年の老舗企業小林製薬の商品のネーミングには、クスッとさせられる独特のトーンがあり、ネットでもしばしば話題になる。

ネーミングに際しては、「何をしてくれる商品かを伝えること」を最重要視しているとのこと。その結果、知ってほしい感あふれる、小林製薬っぽいユニークな名前を生み出すことになる。小林製薬の商品は「あったらいいけど、まだない」ニッチなものばかり。何のための商品なのかを消費者に的確に知らせることは、ヒットにつながる。また、新市場の開拓に成功するためにも不可欠なのだ。

企画担当者が考えた商品名をチームで揉んだのち、数多くの会議やプレゼンを経て、ブラッシュアップしてようやく決まるというネーミングの数々は、ヒット商品を次々に繰り出す小林製薬の戦力の一翼を担っているといえよう。

ヒットのヒント

泥臭いまでの「知らせる」に貫かれたネーミングが多くの人々に届き、ヒットとなる。

3/31

（教育基本法と学校教育法の公布日）

「スタディサプリ」が、オンライン受験ビジネスの勝ち組になっている理由はどこにある？

「所得や地域による教育格差をなくす」という理念のもとに開発されたのが、リクルートの「スタディサプリ」だ。スマホやPCで授業を受けるオンラインタイプの“学習塾”で、有名な予備校講師の“神授業”が月額980円で見放題として大ヒットさせた。さらに想定外だったのが、学校で使いたいという問い合わせがあったこと。今では全国5000校の高校のうち、2500校が採用するほどになった。

スタディアプリが支持される理由は、データ活用による細やかなサポートにある。例えば「到達度テスト」を受けると、どの箇所でつまずいているかが個人別に明らかになる。これは同社に蓄積されたビッグデータとAI技術の組み合わせによるもので、それによって教師が効率的に個別指導できるようになった。また、学習者の視聴データをもとに、三日坊主にさせないコンテンツやサービスの開発にも努めており、自宅学習の“難問”であるユーザーの途中離脱を防いでいる。こうして、日々進化を遂げていることがヒットの理由だ。

ヒットのヒント

ビッグデータを活用したこまやかなサービス（「つまずき」や「途中離脱」予防など）が多くの支持を集めた。

4/1

（ エイプリルフール ）

「のり」に見せかけて…!?
「はちみつアラビックリ!? ヤマト」が
3分で完売した理由

「アラビックヤマト」にそっくりという「楽しい嘘」でウケているのが、「はちみつアラビックリ!? ヤマト」。これは液状のりと同じ赤いふたの容器に入ったはちみつで、1000本が3分、予約販売は4分で完売するという人気ぶりだ。

アラビックヤマトは長い歴史を持つだけあって、容器に細かい改良を続け、塗り心地のよさを追求してきた。「アラビックリ!?」を開発したヘソプロダクションは「同じ容器を使いたい」と要望し、ヤマトから容器を提供してもらうと、本物と同様の塗り心地を追求し、完成させた。

開発のきっかけは、小さい頃から「のりがはちみつに見えていた」というヘソプロダクションの社長の考え。それを企画書にして製造元のヤマトに送ったが、返信はなかった。ところが、偶然にも文具見本市の会場でヤマトの社長と話す機会があり、商品化へと進んだのだ。こうして、見た目がうりふたつという話題性と、使いやすく、手を汚さず、ムラなくはちみつを塗れるといった利便性がウケて、大ヒットにつながった。

ヒットのヒント

誰もが笑えるユニークな発想×「あったら便利」が最強の商品を生む。

4/2

アニメ「ドラえもん」放映開始

子どもも大人も! ドラえもんが
支持され続ける理由はどこにある?

もはや説明不要の国民的人気を誇る「ドラえもん」。小学館の学年誌に連載漫画として登場してから50周年を迎え、ますます好調だ。特に毎年多くのファンから支持を得る映画においては、今や親子2代どころか3代で観に行く家庭もあるという。すっかり世代を超えて受け入れられるコンテンツとなった。

こうして長年にわたり幅広い年齢層に愛され続ける理由は、ドラえもんが実は「変わり続けている」からに他ならない。声優と絵柄を2005年に刷新したり、映画の脚本に著名なクリエイターを採用したり、CMやグッズ展開で新たな魅力を見せたり。超人気コンテンツとして確立した地位を築いてるにもかかわらず、時代に合わせて進化を続けているのだ。それが顕著に表れたのが2014年の『STAND BY ME ドラえもん』。3DCGに挑戦し、大人向け路線を打ち出した結果、子どもだけでなく親世代の心もつかみ、大ヒットを記録した。常に工夫し、変化を恐れない。この姿勢がずっと愛され続ける所以なのだろう。

ヒットのヒント

**漫画としての軸はブレずに、変わり続けることで、
飽きずに長く楽しめる作品に。**

4/3

読み聞かせの日

急成長する「聴く読書」のパイオニア オトバンクのしかけ方とは

　オーディオブックという言葉がだいぶ浸透してきたが、その市場にいち早く着目し、急成長しているのがオトバンクだ。同社の配信サービス「audiobook.jp」は月に6万部を販売（ダウンロード）。日本人に馴染みのなかったこのサービスが、なぜここまで成長できたのか？

　1つは、「集客よりもまずはユーザー理解」ということで、ニーズはもちろん、買わない理由などを詳しく調査したことにあるだろう。そこから、どんな「声」、どんな「間」で朗読すればいいのか、作品の品質向上に努めてきたのだ。そうして、ラインナップを3万点近くまで増やし、使い方の利便性をスピーディーに改善してきた。また、「初月0円」などのキャンペーンを打ち、利用者を獲得してきた。利用者は、通勤・通学中、運転中、就寝前、家事をしているときなどに「ながら」で利用していることが多い。こうしたスキマ時間に「ながら読書」をすると、行動を制限されないので時間の有効活用ができるのだ。このメリットが幅広く認知されたことが、急成長につながっている。

ヒットのヒント

**「集客よりもユーザー理解」の考え、
そして、そのスピーディーな商品への反映が
多くの人に愛されるサービスをつくり出す。**

4/4

あんぱんの日

アンパンマンは、なぜあんなにも子どもたちの心に「ヒット」するのか

長年、乳幼児から圧倒的な人気を誇る「アンパンマン」。絵本やDVDはもちろん、おもちゃ・雑貨など関連商品は多く、ベビー・子ども用品の量販店には、同キャラクターの商品があふれている。世の中には他にも多数のキャラクターが存在する中で、なぜアンパンマンはここまで乳幼児をとりこにしているのだろうか。

実はアンパンマンはアニメ化の15年前の1973年にすでに登場している。フレーベル館の月刊絵本の1冊だった。大人からの評判が芳しくないのに対して、幼児からは絶大な支持を得る。絵本はシリーズ化され、その後のアニメ化へとつながっていく。

人気の理由としては諸説あるが、何より魅力を感じるのは「姿かたち」のようだ。安田女子大学の西川ひろ子氏の論文では、話よりもアンパンマンそのものに魅力を感じている点や、顔が赤ちゃんからも認識しやすく名前も乳幼児でも発音しやすい点などが人気の理由と推察されている。こうした時代に左右されない魅力が愛される理由だといえよう。

ヒットのヒント

見た目で愛着を抱きやすいキャラクター設定がウケ乳幼児が夢中に。

4/5

（ヘアカットの日）

時代の空気を読み、「オーガニック路線」に振り切って大成功!「ボタニスト」ヒットのカラクリ

競合の多いドラッグストアのシャンプー市場でシェア上位に急浮上した「BOTANIST（ボタニスト）」。2015年の発売からシリーズ累計出荷数が7000万本を突破し、異例のヒットとなっている。そもそも数年前から、健康や環境問題へ関心の高い人たちの間ではオーガニック系商品がヒットし、人気の高まりを見せていた。しかし大手メーカーは、コストや価格の問題などでなかなか開発に踏み切れずにいたのが実情だ。

そこへ飛び込んだのが、無名のベンチャー企業I-ne。思い切り“オーガニックな雰囲気”に振り切ったBOTANISTを発売し、大きな話題となった。特に、白と黒が基調のシンプルなパッケージがナチュラル志向の若者に刺さり、ネットで拡散。プロモーションもマス広告ではなくInstagramなどSNSを中心に行い、若い女性の間でのブランド認知度を急速に上げたのだ。

大手メーカーでないからこそ、時代の空気を読んで敏感に対応するという小回りの効く挑戦ができた。このフレキシブルな発想と行動力は、他業種でも手本にできる好例だろう。

ヒットのヒント

時代の流れに乗って即座に挑戦することで、大手を抑え、市場シェアをとることに成功。

事務の日

ピンチをチャンスに変えた代表例。ハンコの定番「Xスタンパー」が生まれるまで

朱肉不要のハンコ、「Xスタンパー」をシヤチハタが発売してからほぼ半世紀になる。この間の累計販売本数は約1億7500万本。まれにみる一大ロングセラーだ。

シヤチハタは大正時代に「万年スタンプ台」を発売してヒットさせた。そのスタンプ台メーカーがハンコの開発に乗り出したのは、戦後の高度成長期に「スタンプ台が不要な商品が現れるかもしれない」という強い危機感を抱いたためだった。

考えられる解決策は、スタンプ台不要の商品を開発することだった。つまり、シヤチハタは自らの手でスタンプ台を葬ることになる商品の開発に社運を賭けたといえよう。

内部にためたインクを印面に伝える技術の開発は困難を極め、さまざまな実験をへて、ようやく完成したのが1965年。売上は順調に伸び続け、その間も、印影が持続する顔料インクを開発し、カラー展開も行うなど、大小さまざまな改良や改善を重ねてきた。また、印影を人に見立てた少々風変りな「ドラマ」の動画も制作。商品に親しみを持ってもらうための工夫も怠りない。

ヒットのヒント

危機感を「危機感」で終わらせない。
画期的な商品を生み出すための原動力に変えることで、
ヒットが生まれる。

4/7

世界保健デー

半年で1億円の売り上げ！
1本2万円の杖は、なぜヒットしたのか

航空宇宙機器やIT部品などの精密部品を生産する岩田鉄工所。高度な技術を誇るこのメーカーが2010年、世界初の電動杖「伸助さん」を開発した。

ボタンを押すだけで伸縮する便利さがウケて、1本2万円超えの高価格にもかかわらず、半年で1億円を売り上げたのだ。

階段を下りるときも杖を長くすれば、腰を屈めなくて済み安全だし、劇場などでは短くして座席の下に入れられる、など高齢者には、出かけるのが楽しくなるまさに「魔法の杖」だ。

伸助さんは雑談の中から生まれた。電動の伸縮式立ち上がり補助器を手掛けているときのこと、誰かが電動の伸縮式の杖もつくってみてはどうかといったのだ。岩田勝美社長はこの「小さな需要」を聞き逃さず、開発に取り掛かり、本業で磨いた高度な技術も活用しつつ、改善を重ねた末に電動杖を完成させたのだ。

どこかユーモラスで、使い方がイメージできるネーミングの妙も、売り上げにひと役買っている。商品名・伸助さんは笑いを誘い、消費者に親しみを感じさせるにはもってこい。

ヒットのヒント

「小さな需要」の発見こそが
ありそうでない商品の開発を可能にする。

4/8

シャボン（せっけん）の香りの日

「商品の強み」をユーザーから学んでV字回復！　廃盤寸前から大ヒット商品に変わった「ウタマロ石けん」

「ウタマロ石けん」は1957年、洗濯板で手洗いするときの洗濯石けんとして登場した。当初は年間300万個を売り上げるほど好調だったが、洗濯機が普及するにつれ、売り上げが3分の1に減少。このまま消えるかに見えたが、そこからリニューアルもせずにV字回復を遂げたという経緯がある。

そのきっかけは、販売数が落ちてもなぜか一定数が売れ続けていたため、製造元の東邦がユーザー調査を行ったことにある。すると「洗濯機では残ってしまう泥汚れや袖の汚れがよく落ちる」と、部分的な手洗い用に使われていることが判明。しかも石けんが緑色のため、こすりつけた部分がひと目でわかって便利なことから、他の商品に変えたくないという声が多かったのだ。この用途に気づいた同社は、部分洗い用を前面に打ち出し、全国ローラー作戦で子どもを持つ親に向けてのキャンペーンを展開。するとリピーターが増え、SNS上に「汚れ激落ち」「神石けん」といった言葉が躍るようになったのだ。愛用する人には理にかなった理由があり、そこに商品の強みが隠れていることが証明された。

ヒットのヒント

消費者から学んだ「商品の強み」を前面に打ち出し、ターゲット層へのローラー作戦で認知度を上げる。

4/9

パソコン検定の日（毎月9日）

パソコンが売れない時代でも、デルが売上を伸ばし続ける意外な理由

アメリカのPCメーカー、デルが発売する「Dell（デル）」は、機能は優れているがデザインは地味といった"質実剛健"で知られている。しかし近年、デザイン強化に努め、スマホに押されて縮小しつつあるパソコン業界において、売上が好調だ。

方向転換の理由は、アメリカで「ミレニアル世代」と呼ばれる1980年代半ば～2000年代初めに生まれた若者たちのニーズにある。この世代は「デジタルネイティブ」といわれ、ビジネスで使うパソコンに対してもデザイン性を求め、就職先選びでは、どんなPCが支給されるかを重視するほどだという。

こうしたニーズに応えるため、同社ではデザイン強化へと舵を切り、XPSシリーズを誕生させた。これはディスプレイの枠が非常に狭いデザインが特徴的で、小型だが画面サイズはそのまま。ダイヤモンドカット仕上げによって上質感を出し、洗練されたデザインを追求した。同社はユーザーの声を拾い上げた結果、質実剛健なパソコンを、ビジネス使用であっても使って楽しいパソコンへと変身させたのだ。

ヒットのヒント

ユーザーのニーズに合わせてデザインを強化し、「使っていて楽しい」という要素を付加した。

4/10

（教科書の日）

なぜ、「ボカロPVつき参考書」は
シリーズ累計50万部の大ヒットになったのか

中学参考書といえば1年で1万部の売上が通常というところ、なんと発売2カ月で13万部を突破したのが、学研プラスの「MUSIC STUDY PROJECT　ボカロで覚える」シリーズだ。ボカロとは歌声合成ソフト「VOCALOID（ボーカロイド）」で制作された曲のこと。学参市場は少子化の影響でだんだん競争が激化しており、思いきった企画ということで、今どきの中学生にボカロがウケていることに目をつけた。作詞作曲をこのジャンルの人気クリエイターに依頼し、歴史用語などを盛り込んで各10曲を制作。さらに、全曲にプロモーションビデオ（PV）風のオリジナル動画をつけて、スマートフォンで視聴できるようにした。「学習内容を見て聴いて歌って覚えられる」というのがコンセプトだ。

すると、人気のクリエイターが学参を手がけたということで発売前から話題になり、異例のヒットにつながった。

その後、シリーズ累計で50万部を突破し、高校バージョンも登場。参考書というお堅い分野に、ボカロを取り込むというアイデアが話題づくりにも貢献し、大いに盛り上がる結果となった。

ヒットのヒント

「学参＋ボカロ＋PV」斬新な組み合わせと発想で、唯一無二の商品をつくり、発売前から話題を集める。

4/11

しっかりいい朝食の日

「なんで残すんだろう…」「ホットサンドソロ」は日々の悩みから生まれた!

朝食にも便利に使えるホットサンドメーカー。食パンに具を挟んでプレスし加熱すれば、簡単にホットサンドがつくれる。この場合、食パンは「2枚」が常識だった。が、2019年に食パン「1枚」でつくれる「ホットサンドソロ」が登場すると、予約が殺到。納品まで半年待ちの大ヒットとなった。

開発したのは、金属加工の一大産地、燕三条にある「燕三条キッチン研究所」。食パン2枚でつくったホットサンドを子どもが毎回残すのを見て、1枚でつくれるものがあったら…と思いついた。子どもに限らず、朝には食パン1枚で十分という大人も多い。そんな大人達が望む朝食の形にピッタリはまった。

しかも、食パン1枚に挟めば、朝から野菜やたんぱく質も簡単にとれる。また、ワンハンドでも食べやすいことも、忙しい朝にはうれしい。日々の生活者の実感から生まれた「ホットサンドソロ」は、「食パンは2枚」の既成概念を軽やかに打ち破り、「こんな商品が欲しかった」を実現した典型的なヒット作だ。

ヒットのヒント

**「生活者の視点」を追求し
「ありそうでなかった」を実現してヒットに。**

4/12

（パンの日）

「ご当地ランチパック」には
ヒットのヒントがたくさんあった！

正方形の食パンに具がサンドされた、山崎製パンの大人気商品「ランチパック」。売上額は年間約400億円を誇る。

特に人気なのは、地域の食材や名物を反映させた限定品「ご当地ランチパック」だ。この多種多様なご当地パンが開発できる背景には「工場中心の商品づくり」がある。同社には、各工場が主体となって独自に商品開発できる体制があるため、製品化までのスピードが速い。また、限定地域を狙ってつくれるため、九州の「ちゃんぽん風」など、驚きの味にもチャレンジできる。地域限定でヒットした商品は全国展開もでき、画期的な商品をつくる仕組みがあるために、ファンを飽きさせないのだ。

ヒットのヒント

工場主体・地域密着の開発体制で
地元愛あふれる商品をつくり
ファンをどんどん獲得。

4/13

（水産デー）

1カ月で35万個！ 生の声を入れたPOPが拡販のカギだった!?サバのチップス「SABACHi」

発売から1カ月で35万袋を売り上げたという話題のヒット商品が、味源の鯖入りスナック菓子「SABACHi（サバチ）」だ。

開発のきっかけは、同社社長のタイ出張。現地の伝統的なサバチップスがおいしかったため、これを鯖ブームの日本に持ち帰り、日本人に合う味わいにアレンジしようと企画したのだ。

開発のコンセプトは、食べても罪悪感のない、健康にいいお菓子。他商品との差別化のため鯖の含有量に徹底的にこだわり、70%と極限まで高めた。また、鯖の旨みを生かしつつ、臭みを消す味つけを工夫し、健康面をアピールするため添加物は不使用。DHA・EPA・カルシウムを含む、健康菓子が誕生した。

早速、スーパーを対象にした展示会に出品したところ、鯖の栄養価の高さが注目されて評判に。その現場で得た「受験生の夜食に」「年配の方にも向いている」「育ち盛りの子どもや妊婦にも」など生の情報をPOPに盛り込むと、商談も続々成立し、販路が拡大。さまざまな層のニーズを満たす商品であることがバイヤーや消費者へ見事に伝わったのだ。

ヒットのヒント

他との徹底的な差別化に加え、現場の声を聞き漏らさず、商品提案に生かし切ることでヒット。

4/14

（ フレンドリーデー ）

「手がかかる」なのに「愛せる」 LOVOTが ヒットする理由が深かった!

人の手間を減らすことが求められるロボット開発の分野で、それとは真逆をいくコンセプトの「人の役に立たない」ロボットが人気だ。それがロボット開発ベンチャーのGROOVE Xが手掛けた家族型ロボット「LOVOT（らぼっと）」。高額ながら大ヒットしているというが、その裏には人の心の動きを深く洞察した上でつくられている合理的な理由がある。

人が近づくと不思議そうな表情で見上げてきて、手を伸ばして触れると、うれしそうに手をパタパタ。抱き上げるとほんのり温かい。人の顔を覚えて、あとをついてきたり甘えたり…。

目指したのは、「愛でるための器」だ。人は愛されたいと思うと見返りを期待し、不満や不安が募りがち。しかし、一方的に愛でる分には見返りを求めない。さらに、他者を愛でると気持ちが穏やかになる脳内物質が分泌され、精神も安定するという。

それゆえ愛くるしい見た目と、抱っこや後追いなど“人に手間をかけさせる”技術を全力で開発。手がかかるが、そのぶん愛着がわく次世代のロボットとして、新たな需要を生み出したのだ。

ヒットのヒント

**ヒットするのは人の手間を減らすものばかりではない。
「手間を増やす」テクノロジーで、支持を集めた。**

4/15

（ いちご大福の日 ）

「できない」「気持ち悪い」
社内の声に耳を貸さないのが
妖怪★いちご大福ヒットの秘密だった!?

東京は日暮里の横丁にある和菓子店「江戸うさぎ」。お店にお客さんを呼ぶために「おもしろいものをつくろう」と考え、できたのが、まるで妖怪の顔のような大福、その名も「妖怪★いちご大福」。1日約300個を売り尽くす。が、発売までの道は決して平坦ではなかった。社内でブーイングを受け続けたのだ。

まず、菓子職人。担当者がつくったおもしろい（はずの）試作品を次々に「できません」と却下。最後に、大福の「口」からイチゴの赤い「舌」を出し、黒ゴマの「目」をつけ、悩む職人に何とか了解してもらったという。

反発をしたのは職人だけではない。完成品を見た社員の10人中9人が「気持ち悪いよ」などと大反対。そこでくじけず、「谷中の墓地からやってきた」のキャッチフレーズまで思いつき、妖怪★いちご大福として販売。

今では「おいしい」という客の評判に職人はすっかり機嫌を直し、社員たちも谷中の妖怪のかわいらしさにぞっこんだとか。

ヒットのヒント

9割が反対しても「これはおもしろい」と思ったら貫いてみる。

4/16

エスプレッソの日

入りやすいだけじゃない!
ドトールが人気を保ち続ける理由

ドトールコーヒーが生まれたのは1980年。以来約40年、スタバやコメダ、タリーズなどと共に、常にカフェ業界の先頭集団を走り続けてきた。

ドトールはなぜ人気なのだろうか。安いこと、気取りがなくて入りやすいことなどを理由に挙げる人も多い。もちろん、それらも理由としてあるだろうが、ドトールの真の強みは、実は「コーヒーの質の高さ」にあるといえるだろう。

コーヒーの味は「豆」によって大きく左右される。そのため、ドトールではコーヒー豆の買いつけを商社などに任せず、社員自らブラジルなどの現地へ飛んで、自分たちの目で選んでいる。

また、輸送も気温の低い「船底」を指定する気の使いようだ。

さらに、「焙煎」の鮮度も味の重要なカギとなる。そのため、工場で焙煎された豆は、使う量だけ各店舗に届けられ、店に古い豆が置かれることはない。「消費者に負担のない価格で、おいしいコーヒーを提供したい」が創業者の理念。この理念を守り続ける限り、ドトールはこの先も長く人々に愛され続けるだろう。

ヒットのヒント

消費者思いの「安くてよい品」を追求し続け、
息の長い人気を持続。

4/17

恐竜の日

子どもも大人も集まった！
なぜ「恐竜博2019」は、
67万人もの人に支持されたのか

上野の国立科学博物館で行われた「恐竜博2019」には、67万人が集まった。子どもからお年寄りからまで、その年齢層は幅広い。

なぜ、これほどウケたかというと、1つは、同館の取り組みにあるだろう。50年前に発見されたデイノニクスを日本に初上陸させようと企画したのだ。これは、ほぼ門外不出であるため交渉は難航したが、最終的には「台」で決まった。恐竜の爪を美しい台に乗せて、見やすく展示する。それを所蔵先のイエール大学に伝え、展覧会後にその台を譲ると提案して快諾されたのだ。

しかし、そもそも「恐竜」がキラーコンテンツということもある。子どもが恐竜を好むのは世界共通だが、それに加えて日本にはたくさんの大人のファンがいる。なぜだろうか。恐竜には「大きい」「かっこいい」という単純な魅力もあるが、未知の生物であるがゆえ、科学の進歩に伴って次々に謎が解明されていく。そうした謎や新発見があることが、大人をも飽きさせず、世代を問わず楽しめるコンテンツとなっているのだ。

ヒットのヒント

「強力なコンテンツ（恐竜）×門外不出の情報」で幅広い世代の心をつかんだ。

4/18

発明の日

前年比800%超えの大ヒットも!「ハンディファン」はどうやって猛暑の新定番となったのか

コンパクトながら心地よい風を送ってくれる小型扇風機「ハンディファン」。暑さをしのぐ冷感アイテムとして彗星のごとく現れ、猛暑を記録した2019年には前年比800%超えの商品も出るなど大ヒット。夏の定番アイテムとしてすっかり定着した。

元々韓国で流行していたハンディファンが日本で流行り始めたのは2018年の夏。そこから各社が参入し、音が静かなもの、デスクでも使えるスタンドつきのもの、USB充電器としても使えるものなど、多機能化が進んだ。また、最近では上位機種でも2000円前後で購入できるなど低価格化が進み、入手しやすくなったことも大きい。

そして、何といってもヒットした一番の理由は、おしゃれで使いやすい、そのデザイン性だ。特に、かわいいものが欲しい、自分に合うものを選びたい、友達と色違いで持ちたい、という声に応えたカラーバリエーションの豊富さがウケた。インスタ映えを意識するSNS世代にとっては、ハンディファンを持つこと自体がおしゃれであり、ファッション化しているのだ。

ヒットのヒント

持ち歩くものだからこそ、機能面や価格だけでなく、見映えにもこだわる。

4/19

収育の日

なぜ、ニトリはヒット商品を次々に生み出せるのか

「巣ごもり」すると、片づけをしたくなるらしい。コロナ禍でニトリの「収納ケースNインボックス」が爆発的に売れた。また、自宅やキャンプ地で使える「スキレット鍋　19㎝」もヒットするなど、コロナ禍でもニトリは売上を確実に伸ばす。

ニトリの強みといえば、手頃な価格と品質のよさ。ニトリは販売だけでなく、開発から製造、流通まで一貫して自社でプロデュースする。そのため、コストや中間マージンが削減でき、低価格で品質のよい品を提供できる。例えば、大人気のニトリのランドセルは価格がリーゾナブルな上に、軽くて丈夫だ。帝人とタッグを組んで、開発に成功した人工皮革「タフガードライト」を使用しているためだ。素材の開発にまで携わることで、質の高い商品を生み出している。

さらに、店へ行けば、新しい発見があるのも魅力。わずか3カ月で新商品を開発し、毎月500品目もの新商品を投入している。社長自ら現場で判断して指示しているゆえの素早さだ。市場のニーズをすぐ「商品」にし、続々とヒットを生んでいる。

ヒットのヒント

品質がよいものをより早く、より安くつくる。無理だと思われることを実現するアイデアと機動力がヒットを生む。

4/20

（ジャムの日）

「フルーツ代わりに」で年間1000万個突破!「アヲハタ　まるごと果実」の売上の伸ばし方

消費者の健康志向でジャム市場が縮小する中、アヲハタはユーザーの変化に合わせ、1970年から“低糖度”ジャムの「アヲハタ55」を販売し、売り上げ1位を維持してきた。

しかし、新機軸をということで“砂糖不使用”という新たな柱を打ち立て、2012年に発売したのが「アヲハタ まるごと果実」シリーズだ。これは、果実と果汁だけでつくられているため、パッケージで1瓶に入っている果物の量がわかるようにした。すると、パンに塗るだけでなく、果物代わりに使う人などが増え、用途が大きく広がり、売上が伸びたのだ。

さらに急成長したのが、内容量を210gから250gに増やしたとき。パン以外に使うことが増えたため、すぐになくなってしまうという声を受けて、製品の“少量化”が進む今の時代に、あえて増量に踏み切った。すると、さらにリピート客が増え、年間1000万個以上を販売するまでに成長したのだ。

1
2
3
4
5
6
7
8
9
10
11
12

ヒットのヒント

**消費者の健康志向に合わせ、
さらに、時代に逆行する「増量」に応えたことで
リピート客を増やす。**

4/21

（民放の日）

「倍返しだ!」『半沢直樹』がここまで支持を集めた理由とは

TBSで放送された「日曜劇場『半沢直樹』」の人気がすさまじい。2020年9月27日最終回は視聴率46.6%（ビデオリサーチ調べ）という驚異的な数字を叩き出した。

銀行の中間管理職、半沢直樹のドラマのどこが人々の心をこうも熱くするのだろうか。

まずは、半沢直樹という、信念を貫く人物の魅力だ。ただの「いい人」ではなく、裏切り者にはきっちり「倍返し」。視聴者の「こうありたい」願望を体現しているような人物なのだ。

さらに、悪役たちの存在が大きい。香川照之、片岡愛之助らの徹底した悪役ぶりを心置きなく憎み、楽しみ、ドラマにのめりこめる。しかも、役者たちのリアルさを完全に無視した、カリカチュアされた大げさな演技が、五感を刺激する。

正義に目覚めた女性大臣が政界の大物の悪行を暴き失墜させるラストは、勧善懲悪の世界そのもの。胸がスカッとして、月曜日からまた頑張ろうという気にさせてくれる。半沢直樹には、人の心をつかむしかけが多く散りばめられているのだ。

ヒットのヒント

「派手&大仰な演出」に加えて、ストーリーの底にあるメッセージが人々の心を虜に。

4/22

（アースデー）

「この人から買いたい」で
新たな需要をつくる!
「みんな電力」が支持される理由

電力もトレーサビリティの時代へ――。再生可能エネルギーのベンチャー企業「みんな電力」が業績を伸ばしている。「顔の見える電力」というコンセプトのもと、電気の生産者と消費者をつなげる独自のサービスを展開。その志に共感した多くの企業や家庭等が、続々と契約を切り替えているのだ。

同社は現在、全国の発電事業者から電気を仕入れ、約3500社に供給している。その特徴は、再生可能エネルギー利用率が約70%と高いこと。小売電気事業者約150社のうちナンバーワンの高さを誇るという。調達先は、日本各地にある大小200以上の自然エネルギー（太陽光・風力・水力など）発電所。そして、その発電者の顔やストーリーをHPで積極的に開示している。それぞれの発電所を選び、「故郷にある事業者を応援しよう」「被災地の発電所を支援したい」と電気料金を支払うことが、地域活性や復興支援につながる…と実感できるのだ。

「地球のため」はもとより「顔の見える誰かのため」に電力会社を選びたい、という価値観が新たな市場を切り開いている。

ヒットのヒント

「価格」ではなく「価値」で買う
というスタイルを提案し、支持を集める。

4/23

（YouTubeに最初の動画が投稿された日）

なぜYouTubeは、
ここまで支持されるのか

スマホの普及とモバイル通信の高速化に伴い、ネット動画の視聴者数は年々拡大を続けている。中でも最大のプロバイダー「YouTube」が支持されている理由は何なのだろうか。

まず、スマホでいつでもどこでも視聴できるため、勉強や仕事の合間、お風呂の中、寝る前など、生活の中で動画を見る時間が「日課」になる、という事実がある。1つの動画が10分前後と短く、ほぼ毎日更新されるため、日々の習慣の延長で半ば無意識に毎日ルーティンで観てしまう、という人が多いのだ。

さらに、動画の内容がバラエティに富んでいることも大きい。同年代数人のグループで盛り上がったり、楽しんでいる様子を楽しみにする視聴者もいれば、英会話やヨガ動画を楽しみにする人もいる。YouTubeには何かしら自分の求めるものがあると思う人が少なくないのだ。スマホで見られて、内容も出演者も生活に近い。テレビより、物理的にも、心理的にも圧倒的に「距離が近い」からこそ、身近な新しいエンタメの形として受け入れられているのだろう。

ヒットのヒント

**手軽に見れて「心理的距離が近い」。
身近さがウケている。**

4/24

植物学の日

「知ってほしい」を貫いてヒットした！
ポタジェガーデンのハーブセット

「ポタジェガーデン」は全国4カ所、合計20ヘクタールもの広さを持つ日本最大級のハーブ農園だ。運営者は吉岡清彦氏。1987年に設立し、現在、100種類のハーブを育て、年間売上は約6億円にも及ぶ。カメラマンをしていた頃、撮影で訪れた農場でハーブを目にし、旺盛な生命力と素朴な美しさに魅せられた。ハーブの魅力を日本に広めたい。その思いから、農業に転職。当時は、ハーブを知っている人は少なかったため、ホームセンターなどに営業に出かけてハーブの説明をしては、置いてもらった。1年を通じて栽培するために埼玉だけでなく、気候の異なる長野県小諸市や千葉県南房総市などにも農園を構えた。

紆余曲折を経て軌道に乗せたハーブ農園。今の人気は6種類の寄せ植えセットだ。どんなハーブを植えたらいいのかわからない初心者も多い。そこで、一緒に植えられる、相性のいいハーブ同士を組み合わせた。これなら初心者でも手軽に6種類ものハーブをいっぺんに育てられる。ハーブの魅力を広めたいという吉岡氏の想いのこもった寄せ植えセットだ。

ヒットのヒント

「自分の好き」を他人に伝えたい。
その一途な想いが経営（農園）を成功へ導いた。

4/25

世界ペンギンの日

V字回復を遂げた「旭山動物園」何が新しかったのか

ペンギン館の水中ドームで高速で泳ぐペンギンの姿を見られるなど、動物たちの生き生きとした「展示」で大人気なのが、旭川市の「旭山動物園」だ。年間来園者数は130万人を超える。

しかし、人気の動物園も1996年には入園者数の激減から廃園寸前にまで追い込まれた。奇跡の復活を遂げるきっかけは、新市長の誕生だった。新市長はレジャー施設の充実のために、旭山動物園に多くの予算を用意したのだ。

旭山動物園は長年、最低限の予算の中で苦しんできた。が、その間も従業員たちは園長と「理想の動物園の形」を模索。そして、ついにその理想を実現するときがきたのだ。彼らは珍しい人気の動物を欲しがることはせず、今いる「月並み」ともいえる動物を大切にして、その「見せ方」に工夫を凝らした。

こうして、動物の行動を見せる「行動展示」の動物園を実現。全く新しい形態の動物園では、躍動する「命」を体感できる。何度でも足を運びたくなるような動物園の理想形といえるだろう。

ヒットのヒント

今いる動物たちを生かす「見せ方の工夫」で人々が真に望む人気の動物園を実現。

4/26

（よい風呂の日）

自社のよさを生かす方法を
考え抜いて生まれた大ヒット
「珪藻土バスマット」

　濡れた足で乗ってもすぐに水を吸い、素早く乾く「珪藻土バスマット」。常にサラサラの状態で心地よく使えると大人気だが、その先駆けとなる商品を開発したのが金沢市にある「Soil」だ。

　そもそも同社は最初から日用雑貨を手掛けていたわけではない。左官業として200年以上の歴史を持つイスルギという会社の新規事業として生まれたブランドだ。左官職人の仕事はどうしても建築需要に左右されてしまう。そこで、景気に関係なく安定的に仕事を得るため、左官の技術や材料を生かした「ものづくり」ができないかと奔走。その中で、東京のデザイン会社と出会い、建材として建物の壁に使われていた「珪藻土」に着目する。海や湖などに生息していた植物性プランクトンの堆積物である珪藻土は、微細な孔が無数に空いた特殊な構造が持ち味だ。そのよさを生かすべく、ものづくりを進めたところ、珪藻土の吸水性・消臭性などがニーズと合致するバスマットが大ヒット。思い切って事業を新たな方向に展開する勇気と、自社の持つ強みを最大限に生かして生まれたヒット作なのだ。

ヒットのヒント

**新たな事業に踏み出す勇気と、
自社の技術を生かした発想がヒット商品を生んだ。**

4/27

日本で初めて駅伝が行われた日

なぜ、「箱根駅伝」はお正月の大ヒットコンテンツになったのか

「箱根駅伝」の人気が止まらない。沿道では100万人ともいわれる観衆が声援を送り、テレビの視聴率は1月2、3日の往路復路ともに30%を超える。今や国民的一大行事だ。

魅力は、チーム一丸となってタスキをつなぐ若者たちのひたむきな姿だろう。次の選手になんとしてもタスキを渡そうと、仲間のために走り続ける一途な姿ほど、日本人の魂をゆさぶり日本人を夢中にさせるものはない。

が、この高い人気には実はしかけ人がいる。日本テレビだ。1987年、東京のローカル局から日テレに代わり、全国中継を始めると、14%前後だった視聴率が30%にも跳ね上がったのだ。

多くの中継車を出し、走る選手たち、出番を待つ選手たち、走り終わった選手たちをさまざまな角度から撮り、その場でコメントもとる。足が止まりかけた選手がいると、カメラをそちらへ切り替え、アナウンサーは「頑張れ！」の絶叫&連呼だ。

優れた「素材」もそれだけでは輝かない。日テレが総力をあげて磨きをかけ、駅伝という競技を一大ドラマに仕立てたのだ。

ヒットのヒント

「伝え方次第」で、伝わり方は大きく変わる。
社が一丸となって「原石」を磨いて
第一級の「ドラマ」に仕立てた。

4/28

（ファンタが日本で初めて製造された日）

「ファンタ プレミアグレープ」
大ヒットの背景に見る「大人」の求めるもの

フルーツ味の炭酸飲料「ファンタ」の新作が売れている。2020年3月に発売された「ファンタ プレミアグレープ」は11月末で3100万本を出荷。ここ10年で発売したファンタシリーズ90商品で最大のヒットになっているという。

ファンタは10～50代の実に8割以上が飲んだことがあるというほどの知名度がある。しかし、甘さやカロリーがネックとなり、30代以降は離れていくという調査結果があった。そこで、発売元の日本コカ・コーラは、ターゲットを“大人”にした商品開発を決意。まず、味に厚みを出すため、収穫から24時間以内に絞った果汁と濃厚なピューレを使うことに。ボトルも通常より小さめの380ml。パッケージも、若者向けのポップなものから、リッチな果汁感を演出するものへと変更した。

このような大人向けの商品設計が、ここ数年で高まってきている「日々の生活の中でささやかな贅沢をしたい」「少し割高でもおいしいものを食べたい・飲みたい」という潜在的なニーズと合致。見事、新たな購買層を開拓できたのだ。

ヒットのヒント

大人の持つ「プチ贅沢」志向に
普段と違うリッチさを打ち出した演出が
がっちりはまってヒット。

4/29

昭和の日

昭和生まれのロングセラー商品「チロルチョコ」を支える“新鮮な驚き”とは

「チロルチョコ」（チロルチョコ株式会社）が発売されたのは昭和37年。この昭和の小さなチョコが60年間も愛され続け、今ではコンビニの大人気商品になっている。値段は1個20円。小学生にも買える価格設定がロングセラーの要因なのは間違いないが、ただ、それだけではなく、「新鮮な驚き」を提供し続けていることが大きい。どういうことか。

この会社が販売しているのはチロルチョコのみだが、その種類は100にも及ぶ。つまり、次々に摩訶不思議な新作を繰り出しているのだ。「いちご大福」「芋ようかん」「大学いも」「きなこもち」…。子どもだけでなく、大人も不思議感満載のバリエーションの中から選んで楽しみ、買って楽しみ、食べて楽しみたくなるような巧みなしかけとなっている。

チロルチョコという1つの商品のみを追求し続け、その1商品において豊かなバリエーションを展開する。つまり、「1点集中」の内部ではたくさんの「分散」を起こすという、ユニークな二重構造的経営スタイルが成功しているのだ。

ヒットのヒント

「集中」と「分散」というスタイルの中で次々に繰り出す新作が多くの人の心をつかむ。

4/30

（サワーの日（毎月30日））

“珍しくて贅沢”特別感が
消費者の心をつかんでヒット!
「一杯の珍極《ちんきわ》」シリーズ

　サワーに合うおつまみといえば、やはり珍味だが、珍味を家でいろいろ用意するのは大変だ。そこで今人気なのが、兵庫県・伍魚福の「一杯の珍極」シリーズ。“乾きもの”と呼ばれるおつまみ市場に、揚げ塩ぎんなんやほたるいかの姿干しなど、贅沢な味の少量パックを投入し、ヒットしている。

　開発のきっかけは、高齢化を見越した創業者が、さきイカやピーナッツといった硬いもの中心ではいずれ頭打ちになるだろうと、30年も前に考えたこと。そこでカマンベールや生ハムといったチルド品を酒肴としてまとめ、シリーズ展開してきた。それを進化させ、常温で日持ちするドライ展開にしようと今回のシリーズが誕生した。

　こだわりは、他にはないマニアックなもの、酒飲みがおもしろがって手にとるようなものを提供すること。味のよさはもちろんだが、贅沢感があるものを少量ずつパックし、どこでも手軽に楽しめるようにしたところがウケている。

ヒットのヒント

市場の変化はもちろん時代の変化（高齢化）も踏まえて
ターゲットが最もおもしろがってくれそうなものを生み出す。

5/1

（コインの日）

遊び心が人気の秘密!
自動販売機で「ただのお湯」が売れるわけ

「ただのお湯です（無料じゃないよ！）」のステッカー。ボトルには、好きな人の名前を書き込むための白い余白があり、その上には「Love You（湯）」の文字。これを使って愛の告白までできてしまう商品がある。

その商品は、チェリオコーポレーションが2020年、自社の自動販売機で売りだした「天然水ホット500mlPET」。鈴鹿山系の水を50度に保温して販売している。中部・関西エリア限定販売だが､「うれしい」「自動販売機にあったらいいのにと思っていた」といった喜びの声が数多く寄せられた。

メーカーが目をつけたのは、健康志向の強い人たちが冷たい水より白湯を選ぶ傾向にあること、そして、カフェインを控えている人にはホットドリンクの選択肢が少ないことだった。

お金を払ってまで買うわけがない、という先入観を捨てたからこそ、ただのお湯を売るというアイデアも生まれた。つくる側は楽しみながらボトルのコピーなどを考えたのだろう。そんな遊び心を共有できるのも、消費者にとってはうれしい。

ヒットのヒント

つくる側の遊び心が､消費者の心をとらえて商品のファンをつくる。

5/2

（エンピツ記念日）

エンピツ×シャープペンシル
いいとこどりの発想が生んだ
「キャンパスジュニアペンシル」

小学生向けのシャープペンシル「キャンパスジュニアペンシル」が売れている。書くときの力が強くても折れにくく、濃い文字が書ける鉛筆。削る必要がなく、芯を変えるだけで繰り返し使えるシャーペン。2つのよさを生かした新しい筆記具だと話題になり、2011年の発売から2年で110万本を売り上げげた。

発売元は文具大手のコクヨ。子どもを持つ社員の「学校ではシャーペンが禁止されているから鉛筆を使っているが、家や塾だとシャーペンを使っている。両方のよさが1つになったものがあればいいのに」という会話をきっかけに開発された。

鉛筆感覚で太く濃い字が書けるように、一般のシャーペンより太めの0.9㎜、1.3㎜の太芯を採用。また、本体を六角形の形状にし、鉛筆に近い感覚で正しい持ち方が学べるように。さらに、尾栓キャップを固定する構造にし、中央の穴から替芯を入れる仕組みを開発。キャップが外れて紛失することを防いだ。

発売されると、その書き心地のよさに子どもだけでなく大人からも反響が。形や色を大人向けにした新商品も生まれている。

ヒットのヒント

定番商品の長所をいいとこどりすることで
それぞれのよさが生きた大ヒット商品ができた。

5/3

（ そうじの日 ）

ふとした仕草にもヒントがある！
コロコロ誕生のきっかけは、
「女子社員の仕草」にあった!?

今やどこの家庭にも1つはある、便利な掃除道具「コロコロ」。国内の粘着クリーナー市場でシェア5割とトップを走っている。

開発したのは、工業用粘着テープなどの製造販売で知られる日東電工の子会社ニトムズ。粘着テープの家庭用商品化を目的に設立されたが、社運をかけて発売した粘着シートのゴキブリ捕獲棒が思うように売れず、大量の在庫を抱えることになった。しかし、その在庫を整理している社員のある姿がきっかけとなり、アイデアがひらめく。女子社員がテープを裏返して服のホコリを取っていたのだ。「粘着テープはホコリを取る画期的な掃除道具になる！」と直感した開発チームが商品を開発し、快適・便利な大ヒット商品が完成した。

ヒットのヒント

思ってもみない商品の使われ方をスルーせず、そこを起点に商品化へのアイデアを生み出す。

5/4

（ラムネの日）

なぜ、森永の「大粒ラムネ」が“大人”に売れているのか

1973年に登場した森永製菓のラムネは50年近く売れ続けている。2018年、その大人版ともいえる「大粒ラムネ」が発売されるや1カ月で年間販売計画数を売り尽くすほどの大ヒット商品となった。「森永ラムネ」の特徴はブドウ糖を90%配合している点。口の中でシュワッと爽快感が広がるのは、ブドウ糖による。

この森永ラムネの売上が、2014年頃から急激に伸び始めた。「ブドウ糖のおかげで集中力が上がる」など、その高いブドウ糖配合率に着目したブログ記事が出て、SNSで話題になり、ブームが起きていたのだ。

森永は早速大人向け商品の開発に着手。ウコンを混ぜるなど、新しさを前面に押し出してみたが、どれも売れずじまい。最後にいきついたのは、長い年月愛されてきた「森永ラムネ」の味をそのまま引き継ぐことだった。変えたのは粒の大きさ。大人にも食べ応えがあるように1.5倍の大粒にした。

ブドウ糖は脳の唯一のエネルギー源。ビジネスパーソンや受験生が「大人買い」する姿も見られる。

ヒットのヒント

新しさばかりが、ウケるわけではない。
あえて「先祖返り」することもヒットの秘策。

5/5

こどもの日

低迷期を乗り越え、再ヒットを果たした「たまごっち」のしかけ方

開発者が飼っていた海水魚を何回も死なせた経験がベースにあるのが、「たまごっち」。たまごっちはキャラクターを育成するゲームだが、世話を怠ると死んでしまう。バンダイから1996年に発売されるや、本物の「命」を育てるリアルさが女子高校生たちを虜にし、2年半で4000万個を売り上げる一大ブームを巻き起こした。しかし、1998年後半以降、ピタリと売れなくなり、そして、長い低迷期を経て2004年復活を果たしたのだ。この奇跡はなぜ起こったのか？

まず、ターゲットを高校生から女子小学生に切り替えたこと。また、機能面の充実も大きい。赤外線通信機能を追加し「たまごっち」同士の通信が可能になり、商品の魅力がさらにアップした。そして、漫画やアニメ、映画、カードゲームへとキャラクタービジネスを展開したことで、子どもたちの間でキャラクターが浸透し、認知度がますます高まった。販売から20年以上、世界中にファンを持つたまごっちの累計売上は8200万個にも及ぶ。

ヒットのヒント

低迷期に入った商品でも、切り口を変えて展開すれば再ヒットにつながる。

5/6

コロッケの日

「コロッケのまんま」大ヒットから学ぶ“ジャンルレスな思考”の大切さ

　コロッケをそのままお菓子にしたような見た目と味わいが特徴的なUHA味覚糖のスナック菓子「Sozaiのまんま コロッケのまんま」。2017年の発売と同時に話題になり、半年間で540万個を売り上げる大ヒットに。同社はその後、惣菜シリーズとして餃子や焼売などさまざまなおかずをスナック菓子にして販売し、シリーズ累計3000万個も売り上げる人気商品となった。

　本物のコロッケをスナックに加工するという斬新な発想に驚かされるが、なぜ惣菜をわざわざお菓子にしようと考えたのだろうか？ そのきっかけには、お菓子を食事代わりにし、そのことに罪悪感を持つ人が多いという現状があった。「それならいっそ、おかずをスナック菓子にしてしまおう」というユニークな発想から開発がスタート。リアルに再現することに苦労しながらも、お菓子・食事というジャンルを超越した商品ができあがった。

　実際、同社では卵とじなどのアレンジレシピも紹介し、料理への活用法を提案。SNSでもさまざまな食べ方が試されており、単なるスナック菓子を超えたアレンジの幅広さが支持されている。

ヒットのヒント

お菓子と食事の境目をなくす、
ジャンルレスな発想がヒット商品を生んだ。

5/7

（コナモンの日）

あえて「少量使い」のコンセプトがウケた！ 日清のクッキングフラワー

2015年2月に発売された「日清 クッキング フラワー」（日清製粉グループ）は、発売から5年で累計2600万個販売という、小麦粉としては異例のヒットを記録している。小麦粉の店頭価格は1kgで250円程度。これに対し「150gで220円」という割高な少量パックがここまで売れているのはなぜなのだろうか。

まず、日清が注目したのが「袋から出しづらい」「ダマになる」などという使い勝手に関する不満。また、ひとり暮らしの人にとって、主流の1kg入りは、賞味期限までに使い切るのが難しいことも判明。しかも、小麦粉の使い方で一番多いのは、トンカツへの打ち粉など少量使用の用途だった。

こうした実態を踏まえて、たどり着いたのが「少量使い」というコンセプト。それを実現するために採用したのが、ボトル容器入りというアイデアだった。しかも、片手でパパッと振りかけて使うことができるよう、重さや形状にもこだわり、中身も従来よりサラサラの小麦粉へと改良。それまでの不満を解消することで利便性が上がり、利用頻度の向上につながったのだ。

ヒットのヒント

ときには、当たり前（大容量で安く）を疑い
需要に合わせて、コンセプトから見直す。

5/8

コカ・コーラの誕生日

「コーラ」が好きをつくる!
コカ・コーラが世界的にヒットを続ける理由

有名な実験がある。1975年アメリカで、目隠しをしてペプシコーラとコカ・コーラ（日本コカ・コーラ）を飲み比べるテストを行ったところ、6割がペプシを「おいしい」と答えた。ところが、コカ・コーラは、「おいしい」はずのペプシの売上を常に凌駕し、今なお世界で1秒間に4万本も売れ続けている。この圧倒的な強さは、コカ・コーラが築き上げたブランド力の強さに他ならないといえるだろう。

実は「おいしさ」に言及したコカ・コーラのCMはほとんどない。恋人や仲間、家族が集まるシーンが写し出されるパターンがほとんどなのだ。同様のシーンが繰り返し流されることで、コーラは楽しいときに飲むものというプラスのイメージがつくられ、それにより、ブランドに対する信頼感や愛着が生み出されたのだ。

コカ・コーラがアメリカで誕生したのは1885年。130年以上売れ続けている理由は、「味が好き」だけではなく、コーラという「ブランドが好き」を人々の間に定着させたからだといえる。

ヒットのヒント

「製品力」だけでなく「ブランド力」を高める戦略により100年以上売れ続ける。

5/9

（アイスクリームの日）

ガリガリ君に続け!
1カ月で800万個売れたソフトクリームとは

「ガリガリ君」といえば赤城乳業の大ヒット商品。その赤城乳業の次なるエースとして話題を集めているのが、同社がトップシェアを維持している市販用ソフトクリームを、アイス用のカップに入れて売り出した「Sof'（ソフ）」だ。実は、赤城乳業では、なかなかカップタイプのヒット商品が出ず、試行錯誤の末に辿り着いたのが、このSof'だった。売り出してみると、Instagramで予期せぬ人気に。アイス部分に耳や顔をつけて動物にするなど、かわいく飾り立てた画像が出回るようになったのだ。それが呼び水となり、発売から1カ月で800万個も売り上げ人気商品に。おなじみの味、今までとは違う形状、という目新しさがウケた。

ヒットのヒント

既存商品をうまく進化させることで
（入れ物を変える）消費者の心に届く商品ができた。

5/10

金鳥「コンバット」の日

コンバットからゴキブリムエンダーまで…。時代に合わせて臆せず挑戦し、ヒットを生む方法

ゴキブリ退治といえば、大日本除虫菊株式会社（金鳥）の「コンバット」。ゴキブリを巣ごと一網打尽にできる人気商品だ。このコンバットを超える大ヒット商品が、2020年2月、同社から発売された「ゴキブリムエンダー」。宙に向けてスプレーするだけで部屋の中に隠れているゴキブリを見ないで駆除できる、この驚きの商品は発売後半年で80万個、12億円を売り上げた。

かつて市場を席捲した「くん煙剤」の売上が当時、落ち込んでいた。マンション住まいの増加など社会環境が変化し、また、安全性への人々の目が厳しくなる中で消費者が離れていったと考えられる。そこで、煙の出ない技術と安全な成分とを10年がかりで開発し、完成させたのがムエンダーだった。

ゴキブリ駆除のための商品であれば、パッケージにもわかりやすくゴキブリのイラストが載っていそうなものだが、あえてムエンダーのパッケージには、ゴキブリのイラストを使っていない。それは、ゴキブリを目にしたくない消費者に合わせているから。このすっきりしたデザインもウケて、大ヒットとなった。

ヒットのヒント

移ろいやすい消費者に合わせ
「変化」と「進化」を続けることが重要。

5/11

ご当地キャラの日

くまモンを超人気キャラクターに育てた「デザイン戦略」とは

熊本県の人気キャラクター「くまモン」。2019年に販売された関連商品の売上高は、少なくとも1579億円。調査開始から8年連続で過去最高を更新しており、2011年からの累計額は8100億円を超えた。今や熊本県の産業全体を売り込む強力な営業部長にまで成長したが、その裏には、キャラクタービジネスのための綿密なプランが練られ、実践されてきた背景がある。

まず大切にしたのは、強いメッセージ性を与えないこと。他の地域のPRキャラクターと異なり、くまモン自体は特定のメッセージや地方色をほとんど持たない。ニュートラルなので利用しやすく、すんなりと受け入れやすいのだ。また、パッケージに使いやすいシンプルな造形にすることも意識。輪郭がなく、黒・赤・白の3色だけというシンプルさのおかげで、幅広いデザインに対応できる。さらに、県は無料でくまモンの利用を許諾する代わりに、利用の際のルールを厳しく設定。チェックも怠らず、デザイン品質の管理を徹底している。こうしてくまモンは同県の経済を支える重要なデザイン資源となったといえる。

ヒットのヒント

**ご当地キャラクターでありながら
ニュートラルでどんなデザインにも溶け込む
独自のデザイン戦略が奏功した。**

5/12

母の日

「つくった気」になるのがポイントだった!
「ミールキット」が人気な理由

有機野菜の販売会社「オイシックス・ラ・大地」が2013年にミールキット「KitOisix」を始めた。下ごしらえをすませた食材と、調味料、レシピがセットになり、20分で簡単においしい料理が2品つくれるのが売り。忙しい女性たちにウケにウケて、2020年には累計出荷数5000万食を突破した。

レトルトや冷凍、市販の総菜などの時短調理品とミールキットが決定的に異なるのは、「罪悪感」を感じさせない点。同社がママ達にアンケート調査をしたところ、時短調理品で済ませることに後ろめたさを覚える人が全体の7割に達したのだ。

そこで、ミールキットという方式を採用。ミールキットでは最終段階の煮たり、炒めたりは自分で行う。そのことが「つくった気」にさせ、後ろめたさの解消につながるわけだ。

同アンケートでは、既存の時短調理品の不満が「野菜が少ないこと」との結果も。「KitOisix」は小松菜など自慢の有機野菜もたっぷり。長く愛され続ける大きな理由の1つだ。

ヒットのヒント

消費者の「罪悪感」に気づき、
商品開発に反映して、人々の心をつかむ。

5/13

（ カクテルの日 ）

女性ならではの発想!?
1週間で完売した、アサヒビールの
本格リキュールの勝因とは?

フタを引き上げれば即、飲める缶ハイボールや缶チューハイなどを自宅で手軽に楽しんでいる人も多いだろう。そんな「おうち飲み」にまた素敵なヒット商品が加わった。アサヒビールの「フォション　紅茶のお酒」だ。2020年2月18日アマゾン限定で販売されると、1週間で完売する大人気となった。

開発したのは女性。これまでにない「新しい価値を持ったお酒」をつくりたかった。そこで、仕事や家事、育児に忙しい女性が、1日の終わりにゆったりとくつろぎながらリラックスして飲める。そんなお酒を考えてみた。リラックス効果といえば、「香り」が知られている。そこで、思いついたのが紅茶。紅茶のほのかな香りはリラックスシーンによく似合う。こうして、「香り」からリラックス感を得るという、これまでにないお酒が誕生した。茶葉には「フォション社」認定の香り高きセイロン茶を選んだ。フォションのロゴを配したボトルは高級感を醸す。味もボトルも、女性たちが心身の疲れを癒し、リラックスするのに最適なお酒となった。

ヒットのヒント

ターゲット（女性）が、どこでどうその商品を楽しむか——。
深く想像することでヒットが生まれた。

5/14

マーマレードの日

グッズも大売れだった『ママレード・ボーイ』その秘密は「シェイクスピア理論」にあった!?

集英社の漫画雑誌『りぼん』連載の『ママレード・ボーイ』(作・吉住渉)。この1000万部突破の大人気コミックは1994年にはテレビ朝日系でアニメ化され、最高視聴率16.1%という日曜朝8時半の時間帯として異例の高視聴率を稼ぎだした。

注目はそれだけにとどまらない。番組中で恋人たちが使っていたロボット型のボイスメモなどのグッズが売り出され、ヒットした。しかけたのはプロデューサーの関弘美氏。原作にはボイスメモは出てこないが、関さんの中には「人は物語に感動すると、その主役が使ってたものや身に付けていたものが欲しくなる」という関氏が「シェイクスピア理論」と呼ぶ考えがあった。例えば、「ロミオとジュリエット」の芝居が終わると、グローブ座の周りの雑貨店では2人の使った短剣や毒薬の瓶が飛ぶように売れたという。

関氏はボイスメモで自らの理論を初めて実践して成功。番組スポンサーで、ボイスメモを販売したバンダイが喜んだことはいうまでもないだろう。番組の視聴率もグッズ人気とのシナジー効果でアップしたはずだ。

ヒットのヒント

1つのヒット(アニメ)からさらなるヒット(グッズ)を生み出せたのは「魅力ある物語の関連グッズは売れる」の自説を考え、実践したところが大きい。

5/15

ヨーグルトの日

6年越しのヒット「パルテノ」を生んだ徹底的な「差別化」とは

今話題のヨーグルトといえば、ギリシャヨーグルトだ。火付け役は森永乳業。ほとんど知られていなかったギリシャヨーグルトの市場を一から開拓し、ブームを牽引してきた。

ギリシャヨーグルトは「水切り製法」という、ギリシャ独特の手法でつくられ、クリーミーな食感が特徴だ。

森永乳業がこのヨーグルトに目をつけたのは、製法自体を変えることで、他製品との根本的な差別化が図れると考えたから。現地のギリシャへも足を運び、水切り製法を一から学んだ。ヨーグルトの新商品の開発期間は普通1カ月ほどだが、開発には2年を要し、構想から7年後の2011年にようやく日本初のギリシャヨーグルトが完成。「パルテノ」と名づける。

「ヨーグルトはさっぱり・健康的なもの」というアピールはせず、濃厚・濃密味のおやつ的な感覚を前面に押し出したのも、差別化の一環。ブレイクしたのは、発売6年後。今では100億円規模に育ったギリシャヨーグルト市場で55％のシェアを誇るヒット商品になった。

ヒットのヒント

**徹底的に差別化をし、
新市場を「育てる」ことで斬新な商品が誕生。**

5/16

旅の日

「ホテルを最も使う人に愛されるホテル」
アパホテルがヒットする当然の理由

コロナ禍において宿泊業における事業停止、開発中止などが相次いでいるが、このような状況でも攻めの姿勢を崩さないのが「アパホテル」だ。毎年20棟近くを新規開業しており、ホテル関連企業の売上高ランキングでも2019年は1008億円で堂々3位に入っている。一体なぜ、アパホテルは選ばれるのか。

それは、徹底したビジネス客狙いの戦略にある。稼働率を上げるため、休日より平日の5日間に多く使われるホテルとなるべく、ターゲットを「出張するビジネスマン」に絞ったのだ。

そのためにこだわったのは部屋づくり。部屋自体は大きくないものの、資料を広げられるように通常よりも大きめのベッドを備えつけ、仕事がしやすいように照明はオフィス並みの明るさに。ミラーリングできる大画面テレビもあり、テレワークもはかどる。そして立地は必ず駅近。どんな変形の土地であろうとも、自社設計で建てられるのが最大の強みだ。

さらに、10%のポイント還元がある会員制度でリピーターも増加。他ホテルにはない使いやすさが選ばれる理由だ。

ヒットのヒント

常識に捉われない独自の戦略で、
ターゲット（ビジネスホテル・ヘビーユーザー）から
圧倒的な支持を集める。

5/17

パック旅行の日

景観だけが理由じゃない！
山口県下関市の道の駅
「北浦街道 豊北」が日本一になったワケ

全国に1000カ所以上ある“道の駅”。その中から、旅行口コミサイト「トリップアドバイザー」が2018年に発表したランキングで全国1位に選ばれたのが、山口県下関市の「北浦街道 豊北」だ。オープンは2012年。以来、着実に来場者を伸ばし、2018年は約60万人が利用。売上は9億円を超えたという。

北浦街道 豊北は、山口県北西部の日本海沿いに位置し、角島大橋から南へ5㎞の“本州最西端の道の駅”として知られる。決して訪れやすい場所にあるとはいえないが、多い日は3000～5000人が来訪するというから驚きだ。ウリは、日本屈指の絶景と名高い、日本海を一望できるテラス。また、獲れたての地魚が楽しめるレストランは、平日でも行列ができる人気ぶりだ。そして、何より訪れる人の心をつかむのはその「居心地のよさ」だろう。1時間ごとにトイレ清掃をしたり、こまめに窓ガラスを拭いたり、施設をきれいに保つためにゴミ箱を多く設置するなど、スタッフの心配りが行き届いている。これらが気持ちのよい利用につながり、評価されているといえるだろう。

ヒットのヒント

商品力（景観・料理・物販）だけに頼ることなく
コツコツ努力を重ね、魅力を底上げした。

5/18

ファイバーの日

市場自体を変えながら、ヒットを生み出す!「おいしさ味わう十六穀ごはん」のしかけ方

ファイバーとは、食物繊維のこと。日本人は男女とも食物繊維が不足しており、意識してとる人が増えている。はくばくの「おいしさ味わう十六穀ごはん」は、ご飯に混ぜて炊くもので、まさに食物繊維が豊富。しかし、ヒットの理由は健康にいいからだけではない。同社がとったユーザーアンケートで、雑穀をとる動機が「健康」と同じくらい「おいしい」であると判明し、おいしさをコンセプトに同商品を開発したのだ。

さらに、自社商品を売ることより、雑穀市場を盛り上げるために販促をしかけた。「雑穀は新しくて、お洒落で、おいしい」というイメージが浸透すれば、自ずと自社商品の売り上げにつながると考えたのだ。そのために、女性誌などのメディアで「雑穀」を取り上げてもらったり、原宿のカフェメニューに十六穀ごはんを取り入れてもらったりした。お客さんが同商品だと知らずに食べても、スーパーで十六穀ごはんを見かけ、そこで購買につながると想定した。こうしたしかけが成功し、雑穀市場は拡大し、同社はトップシェアを保ち続けている。

ヒットのヒント

ユーザーアンケートから新たな商品価値を見出し、市場を盛り上げる販促をしかけた。

5/19

(セメントの日)

「リノベーション」がじわじわブーム。なぜ、リノベ団地は人気となったのか

セメントの大半がコンクリートに使用される。話題の「団地リノベ（リノベーション）」ブームでは、天井や壁をそのコンクリートの打ちっぱなしにする人も少なくない。

このブームを牽引しているのは、ミレニアルズ（2000年以降に成人を迎えた世代）だ。高度成長期に建てられた古くて、使いづらい団地。その中古物件なら安く購入でき、浮いたお金でリノべすれば、自分好みの空間につくり替えられる。ミレニアルズはお仕着せの内装のタワマンは眼中にないようだ。

分譲だけでなく、リノベ済みの賃貸の団地物件も人気だ。特に都市再生機構（UR）と無印良品のコラボによる「MUJI×UR」の物件は、白と木目が基調の美しい内装と、相場よりも安い家賃がウケて、募集倍率が約30倍になるところもある。

多くの団地で高齢化が進み、空き部屋も増えてゴーストタウン化していた。団地所有者のURは、リノベーションをキーワードに、古くて使いものにならない手持ちの財産を、ミレニアルズが喜ぶ「おしゃれで住みやすい物件」に蘇らせたのだ。

ヒットのヒント

「古いものは捨てずに蘇らせる」の考えが若年層に支持されブームに。

5/20

ローマ字の日

スマホ時代でも売れる「カシオの電子辞書」は一体何がすごいのか

スマホ全盛期の今、電子辞書の売れ行きは右肩下がりだ。そんな時代でも好調なのが、カシオ計算機の「EX-word（エクスワード）」。電子辞書の市場では後発組だったが、ユーザーの要望に応え、機能とコンテンツの両面で次々に改良を重ねてきた。

中でも転機になったのが、英語辞典に「ネイティブ音声」を加えたこと。これによって、発売当初はシニア層に売れていたのが、高校生にマーケットが広がった。それまで紙の辞書しか認めなかった教師が、リスニングできる点をよしとしたのだ。

その後、国語や古語、漢和などのコンテンツを次々に加え、コンテンツ同士を連携した。例えば、国語辞典で引いた言葉から和英、類語へとシームレスにつないでいけるのだ。さらに辞書を使って「勉強したい」という声が増えてきたため、大学受験向けのコンテンツなども収録し、勉強し直したい大人にもウケている。しかし、ネットに接続して欲しいという要望には応えていない。なぜならネットにつなぐと誘惑が多くなり、勉強に集中できなくなるからだ。あえて「しない」ことで学生市場を守っている。

ヒットのヒント

ユーザーの要望に応じて改良を重ね、
紙やネットでは得られない高機能性・利便性を追求した。

5/21

日本最初の小学校が開校した日

小学生なら2人に1人は持っている!?
スニーカー「瞬足」はなぜウケた?

小学生の間で大人気なのが、アキレスが2003年に発売した子ども用運動靴「瞬足」だ。100万足売れれば大ヒットといわれる業界で、累計販売数2000万足に迫るメガヒット商品となっている。小学生の2人に1人が履いているといっても過言ではないだろう。

瞬足は「オリジナリティのある商品で勝負したい」という願いから、通学するのが主な目的だった今までのものとは違い、「運動会で転ばず走れるシューズ」を目指した。なんと"左右非対称"という異例のソール（靴底）で、徒競走での左回りのコーナーを走りやすくしたのだ。瞬足のキャッチコピーは「速い子はより速く、苦手な子には"夢"を」。こうした特化したコンセプトがウケて、子どもたちの間で話題になり、自然発生的な口コミで人気が高まっていった。

瞬足発売当初の運動靴には"2000円の壁"があったが、瞬足は2500円でそれを突破。豊富なサイズ展開、素材などの品質改良、デザインやカラーリングへのこだわりによって、母親たちの心をつかむことにも成功したのだ。

ヒットのヒント

ターゲットの「夢を叶えるコンセプト」が、はまった!
クオリティのよさから、自然発生的な口コミにつながりヒット。

5/22

（カニカマの日（毎月22日））

失敗作から始まった!?
戦後三大食品発明の1つ
「カニカマ」が教えてくれること

1972年に発売され、瞬く間に人気になったのがカニ風味かまぼこの「かにあし」だ。開発のきっかけは、水産加工業のスギヨが魚を使って中華食材のクラゲの代替品を試作しているとき、失敗作がカニに似ていることに偶然気づいたことだった。そこからスケトウダラのすり身を使った画期的な商品が完成した。偶然の産物ではあるがカニカマのヒットは、本物でなくても味が似ていて安いものを普段使いしたい、という消費者の心理をついたことにある。その結果、インスタントラーメン、レトルトカレーと並んで“戦後の食品の3大発明”に数えられるようになったほどだ。

しかし、カニカマが現在まで売れ続けているのは、「どれだけカニに近づけるか」よりもさらに進んで「本物を超えたものをつくる」と、飽くなき追求を続けてきた企業努力にある。そして2004年に登場したのが「香り箱」だ。ズワイガニの雌である「コウバコガニ」の見た目と食感を再現したもので、これまでにないリアルさが世間を驚かせた。

ヒットのヒント

**史上初の画期的な商品を生み出し、
さらに「本物を超える」という高い目標を掲げ、
飽くなき努力を続けた。**

5/23

恋文の日

年間35万個販売!
オンラインの時代でも
「そえぶみ箋」が売れるワケ

手紙を書かなくなったといわれて久しいが、「そえぶみ箋」は2007年の発売以来、売れ続けているロングセラー商品だ。1年で35万個の売上実績を誇る。これは、美濃和紙でできた一筆箋。発売元の古川紙工は、江戸時代に創業した美濃和紙の老舗で、戦後、洋紙が台頭してから厳しい状況が続いていたため、和紙雑貨の開発に取り組んできた。

そんな中誕生したのが「そえぶみ箋」だ。初年度は4種類だけの発売だったが、SNSの口コミもあってヒット。手のひらサイズで、1枚に7行の罫線というスタイルが、手紙より手軽に日常的に使えるという利点がある。加えて、美濃和紙という自然素材であり、季節のものや動物、スイーツなどのワンポイントイラストがついており、女性に好まれる要素が詰まっている。人気を受けて、今までに400種類を発売してきた。

紙の需要が年々減っているのは明らかだが、需要が減っているからこそ、「手書き」という新たな価値が生まれるのだ。

ヒットのヒント

**需要減といわれる市場だからこそ、
消費者の心をつかむ新商品を次々と投入し、
価値を生む。**

5/24

（伊達巻の日）

時代をつかんでヒット！ ローソンストア100の「100円おせち」

伊達巻といえば、おせちに欠かせない一品だ。そのおせちでヒットしているのが、ローソンストア100の「100円おせち」。伊達巻、かまぼこ、黒豆などを一品ずつ小分けパックにし、全38種類を100円で販売しているのが特徴だ。

今や、おせちは「つくるものから買うものへ」と時代が変わりつつある。しかし、買うおせちは「量が多い」「高価なものが多い」という声も。1世帯あたりの少人数化や“おひとり様”世帯の増加といった傾向を受けて、ローソン100では、少量で、安価で、選べるおせちを開発した。100円という価格を実現するために、シーズンオフの工場を活用したり、あえて素材のサイズを統一しないなど、さまざまな工夫を凝らしている。

こうして発売すると「好きなものを、好きなだけ買えるおせち」として人気に。また、「自分好みにカスタマイズしたい」「少しずついろいろなものを食べたい」という時流をつかむこともできた。38種類の中には「のどぐろ蒲」といった変わりダネもあり、幅広い層にアピールしている。

ヒットのヒント

「大量から少量へ」
「自分好みにカスタマイズ」という時流に合わせ、
定番商品を進化させた。

5/25

愛車の日

「定番だから」だけじゃない！ トミカが6億台以上を売り続けられるのには理由があった

2020年タカラトミーのミニカー「トミカ」は発売50周年を迎えた。この間の累計販売数は6億7000万台。空前絶後の大ヒット商品だ。子どもの頃、親にトミカを買ってもらった世代が自身も親になり、今度は自分の子どもにトミカを買い与える。トミカは世代を超えて売れ続けている。

ただ、これだけでは終わらない。当の親たちが「大人買い」もしているのだ。そこにはトミカによる巧妙なる戦略としかけがあるといえよう。

まず、2015年に大人向けの、よりリアルな「トミカプレミアム」を発売。さらに、毎月第3土曜日には数種類の新車を販売し、その中に「限定品」を用意。

「限定」と聞けば、手に入れたくなるのが消費者心理。発売日には開店直後に完売する店が続出する。限定品を買えなかった大人たちは「次は買うぞ！」と情熱を燃やし、コレクター間で入手バトルが勃発し、それが過熱することも…。こうして、子どもにも大人にも愛されるトミカは、売れ続けているのだ。

ヒットのヒント

「限定品」「今しか買えない」は消費者の心をくすぐる鉄板の手段。

5/26

風呂カビ予防の日

「おふろの防カビくん煙剤」ヒットを支えた、2つのカギとは

銀イオンを含んだ煙が浴室に充満してカビの発生を抑え予防するライオンの「ルックプラス　おふろの防カビくん煙剤」。2012年の発売直後にシェア20%を獲得し、4カ月で出荷額が10億円に達する大ヒット商品となった。

研究員が50家族もの浴室で天井や床、排水溝などからサンプルを採取し、菌の抑制具合を調べるなど、地道な実験を粘り強く繰り返し、ようやく開発に成功した製品だった。

が、商品自体が画期的でも、カビ予防という新習慣の創出は容易ではない。煙で浴室を充満させることへの抵抗感も大きい。この課題の解決のために、パッケージにこだわった。親近感が持て、かつ安心・安全が得られるデザインを目指したのだ。

火事を連想させないように、煙は白い大きな雲の形。パッケージの全面を支配するアイコンのキャラクターは、その「雲」から顔を元気に突き出して、ガッツポーズ。かわいらしい「ゆるキャラ」が安心感と親近感をもたらす。愛らしくパワフルなパッケージには、新習慣を試したくなる力があるようだ。

ヒットのヒント

**商品が画期的であればこそ、消費者には馴染みがない。
どんなものかわかりやすく、
かつ、親しみやすくすることに力を入れてヒットへ。**

5/27

ドラゴンクエストの日

なぜ「ドラゴンクエスト」は空前絶後の大ヒットゲームとなりえたのか

「ドラゴンクエスト」（スクウェア・エニックス）は1986年に第1作が発売されたRPG（ロールプレイングゲーム）の人気シリーズだ。RPGの最高傑作といわれ、その人気ぶりは社会現象ともなった。

ヒットした理由を、制作を監修するゲームデザイナーの堀井雄二氏はある取材でこう語る。1つは、「誰でも簡単で手軽に遊べる」を徹底追及したところだ。マニュアルを読まなくても、ゲーム内の誘導で遊び方がわかるようにつくられており、しかも、自分でひらめいたように仕組まれているのではまりやすい。

もう1つ特徴的なのは、コンピュータゲームに「人間くささ」を持ち込んだことだ。これは堀井氏自身の好みによるというが、物語性があり、人間味のあるセリフや、どこかほのぼのしたところ、ぼんやりしたところが散りばめられている。そうした人間くささによって、よりゲームの世界にのめり込んでいけるというのだ。これらが奏功し、世代や性別を超えて熱狂的なファンを生むことになったのは間違いないだろう。

ヒットのヒント

「受け手（消費者）」にとって「慣れないもの（RPG）」を、どうやったら楽しんでもらえるかを考え抜く。

5/28

骨盤の日

世界で150店舗!
Dr.Stretchが
支持される理由

「Dr.Stretch（ドクターストレッチ）」は2010年に1号店を出すや否や人気となり、世界で150店舗を展開するストレッチ専門店だ。

ヒットの理由は、それまでのマッサージや整体といった施術とは違い、スポーツ選手が受けるような「トレーナーによるマンツーマンストレッチ」を提供したことにある。開業前は、痛いから流行るはずがないと反対されたというが、開業してみると大ヒット。「体がやわらかくなった」「肩の痛みが消えた」など、効果を実感できたという声が多く、リピート率が9割に上ったのだ。

その後、フランチャイズを展開していくが、ここでこだわったのは、アスリートや元アスリートの申し出のみ受け入れることだ。従業員にしてもしかりで、それは「スポーツを頑張ってきた人が活躍できる場所をつくる」という社長のビジョンによる。こうして実際にスポーツをしてきた人が施術することで、そのスキルが信頼され、リピート率が高まり、フランチャイズが急速に広がるという成功につながった。

ヒットのヒント

**今までになかった「ストレッチ専門店」という
新たなコンセプトで開業。
優秀な人材を集めることで、店舗を拡大。**

5/29

幸福の日

現代人の心と空気をつかんだ!
「コウペンちゃん」大ヒットの裏側

「出勤してえらい！」「朝起きてえらい！」とほめてくれるキャラクター「コウペンちゃん」の人気が爆発している。作者はイラストレーターのるるてあ氏。2017年4月、ツイッターに「出勤してえらい！」とほめるコウテイペンギンの赤ちゃんのイラストを投稿したところ、瞬く間に拡散され、フォロワーが1日で7万人も増加した。これは「肯定」とかけたキャラクターで、自分が欲しいと思う言葉を素直に描いたという。しかし、そこからの展開が異例の速さだった。すぐにLINEスタンプを制作すると、その年に「LINEクリエイターズアワード2017」新人賞を受賞。10月にはさまざまな会社からキャラクターグッズが発売され、11月にはコラボカフェをオープン。2019年には東京駅地下に常設ショップをオープンさせた。さらに、数多くの有名企業とコラボした。コウペンちゃんの人気は、日常の些細なことをほめてくれる存在が「自分を肯定して欲しい」と思う現代人の心に刺さるからだろう。それだけ現代は窮屈さを感じている人が多く、そんな時代だからこそウケたともいえる。

ヒットのヒント

単にかわいいだけでなく、
「自分を肯定して欲しい」という現代人の心を
つかんだキャラクターづくりがヒットのカギ。

5/30

オーガナイズの日

「マーケットインの発想」が、
世界的大ヒット
「クリア収納ケース」を生んだ

オーガナイズの日とは、片づけや整理、収納が楽になる仕組みづくりである「ライフオーガナイズ」の普及を目的に制定された記念日。日付は5と30で「ゴミゼロ」と読む語呂合わせと、一年で最も片づけに適した季節であることから決められた。

そんな片づけや整理の際に便利なのがプラスチックでできた収納ケース。今や世界中で使われる無色透明なこの収納ケース、実は1989年に日本のアイリスオーヤマが発明したものなのだ。

当時の日本では、普段着るものはタンスに、それ以外は押し入れで保管することが多かったが、衣装ケースはカラフルに着色されたものがほとんど。いざ取り出して着ようと思ったときに、どこに何を入れておいたのかわからないことがよくあった。これでは中の物を見つけにくい…ということで“中身が見える収納”を思いつき、透明プラスチックでできた収納ケースを開発すると、世界的な大ヒット商品に。「中身が見えたら便利だな」「しまうだけでなく探すための便利さも必要だな」という生活者視点の気づきが、大きな需要を創造したのだ。

ヒットのヒント

購入者視点＝マーケットインの発想から生まれたアイデアが、新たな収納市場を創出。

5/31

（ 世界禁煙デー ）

ニコチンゼロの「ニコレス」が売れまくる納得の理由とは

禁煙のために、「アイコス」などの加熱式タバコを利用する人も多いだろう。しかし、アイコスなどで使用されるスティックは、グリセリン類を染み込ませたタバコ葉を使用している。つまり、タールの摂取量は減るが、ニコチン摂取に変わりはないということだ。

そのタバコ葉の部分を「紅茶葉」に替え、タバコに近い味わいながらニコチンゼロの蒸気をつくり出すことに成功したのが「NICOLESS（ニコレス）」（SKS）だ。2019年3月の発売から1年半で、すでに売り上げ400万個を突破した。

紅茶葉は、香りが高いことで知られる中国・福建省産の「正山小種（ラプサン・スーチョン）」を使用。同じくニコチンゼロの「VAPE（ベイプ）」が香料だけでタバコ風味を出しているのに比べると、紅茶とはいっても葉を使用しているため、限りなくタバコに近い。さらに、たばこ税がかからない分、コスパ面でも418円（税込）と安く抑えられている点が、人気を後押ししている。

ヒットのヒント

**新発想（紅茶葉を使う）で、
ニコチンゼロでありながら、タバコ風味を出すという
画期的な商品を生み出す。**

6/1

（ チューインガムの日 ）

噛み応えがない!?
逆転の発想で新しい顧客を掘り起こした
「Fit's」

ロッテが2009年に発売したやわらかい食感の新スタイルガム「Fit's（フィッツ）」。年間400万個売れればヒットとされる市場で、発売から5カ月で4000万個を突破。ミックスベリー味は販売が一時休止になるなど、異例の大ヒットとなった。

開発の背景には「若者のガム離れを食い止めたい」という想いがあった。同社は、若い人の意見を素直に受け入れようとインタビューを敢行。すると、「ガムは硬い」「噛み続けるとアゴが疲れる」という衝撃的な意見に出合う。従来、噛み心地こそガムの生命線とされてきたが、若者の好みは真逆だったのだ。こうして開発チームは自分たちの常識を捨て、通常の板ガムの3分の1ほどの力で噛めるソフトな食感のガムをつくり出した。

また、簡単にガムが引き抜ける斬新な包み紙も開発。便利でおもしろく、気軽に「食べる？」とシェアしやすいと話題に。さらに、ガムであることを主張しない、歌とダンスがメインのCMも反響を呼んだ。開発から販促まで一貫してガムの常識を逸脱してきたことで、新たな顧客を掘り起こすことに成功したのだ。

ヒットのヒント

若者の声に真摯に耳を傾け、
常識とは真逆の発想で、潜在的な顧客を発掘。

6/2

おむつの日

なぜ、パンパースのおむつは高くても売れるのか

P&Gの紙おむつ「パンパース」の売上が好調だ。中でも、2016年に登場し、翌年に改良新発売した高価格帯ライン「肌へのいちばん」シリーズは人気となり売上を伸ばしている。“プレミアムな紙おむつ”というカテゴリーをパンパースがリードしているといえよう。

この高価格帯商品の企画の裏には、さまざまな角度から数字の裏を読む緻密なデータ分析がある。まず、購入者数や頻度については、出産数が減っているので増やすことは難しい。購入個数も年間を通して変化がない。ならば、購入価格はどうか。

調査してみると、おむつにかける金額はここ数年変わっていないにもかかわらず、それ以外で赤ちゃん1人にかける金額が2〜3割ほど上がっていることが判明した。高級品ニーズはあるのに、それに応えるおむつがないのだ、と思い当たった。

そこで、クオリティを高めた高価格の新商品を開発。産院への導入を積極的に進めることで信頼感を熟成し、それを消費者にアピールすると大成功。見事、売上増を実現したのだ。

ヒットのヒント

細かいデータ分析と信頼感の醸成で、
「高いからこそ買う」商品をつくり上げた。

6/3

世界自転車デー

和歌山のベンチャー企業の“バイク”が売れすぎた理由とは

和歌山県のベンチャー企業「glafit（グラフィット）」が2017年に電動バイク「ハイブリッドバイク GFR-01」を販売するや注文が殺到。年間2000台売れればヒットといわれる市場で、4カ月で3000台以上販売した。GFR-01の特徴は3つの使い方ができる点。自転車にもなれば、バイクにもなり、この2つを併用したハイブリッドとしても使える。シーンによる自在な使い分けが可能。

電動だから、二酸化炭素の排出量はゼロ。家庭でも電気代10円でフル充電ができ、40キロまで走行可能だ。折りたたむこともできるため、車に積め込め、家にも入れられる。

通勤には満員電車を避けてバイクで、郊外を走りたいときには自転車で、坂道を上るときはハイブリッドで走行する。まさに自転車とバイクのよさを併せ持った新世代の乗り物だ。

過去には、売れ筋商品の後追いをして失敗してきたglafit。その失敗から学んだのは、流行している時点での開発では遅すぎるということ。GFR-01で初めてのヒットを手にした。

ヒットのヒント

**時代の風を先読みし、
それをとらえてヒットに結びつけた。**

6/4

虫の日

入荷後即完売！
無印良品の「コオロギせんべい」には
買いたくなる秘密があった

2020年5月に発売された無印良品の「コオロギせんべい」が話題だ。初回販売分は発売当日に完売。1週間後に再入荷されたが、こちらもほぼ1日で完売したという人気ぶりである。

同品には、徳島大学の研究をベースに量産された食用コオロギを使用。コオロギをパウダー状にしてせんべいに練りこんであり、エビのような香ばしい風味が特長だという。

現在、さまざまな国で昆虫食に注目が集まるのは、世界的な人口増加による食糧難に備えるためだ。昆虫は必要なエサの量が家畜に比べ少ない。温室効果ガスなどの負荷も少なく、サステナブルで環境に優しいタンパク源と注目されている。特にコオロギは雑食で育てやすく、栄養価も高い。この商品には、食糧危機の問題を日本人にも伝えたいという熱い想いがあるのだ。

そもそも日本には、イナゴや蜂が盛んに食べられてきた歴史がある。しかも、昆虫食市場で実績がある企業・サービスの量は世界第2位。そんな昆虫食大国である土壌と、この商品の社会的意義に共感する人が増えた結果が、ヒットにつながった。

ヒットのヒント

企業姿勢や取り組みが「商品選択の基準」になることも。意外性のある商品で攻めるだけでなくその裏にあるストーリーも伝える。

6/5

環境の日

斬新な発想はどう生まれる？ 大ヒットエコバッグ「Shupatto」ができるまで

エコバッグの両端を左右に引っぱると、瞬時に平たい「帯状」に変わる。これが噂のマーナの「Shupatto（シュパット）」だ。レジ袋有料化以来、爆発的に売れている。

発売されたのは2015年。開発者は1人の新入社員女子だった。きっかけは先輩に簡単に畳めるエコバックをつくってみたら？といわれたこと。以来、寝ても覚めても畳み方を考え、悩む日々が1年間続き、そして、ついに「蛇腹《じゃばら》型」を思いつく。

あらかじめ蛇腹に折った生地の両端を縫って袋状に。すると、その両端を左右に引っぱるだけで、帯状になり、そのままクルクル丸めるだけで簡単に折り畳めるというわけだ。

ここから、さらに1年かけて、試作品にさまざまな改良を加え、ようやく商品が完成。しかし、斬新すぎて人々が戸惑ったのか、売れ行きは伸びなかった。

そこに、レジ袋有料化という強力な追い風が吹いたのだ。2020年8月にはシリーズ累計700万個を突破。この超優秀なエコバックの勢いを止めることは、誰にもできそうもない。

ヒットのヒント

熱意と才能のある者に「無理難題」を課すことで、画期的なアイデアが生まれた。

6/6

(テトリスが生まれた日)

ヒラメから生まれた!? 意外な発想から生まれたテトリスが愛され続ける理由

上から落ちてくるさまざまな形のブロックを横一列に並べて消すというシンプルなルールで、今なお世界大会が開かれるほど人気のパズルゲーム「テトリス」。ロシアの科学者アレクセイ・パジトノフが教育用ソフトとして開発したのが始まりだが、実はその着想は意外なモノからだった。

ある日、水族館を訪れた彼は、ヒラメが舞い降りて海底と同化したり、そのヒラメが砂の上を他者と重ならずに泳いだりする様を見て「この動きを参考にすればおもしろいものができる」と思いついた。このインスピレーションがテトリスの誕生につながったという。

開発から30年以上経った今も根強い人気を誇るテトリスだが、それは中毒性があるからだといわれている。永久に続くブロックの堆積と、それを消すという作業が、脳の「問題解決欲求」を満足させ、繰り返し快感を与えるのだ。また、シンプルなゲームゆえに拡張性も高く、対戦型や協力プレイ型の登場など進化を遂げている。こうしてユーザーを魅了してきたのだ。

ヒットのヒント

意外な物からヒントを得て開発。
シンプルにつくったからこそ奥深く、
進化を続けて多くの人を魅了できる。

6/7

母親大会記念日

なぜ、アスクルの「はがれやすい」絆創膏はヒット商品になったのか

6月7日に第1回目が行われた日本母親大会にちなんで制定されたのが、母親大会記念日。そして母と子のやりとりの中で生まれたヒット商品といえるのが、アスクルの「やさしい絆創膏」だ。はがすときに痛くなりにくい、肌へ与えるダメージが少ないと、介護や教育の現場を中心に支持を集め、当初の予測を上回る売上を記録している。

絆創膏といえば「簡単にはがれてほしくないもの」「粘着力が決め手」と思いがちだが、一部の人にとってはそうでなかった。それは、開発のきっかけともなった開発担当者の子どものひと言にも現れている。あるとき、開発担当者の1人が子どもに絆創膏を貼ろうとした際「はがすと痛いから貼りたくない」といわれたのだ。このことを受け、肌にやさしい絆創膏には可能性があると考えた開発者が市場調査も踏まえた上で、商品開発をスタート。

数年がかりで完成した絆創膏は、多くの人の支持を集める人気商品となった。成熟分野でも、消費者の声に耳を傾けることで、革新的な商品が生み出せる一例といえよう。

ヒットのヒント

日常の中に隠れているヒットのヒントを逃さず形にする。

6/8

ロボット掃除機「ルンバの日」

ルンバ大ヒットの要因は「技術」だけでなく「繰り返された失敗」にあった！

全世界で2000万台以上の販売実績を誇り、日本での販売も好調の掃除ロボット「ルンバ」。開発を手掛けた米国のロボットメーカーiRobot社は、1990年にボストンで設立され、米国防総省向けの軍事用ロボット等で技術を培ってきた。

現在はルンバで大成功を収めている同社だが、強みであるロボット技術を収益につなげられず、苦しんだ時期がある。月面探査ロボットのミッションを映画化、血管に入る極小ロボットを開発しライセンスを供与、油田の生産工場へロボットを販売、博物館に教育ロボットを販売…など実に多様なプロジェクトを考案し、挑戦と失敗を繰り返していたのだ。しかしこの期間に、ロボット技術を生かせるのはどの分野か、何をつくれば対象者の課題を解決できるのか、どうすれば売上につながるか、とさまざまな検証ができたことが、のちに生きたといえる。事業を成功させるには“人の役に立つ”こと、そのためには生活者の負担である“掃除”を楽にすることだと行き着き、ルンバを開発できたのだ。複数の分野で手掛けた仕事があった上の成功だった。

ヒットのヒント

自社の技術や強みを生かせるのはどの分野か。挑戦と失敗の中で向き合い続けることで、新しい市場を開拓。

（ 我が家のカギを見直すロックの日 ）

累計販売数2万個超え!
「キークエスト」を生み出した
意外な気づきとは

サイドのギザギザは段ボールの開梱カッター、先端のくぼみは糸切りやマイナスドライバー、持ち手の穴はナット回し…と、1個で6つの機能を持つ便利ツール「Key-Quest（キークエスト）」。カギ型なのでキーホルダーにつけてどこでも持ち歩けると人気になり、累計1万8000個を売り上げた。

このアイデア商品開発のきっかけは、日常の中にあった。開発者の塚田氏は、日々届く段ボールの開封作業を会社の鍵を使って行うことが多かったという。カッターやハサミを使えば済むのだが、いざというときにそばにないことが多かったためだ。

当たり前のように代用している鍵を見て、この形の刃物なら自社の設備でもつくれるのでは…と仲間と共に商品開発をスタートした。実は塚田氏は、金属プレス加工会社ツカダの社長だった。試行錯誤の末できあがった品は、クラウドファンディングで注目を集め、テレビ番組に取り上げられると一気に話題の商品に。日常の中の自分の「お決まりの行動」にふと考えを馳せてみるのも、ヒット商品を生む1つの手段かもしれない。

ヒットのヒント

当たり前の行動を見直し、アイデアを具体化。
自社の技術を生かしたヒット商品に。

6/10

時の記念日

大ヒット商品「G-SHOCK」は本当に欲しいものをシンプルに追及してできていた

世界累計出荷台数1億個を達成した大ヒット腕時計、カシオ計算機の「G-SHOCK（ジーショック）」。その後も、メタル化など進化を続け、勢いが止まらない同商品だが、実は開発に至るまでは決して順風満帆ではなく、むしろ失敗の連続だった。

きっかけは、20代の若手社員が出した、たった1行の提案書。「落としても壊れない時計をつくりたい」…自分が大切にしてきた腕時計を落とし、壊れてしまったことをヒントに書いたものだ。

しかし、その頃「時計は壊れやすいもの」というのが定説で、実際、衝撃実験は失敗続き。窓から落として壊れた試作品は何百個にもなった。部品が壊れる課題が解決できず、追い込まれた担当者は自分で期間を決め、それまでにできなければ辞職も覚悟。ただ、最後まで諦めたくないと締切当日まで粘った結果、公園でゴムボールで遊ぶ子どもを見て解決策を思いつく。時計の心臓部が中心で浮かぶような構造にすれば、衝撃が伝わりにくくなるのではないか…。こうして初代G-SHOCKが誕生。1行の企画書にこだわり続けた末の、粘り勝ちだったのだ。

ヒットのヒント

突破口はどこにあるかわからない。
自分で出した企画にこだわりを持ち、
諦めずに粘り続けることで、ヒットを生んだ。

6/11

伊能忠敬が測量に出発した日

情報だけでなく“世界観”も提供！ 旅行ガイド『ことりっぷ』が女性に支持される理由

旅行ガイドブックは数あれど、昭文社から2008年に創刊された『ことりっぷ』は、創刊から11年で1700万部を売り上げるヒット商品になった。ことりっぷのターゲット層は、20〜30代の働く女性。女性社員の「こういうガイドブックが欲しい」という声を元に、「携帯に便利な小冊子サイズ」「持ち歩きたくなるシンプルでおしゃれな表紙」「厳選された情報」「余白の多いゆったりした誌面」といった、それまでのガイドブックにはない世界観を打ち出した。

内容も、旅の提案はするが押しつけない、女性が見て素敵、かわいらしいと思うものを厳選する、余白に自由に書き込むことで自分なりの旅ができるようにする、などにこだわった。

こうした編集方針が功を奏し、「ことりっぷらしさ」というワードも生まれ、最近はInstagramで「#ことりっぷ」とハッシュタグを付けて投稿するケースも増えている。徹底した女性目線で女性が求めるものを追求した結果、そのタイトルが一人歩きするほど定着したといえるだろう。

ヒットのヒント

**ターゲット層を絞り、求められているものを具現化。
独特の世界観を築く。**

6/12

日記の日

6000万人以上が使う「note」
なぜ、クリエイターたちの心にヒットしたのか

2014年にサービスを始め、6年余で会員数260万人、月間利用者数6300万人を突破したメディアプラットフォーム「note（ノート）」。「だれもが創作をはじめ、続けられるようにする。」をキャッチフレーズに急成長しているが、その影には、多くのクリエイターたちを惹きつけるさまざまな取り組みがある。

まず、noteには誰でも自由に文章・絵・写真など多種多様なコンテンツを投稿することができるが、シンプルで使いやすく、広告やランキングもない。また、無料で見せるか有料で売るか、値段設定もすべてユーザーに委ねられている。無料でも、共感・感動した人が自主的に対価を払う「サポート」機能も用意。さらに、定期購読機能やサークル機能を持たせたり、人気コンテンツは出版社に紹介したりするなど、広く届ける仕組みもある。

加えて、炎上やデマなどのない「安心して表現ができる場づくり」を進めていることも大きい。noteにあるのは「スキ」ボタンだけで、コメント欄もポジティブで温かい場になるよう気が配られている。こうした工夫がユーザーの心をつかんでいる。

ヒットのヒント

**「書き手を応援する」さまざまな仕組みで
ユーザーたちの信頼を獲得。**

6/13

（ FMの日 ）

ラジオ離れが進む時代——。なぜ、スクールオブロックは中高生の心をつかめたのか

YouTubeなどの動画メディアや、さまざまなネットコンテンツが充実する中、若者がラジオを聴いている印象は少ない。しかし、そんな中でも中高生に響くラジオ番組として名を知られるのが「SCHOOL OF LOCK！（スクールオブロック）」だ。

キーとなるのは「学校」というコンセプトでの番組づくり。趣味や嗜好、家庭環境も異なるさまざまな10代が集まる唯一の場所＝“教室”であるとして、番組も学校の授業を模した構成に。パーソナリティは「校長」「教頭」、リスナーは「生徒」と呼ばれる。この番組スタイルが中高生にウケた。さらに、その「学校」という設定が違和感なくリスナーの世代交代を促し、番組開始から15年もの間、人気が衰えないのだ。また、ネットの掲示板と連動させたことも大きい。掲示板でのリスナーの会話を番組で取り上げることで、ネットとリアルの世界をつなげている。担当の森田太氏が意識するのは、広く知られるのではなく「クラス40人中、5人が知ってるくらい」の番組づくりだという。“普通”になってしまわないさじ加減が、番組を盛り上げ続ける秘訣だ。

ヒットのヒント

10代に寄り添う設定と内容、「クラスで数人が知っている」くらいの番組づくりがヒットし続ける秘訣。

6/14

認知症予防の日

テレビを見ない時代にヒットする「クイズ！　脳ベルSHOW」のしかけ方

フジテレビに「クイズ！脳ベルSHOW」という番組がある。朝4時の放送にもかかわらず人気を集め、2020年には放送1000回を突破した。はじまりはBSフジ。当初は水曜22時台のみの放送だったが、好評のため月～金曜までの帯番組に。

人気の秘密は、番組の中に漂う「居心地のよさ」が視聴者にも伝わっているからではないかと担当の丸林徳昭氏は分析する。そもそも同番組は他のクイズ番組とは一線を画す。ターゲットは40代以上で、回答者も40歳以上に限定。昭和に活躍した俳優・歌手・プロレスラーなどが出演するが、そんな多様なパネラー陣を明るく取りまとめるMC岡田圭右氏の手腕もあり、和気あいあいとした雰囲気なのだ。この従来のクイズ番組にないほのぼのとした空気は、制作側のつくり方によるところが大きい。制作側も、細かい設定や演出を固め過ぎないように番組をつくっているという。

クイズ番組だからという枠にあてはめず自由につくることで、ヒットが生まれたのかもしれない。

ヒットのヒント

クイズ番組の枠にとらわれない自由な発想の番組づくりで他とは一線を画してヒット。

6/15

暑中見舞いの日

4500個の商品の中でダントツの売上!「ネッククーラーNeo」には商品力とPR戦略が詰まっていた

夏の暑さ対策の新たなヒット商品に、首にかけて使う「ネッククーラーNeo」がある。発売元のサンコーはアイデア商品を販売する会社として、これまで4500商品を世に送り出してきたが、その中でダントツの売上を誇っているという。

ネッククーラーが画期的なのは、小型冷蔵庫にも使われているペルチェ冷却を使用し、150gまで軽量・小型化したことだ。それにより首にかけても負担なく、ひんやり感が最大20時間続く。ただ、こうした機能があっても、新商品はやはりPR活動が重要。同社では、常に500人のテレビディレクターと直接連絡を取り合う関係を築いている。ディレクターからの「何かいい商品ない?」に応えることで、頻繁なテレビ露出を実現しているのだ。

ヒットのヒント

今までにないアイデア商品を開発し、日ごろから培っているメディアネットワークで世に知らしめる。

6/16

父の日

400年以上のロングセラー 今も昔も攻めの広告が話題に! 「養命酒」の戦略

1602年に信州伊那（現在の長野県伊那市）の造り酒屋、塩沢家が販売した「薬用養命酒」（養命酒製造）。400年に及ぶ日本最長のロングセラー商品だ。年間販売量が平均1万2000kl、市場のシェアは90％以上。このとてつもない強さの理由は積極果敢な広告活動にもある。1923年（大正12年）に東京へ進出した。が、伊那では人気の「養命酒」も東京では売れなかった。そこで、新聞・雑誌に頻繁に広告を出す。新聞広告に30円かけても、2円の養命酒が2本売れる程度。それでも広告を打ち続け、1928年の17年後には年間販売量を60倍にも伸ばしたのだ。

戦争で大打撃を受けながら戦後、立ち直りが早かったのも広告の力が大きい。民間のラジオやテレビにいち早くスポットCMを打ち、数多くの人気番組のスポンサーとなる。これらが功を奏し、「養命酒」は今や誰もが知る存在に。ちなみに、最近では養命酒の瓶に手足のついた「着ぐるみ」でPRし、ネットで話題に。が、これらも薬酒としての高い品質があってこそ。「父の日」に親の健康のためにと養命酒を贈る子どもも後を絶たないようだ。

ヒットのヒント

いつの時代も攻めの広告でロングセラーの最長記録に。

6/17

（減塩の日（毎月17日））

「塩不使用ポテチ」は新たな客層を2つ、一気に取り込んでヒットに!

「湖池屋プライドポテト」（湖池屋）が2020年2月に大リニューアルを断行。発売4カ月で売上高20億円を突破するメガヒットとなった。4種類のフレーバーが揃えられているが、中でもヒットを牽引しているのが、食塩をいっさい使わず、北海道産の昆布などであっさり味に仕上げた「芋まるごと　食塩不使用」だ。

購入者のメインは塩分の摂りすぎが気になる40代後半以降の男性たち。「ポテチは食べてはいけない」と思っていた中年男性たちを新たに獲得したのだ。また、この商品はジャガイモそのものおいしさを味わいたい人たちにもウケている。

つまり、食塩を使わないことで、「健康志向派」と「素材のおいしさを求める派」の2つの客層の取り込みに成功したのだ。

単身世帯が増え、個食化も進んでいる。おやつもまた、1人で楽しむ人たちが増えている。開発にあたっては、そういった人たちの生活に寄り添うことも考えた。ポテト本来の味を生かしたヘルシーな「芋まるごと　食塩不使用」は、「おやつを1人で楽しむ人たち」にも寄り添える1品としても人気を集めている。

ヒットのヒント

減塩を「おいしい」につなげて2つの客層を獲得し、ヒット商品に。

6/18

（おにぎりの日）

1年半で7300万個も売れた!
ローソン「悪魔のおにぎり」が
大ヒットしたワケ

発売から1年半で累計7300万個売れ、今なお売れ続けているのがローソンの「悪魔のおにぎり」だ。白だしで炊いたご飯に天かす、天つゆ、あおさ、青のりを加えたシンプルなおにぎりは、元々南極観測隊が夜食に食べていたもの。悪魔的なうまさで病みつきになることから、こう呼んだそうだ。

SNSやテレビなどで話題になっていることを知ったある社員が「これはいける！」と開発したのはいいけれど、社内での反応はいまひとつ。テレビCMも打ってもらえない。

ところが、売れ出した。会社も商品のすごさに気づき、爆発的に売るためのあるしかけをした。「話題化」だ。「20年間不動のNo.1、シーチキンマヨネーズに迫る勢いです」「○○万個突破！」などとSNSに投稿し、売れている感を蔓延させたのだ。

売れていると聞くと、食べたくなるのが人情であり、実際に食べてみておいしければ、リピーターになる…。

「味のよさ+話題化」で驚異の大ヒット商品に育てあげたのだ。

ヒットのヒント

「商品のクオリティの高さ+売れてる感の醸成」が爆発的ヒットを生む。

6/19

メルカリが東証マザーズに上場した日

2人に1人が利用中!
大ヒットフリマアプリ「メルカリ」が
ここまで人気の理由は?

2013年にリリースされたフリマアプリ「メルカリ」が、今や日本人の2人に1人が利用するといわれるほどの人気だ。これは、不要になったものを出品して売買できるネットサービスで、最近はCMでもよく見るようになった。同様のサービスはすでにあったが、なぜメルカリは急成長できたのか?

1つは「3分で出品できる」という手軽さだ。アプリ内の指示通りに写真を撮り、説明や値段をつけるだけで、売買が簡単にできる。また、売り手も買い手も安心して使える仕組みが整備されているのだ。

さらに、メルカリはオークションではなく、不用品を譲る、捨てずに生かすという「シェア」の考えに基づいている。現在、カーシェアリングなど、資産をシェア(=共有)するライフスタイルが注目されているが、限られた資源をどう活用していくかが問われる時代になった。そうした流れの中で、「捨てるのはもったいない」「不要なものを必要な人に譲る」といったシェアを基盤としたビジネスだからこそ、ウケているといえるだろう。

ヒットのヒント

**注目される考え(シェア)を基盤に
誰でも簡単に使えるサービスをつくって
利用者を増やした。**

6/20

ペパーミントの日

売上好調の「ハッカ油」に学ぶ
ヒット商品の育て方

北海道北見市は、元々世界シェア70％以上のハッカ草の産地だった。そんな北見でハッカ製品の販売を行う北見ハッカ通商の主力商品「ハッカ油」が、新型コロナウイルス対策の一環で一気に注目を集め、売上をぐんぐんと伸ばしている。

ヒットのきっかけは、マスクにハッカ油をスプレーすると気持ちいいとSNSやテレビ等で紹介されたことだった。これは、元々花粉症に悩む人の間ではよく知られた活用法だったが、コロナ禍でマスクを余儀なくされている人々が少しでも不快感を和らげたいと口コミで広がり、多くの人が手を伸ばしたのだ。

今でこそ新たな需要にわく同社だが、実はハッカ油は長い間日の目を見なかった商品だ。知名度を上げるため、物産展に積極的に出展したり、海外市場を開拓したり、ハッカの歴史の展示施設を造ったり、地道な営業努力で売上が伸びてきた矢先、降ってわいたのがマスク需要だった。数年前から工場の機械化を進めていたのも幸いし、今は生産体制も増強できている。下地を整えておいたことで需要増の流れに乗ることができたのだ。

ヒットのヒント

市場の変化が起きたとき、その流れに乗れるような下地をつくっておくことが成功の秘訣。

6/21

仕事も遊びも一生懸命の日

競争が激しいテーマパーク業界で成功をおさめた「キッザニア」は何が新しかったのか

日本のテーマパークビジネスが厳しいといわれる中、2006年にオープンしたのが、子どものための職業体験施設「キッザニア」（KCJ GROUP）だ。教育（エデュケーション）と娯楽（エンターテインメント）を融合した「エデュテインメント」という革新的なコンセプトのもと、新しい市場を切り開いて成功した。

日本初の試みでありながら、JTB、資生堂、NTT、ドコモ、ANAなど錚々たる企業の協力を得て、本物さながらの職業体験ができるようにしたことが、子ども達を引きつけた。子ども達は新しい体験に戸惑いながらも、自分で考えて行動する。そして「社会に参加した喜び」を味わうのだ。

こうして、学校教育では補えない「仕事の体験」を、今までにない形で、遊びながら学べるようにしたのがキッザニアだ。ヒットの理由は、そうした時代の先駆者だったことにある。さらに、企業が「自分で考える、多様性のある人材」を必要としているという時代背景もあり、それが多数の企業の協力を得られる要因となった。

ヒットのヒント

同業他社（他のテーマパーク）とは違う「エデュテインメント」という新しいコンセプトを打ち出し、時代を先取りした。

6/22

『こち亀』の第1話が世に出た日

前人未踏の200巻達成!
なぜ『こち亀』は
40年間も支持され続けてきたのか

2016年、『こちら葛飾区亀有公園前派出所』(集英社)、通称「こち亀」が40年の歴史に幕を下ろした。『週刊少年ジャンプ』にこのギャグ漫画が登場したのは1976年。作者は秋本治氏。主人公の警察官「両さん」は大酒は食らう、競馬はする、上司の弱みにつけ込んで金儲けは企む…。そのハチャメチャぶりが、規則にがんじがらめの小市民にはたまらなく爽快だった。そして、「圧倒的な情報量」もこち亀の魅力といえるだろう。フィギア、切手、ゲーム…。繰り出される多彩な情報に読者は驚愕し、魅せられた。

では、これほど長く続いたのはなぜか。1つは、変化を恐れなかったこと。劇画風ハードボイルド風に行き詰まりを感じると、迷わず下町のほのぼの系に舵を切り、マンネリ化を防いだ。

また、秋本治氏自身の継続力も大きいといえよう。40年間1度も連載を休まなかった。それを可能にしたのが、締め切りを前倒しに設定した予定表。予定表に忠実に従ってコツコツと仕事を続ける。そして、早々と締め切りまでに仕事を終わらせると、余った時間でネタ探しに出かけたそうだ。

ヒットのヒント

キャラクターの魅力、変化をいとわない姿勢、
多彩な情報…という
プラスの掛け算で読者の心をつかんだ。

6/23

東北新幹線開業の日

「変わらない」「増やさない」でも売上は伸ばす。崎陽軒の優れたローカルブランド戦略とは

新幹線といえば駅弁。新横浜から新幹線に乗り込む客が、崎陽軒の「シウマイ弁当」を手にしているのをよく見かける。

横浜名物、シウマイ弁当が誕生したのは1954年。70年近くたつ現在も、日に2万5000食を売り尽くす。

駅弁市場は年々縮小し、しかも、崎陽軒の売場数は一時期より大幅に減っている。なのに、この右肩上がりの好調ぶり。一体どこに理由があるのだろう。

崎陽軒も全国展開した時期がある。が、それをしたら、「お土産」としての価値が下がってしまい、不満の声が多く寄せられたのだ。崎陽軒は「真に優れたローカルブランドを目指す」ことを決断。横浜の地に留まることにしたのだ。

当初は売上も減ったが、じきに回復。限られた地域でしか手に入らないぶん、「ありがたみ」が増し、ブランド力を押し上げたのだ。

味もサイズも一切変えていない。この「変わらなさ」が古くからのファンをつなぎとめ、若い層ではブランドへの信頼感を高めているようだ。

ヒットのヒント

「ローカル回帰」が商品の希少価値とブランド力を高め、売上増につながった。

6/24

UFOキャッチャーの日

「なぜかやりたくなる」UFOキャッチャーには支持される理由としかけがあった!

数あるクレーンゲーム機の中で一大ブームを巻き起こしたのが、1991年に発売された「UFOキャッチャー」(セガ) 4代目だ。それまで箱を上からのぞき込むタイプだったのを、ショーウインドウタイプに改良したことでクレーンの動きが見やすくなった。さらに、アンパンマンなど人気キャラのぬいぐるみを揃え、それまで縁のなかった女性や子どもを巻き込んだのだ。

しかし、その人気を持続させたのは、作り手主導で開発してきたものを、店舗側の声を拾うよう方向転換したことにある。同商品は、店舗側の「ひと手間」が欠かせない。どんな景品を選ぶ、どのように並べるかから始まり、どのくらいの難易度にするかを調整する。そうした店舗側の話を聞き、そこで得た気づきを新しい機種に反映してきたのだ。

そして、アームの位置を時間内なら何度でも変えられる、LEDを使ってイルミネーションを明るくするなど、代々進化を遂げてきた。それが、低迷するゲーム機も多い中、UFOキャッチャーが好調で、30年以上も支持されている理由だ。

ヒットのヒント

現場(店舗スタッフ)の声を拾うことで、集客に結びつくよりよい開発が続けられる。

6/25

詰め替えの日

「詰め替えそのまま」は町工場だからつくれた大ヒットだった!?

あったら便利というアイデア商品が、三輝の「詰め替えそのまま」だ。これは、シャンプーやリンスなどの詰め替え用を、詰め替えずにそのまま使うためのグッズ。詰め替え用の上側にノズルをつけ、底側にフックをつけて風呂場のハンガーなどにかけ、ノズルを両側から押すとシャンプーが出てくる仕組みだ。詰め替えの手間や、シャンプー容器の底を掃除する手間が省けるところがウケて、年間1億円を売り上げている。

しかし、利点はもう1つある。三輝は主に工事現場などで使用するガスコックを製造している町工場だ。ガスコックは炎が逆流するとボンベが爆発するため、絶対逆流させない仕組みがある。それをノズルに応用し、「シャンプーは出るが、空気が入ってこない」構造にした。シャンプーが空気に触れないことで菌の繁殖を防ぎ、衛生的に使うことができるのだ。開発のきっかけは、社長自身がシャンプーとリンスの詰め替え作業が苦手だったこと。「このパックのまま吊るしておけば楽になる」と考え、そこに町工場の専門技術を生かしたことがヒットにつながった。

ヒットのヒント

**日常の面倒を解消するために
自社（町工場）の専門技術を応用し、
新しいヒットを生んだ。**

6/26

（雷記念日）

終売を乗り越え“ついで買いの帝王”へ…。「ブラックサンダー」ヒットの裏には怒涛のしかけがあった

「ブラックサンダー」といえば、シリーズ全体の年間売上が1億6500万個を突破する国民的なお菓子だ。しかし、1994年の発売当時はまったく売れず、翌年に販売を終了。子ども向け商品としては30円という高価格が敗因だったという。

しかし、九州地方では人気で、復活を望む声に押されて再販。そして2006年、当時注目の人だった「生協の白石さん」が大学生協で取り扱って話題に。さらに、2008年の北京オリンピックで体操の内村航平選手がブラックサンダー好きであると報道されて火がつき、年間売上が1億個を突破した。

そこから発売元の有楽製菓が怒涛のしかけを展開。「白いブラックサンダー」なる消費者の意表をついた商品や女性向けなど、シリーズ品を次々に打ち出した。さらには商品の特性を生かし、2013年のバレンタインデーには「一目で義理だとわかるチョコ」キャンペーンを展開し注目を集めた。その後も、競合相手であるチロルチョコやチョコボールとのコラボなど、ユニークなしかけを次々に打ち出し、堂々たる地位を築いている。

ヒットのヒント

自社の商品特性（手軽でおいしく、おもしろい）を生かし、消費者の意表をつくユニークなしかけで購買意欲をそそる。

6/27

（ ちらし寿司の日 ）

徹底的な消費者目線で
酢を使わない層を取り込み大ヒット
「やさしいお酢」

ミツカンが食酢市場の需要回復・創造に向けた提案型商品として2009年に発売した「やさしいお酢」は、酢が苦手な人にもウケて、発売10週間で販売数100万本を突破。目標を上回るヒットを記録し、ユーザーによる活用レシピも数多く登場している。「お酢は健康によさそうだから利用したいが、現実には使いにくい」。同社は、消費者調査を通じ、このような傾向があることをつかんでいた。使いづらい理由を調べると「ツンとする香りが嫌」「ちょっと加減を間違うと味が劇的に変わってしまって使いこなせない」という声が多かった。そこで“ツンとくる酸味こそ酢らしい”という、伝統や常識を捨てることを決意。「あえて酸味を抑えた穏やかな味」「いろいろな料理に使える汎用性がある」「使い勝手がいい」をコンセプトに開発を進めた。

同社は、揮発性がある酢酸以外の有機酸（果汁など）を配合することで「ツンとこない」酢を実現。そこへ、甘味・塩味・旨味を加え、かけるだけで酢料理ができる新たな調味料を生み出し、消費者の酢に対するイメージを変えることができたのだ。

1 2 3 4 5 6 7 8 9 10 11 12

ヒットのヒント

常識にとらわれず「使いやすさ」を最優先し、
消費者の「商品（酢）への苦手意識」を払拭した。

6/28

（貿易記念日）

老舗だからこそできた長崎土産の新定番 35万個売れた「半熟生カステラ」のアイデア

2009年、創業1793年の長崎の老舗「菓《か》秀《しゅう》苑《えん》森《もり》長《ちょう》」が「半熟生カステラ」を売り出した。中はとろーり、外はふわふわの新食感カステラは、2020年にシリーズ累計35万個を突破し、堂々のヒット商品となる。

当時、脚光を浴びていたのが生キャラメルだ。そこで、社長はたまたまみつけたカステラの原型「ポン・ド・ロー」のレシピを生かし「生感覚」のカステラをつくろうと思いたったのだ。

切り口からとろーりとろける感じが欲しかった。卵と砂糖の割合を何十回となく試し、焼きの温度を1度単位で、時間を10秒単位で、何度も調整し、ようやく思い描いていた「生感覚」を手にすることができた。

材料はもちろん、「長崎カステラ」で使用している最高級品。

新製品への挑戦が必要なのは老舗も同じだ。そして、長い伝統に培われた技術と、流行を意識した柔軟な発想力とが化学反応を起こしたとき、人々を魅了する画期的な味が生まれる。

ヒットのヒント

「伝統のワザ」+「流行を読む力」は、強力ヒット誕生の計算式だ。

6/29

（iPhoneが世界で初めて発売された日）

大ヒット商品「iPhone」が成功した意外すぎる理由とは

2007年のこの日、初代「iPhone」（アップル）が発売された。成功した理由はいくつかあるが、1つはスティーブ・ジョブズの発想にテクノロジーが追いつき、望み通りの形で完成できたことだといわれる。だが、隠れた理由に「アップルで製造しなかった」ことがあるといわれている。

アップルは企画と製品開発においては世界有数の能力があるが、製造の能力は極めて低いとされる。

そのため、生産を外部に委託する「ファブレス経営」という手法をとってきた。それを決断したのが、ジョブズ亡き後を継いだCEOのティム・クックだ。

iPhoneは小さくて高技術が必要な上、生産量の変動の山谷が大きい。これに対応できる工場をフル活用した結果、年間2億台もの生産量をこなし、販売機会を逸することなく、世界中のユーザーに商品を届けることができているのだという。

ヒットのヒント

**自社の強みを把握し、
弱い部分は他社の力を借りるという決断力が物をいう。**

6/30

（ 酒酵母の日 ）

窮地に陥っていた酒蔵が
世界中で愛される日本酒
「獺祭」を生み出せた理由

今や世界20カ国以上で販売され、三ツ星レストランでも高い評価を受けるなど、世界中で愛される日本酒となった「獺祭」。その人気から国内では一時品薄になったことも。無名の小さな酒蔵は、なぜここまでの銘酒を誕生させられたのだろうか。

獺祭の蔵元は山口県にある旭酒造。一時は経営難に陥るほどの苦境にあったため、状況を打破すべく数々の新規事業に取り組むも、すべて失敗。先行きを案じた杜氏（酒づくりの責任者）まで酒蔵を去った。しかし、この状況がチャンスを生んだ。

まず、今までのように低価格の商品を大量販売するのではなく、原価をかけて、いい酒をつくる方針へシフト。つくる酒を「純米大吟醸」一本に定めた。また、杜氏に頼らない酒づくりをするため、「経験と勘」といわれた部分を徹底して数値管理。AIなどを取り入れた製法を編み出し、ばらつきのない品質を確立した。さらに、うまい酒ならどこでも売れると、地元を飛び出し、販路を東京や海外へ拡大。業界の常識を超えた数々の新しい取り組みが、「獺祭」というブランドを国内外に広めたのだ。

ヒットのヒント

危機を迎えたときこそ縮こまらず、
慣例にとらわれない新たな取り組みに挑む。

7/1

（ もったいないの日（毎月1日） ）

入浴剤の定番「バスクリン」は“もったいない精神”が生んだ大ヒット商品だった

コロナ禍の巣ごもり需要で、さらに伸びているという入浴剤市場。そのパイオニアともいえる「バスクリン」は、1930年に発売され、今でも人気の衰えない超ロングセラー商品だ。

開発したのは、バスクリンの起源である津村順天堂（現ツムラ）。看板商品だった婦人向けの漢方薬「中将湯」には16種類の生薬が配合してあったが、その製造過程で原料の生薬が残ってしまう。それを「もったいないから」と、ある社員が持ち帰って自宅の風呂に入れたところ、体がよく温まったり、湿疹がよくなったりしたことから、これを「くすり湯 浴剤中将湯」として商品化。銭湯向けの入浴剤として大人気となった。

しかし、体がしっかり温まるのはよいが、夏場には温まりすぎて汗が引かないという声があがる。そこで、温泉成分と芳香を加え、夏向けの入浴剤として開発されたのがバスクリンだ。昭和30年代後半の高度成長期、戸建て住宅や公団住宅が増加し一般家庭に内風呂が普及すると爆発的にヒット。その後もさまざまな改良を重ね、時代を超えて愛される存在となっている。

ヒットのヒント

**残りもの、使わないものに意外な効用があることも。
使えないと思っているものも、
試してみることで思わぬヒットが生まれる。**

7/2

たわしの日

発売から100年以上!
今でも人気商品の「亀の子束子《たわし》」
ヒットの裏にあった家族との時間とは

亀のような丸みを帯びたフォルムでお馴染みの「亀の子束子」。100年以上、同じ形、同じ品質、同じ名前で販売され続けている超ロングセラー商品だ。

発明したのは、亀の子束子西尾商店の創業者、西尾正左衛門氏。当時、シュロ（ヤシ）を針金で巻いた新型の靴拭きマットを発明したものの、使ううちに毛先がつぶれると指摘され、大量返品という窮地に陥る。しかしある日、妻がそのマット用のシュロの棒を折り曲げ、障子の桟を洗うのを目にし、新たな洗浄用具を思いつく。妻の手の大きさを参考に試作を繰り返し、女性が使いやすい形・サイズを追求。たわしの形を完成させた。

その後、たわしの名づけに悩んでいると、息子が「亀が水の中を泳いでいるよ」と声をかけた。桶に浮かぶ亀を見た正左衛門氏は、形がたわしに似ているし、亀は長寿で縁起もいいと気に入り、「亀の子束子」と命名。こうして家族と共に生み出されたアイデアが、世界中で愛されるロングセラーの逸品を誕生させた。

ヒットのヒント

**日常の何気ない行動・言葉を見落とさず、
商品やネーミングのアイデアへとつなげる。**

7/3

オロナミンCの日

エナジードリンクの代名詞「オロナミンC」を大ヒットに導いた思い切った決断とは

1965年に発売された大塚製薬の大ヒット飲料「オロナミンC」。発売から46年たった2011年には、小容量ビタミン含有飲料として国内で初めて累計販売本数300億本を突破。世代を超えて広く支持され、今や世界の人々にも親しまれているが、実はヒットまでには長い道のりがあった。

1960年代は、医薬用栄養ドリンク剤が大きな市場を確立した時代だ。そこで同社は、他社にはない、味・おいしさにこだわった栄養ドリンクの開発に着手。苦労の末、「炭酸」を配合するというアイデアで開発の糸口をつかみ、同品が誕生した。

しかし、炭酸を入れると医薬用ドリンク剤の許可がおりないことが判明。そこで思い切って医薬品ではなく、食品（清涼飲料水）としての販売を決断。同社得意の薬局ルートが使えないため、全国の小売店への営業活動に奔走した。その結果、販売ルートは食品の小売店のみならず、浴場、旅館、ゴルフ場、鉄道などさまざまな業種へと拡大。子どもから大人まで幅広い層が親しめる商品として、多くの人に愛される存在となったのだ。

ヒットのヒント

これまでの市場を離れることにより、
かえって、幅広い層に愛される商品に。

7/4

初代リカちゃん発売日

日本で最も売れている
キャラクター人形「リカちゃん」が
女子に支持される本当の理由

「リカちゃん」(タカラトミー)の発売は1967年。2年後には、アメリカ生まれの「バービー人形」を超えて、着せ替え人形の人気トップとなり、以来、50年余り、常に売れ続けている。そこには創業者・佐藤安太氏の「永遠に愛され続ける商品をつくる」という固い信念と、そのための戦略があった。

その1つが、プロフィールの詳細な設定だ。身長や体重、好きな色や花、「明るくてちょっぴりあわてんぼう」などと性格まで示すことでリアルさと親近感を生みだしている。

それによって、リカちゃんは女の子にとって人形以上の「人格」をもったお友だちのような存在になっている。

そして、何よりもリカちゃんの時代の変化への対応力も魅力。

洋服やメイク、体型や目の大きさなど、細かい流行も取り入れることで、常に新鮮なリカちゃんを演出している。

また、「価値観の変化」にも対応。リカちゃんパパが「イクメン オブ ザ イヤー 2014」に輝いたことは典型的な例といえるだろう。

ヒットのヒント

**見た目・外観などの変化に対応するだけでなく、
価値観の変化にも対応することで
商品により強い価値が出る。**

7/5

名護の日

沖縄・名護市近くにある「美ら海水族館」はなぜここまで人気なのか

入館者数日本一の水族館が、沖縄県名護市から車で30分ほどの「美ら海水族館」だ。年間入館者数は約380万人に達する。人気の秘密は何か。

一番に挙げられるのが、「世界初」だろう。ジンベイザメの長期飼育と、ナンヨウマンタの飼育・繁殖に世界で初めて成功したのだ。この「世界初」が大きな話題となり、特にジンベイザメは「美ら海水族館」の象徴となった。

美ら海水族館には他にも、日本のどの水族館でも決して見られない生物がいる。サンゴだ。天井のない水槽には強い日差しが直に差し込み、中の水はすぐ前の海からとったもの。その水槽で70種・450群体ものサンゴが生息する姿は圧巻だ。

また、沖縄という「地の利」を生かしていることも大きな魅力。眩い南国の光とエメラルド色の海を背景に建ち、その美しい自然はジンベイザメやサンゴと共に、他では出合えない「特別感」を形成し、日本一の人気を牽引している。

ヒットのヒント

「世界初」の話題性が
抜群の集客力を発揮する「目玉商品」を誕生させた。

7/6

ピアノの日

カシオの電子ピアノは
なぜ、「再ヒット」したのか

カシオ計算機の電子ピアノ「PX-S1000」が人気を集めている。2020年の同社の楽器事業の総売上も、対前年比で120%と大幅な伸びを記録した。

同社の電子ピアノが支持される1つめの理由は「価格」にあるといえる。競合が10万円以上のモデルを主力とする中、PX-S1000は6万円前後で購入できる。そしてもう1つ、ヒットの要因といわれているのが、その「コンパクトさ」。本格的な音質ながら机上に置ける大きさを追求。デザインもシンプルでスタイリッシュな点が評価されているのだ。

実は同社は過去にも、コンパクトで安価なキーボードの「カシオトーン」を大ヒットさせている。その後、一度は高級機路線に変更したが失敗し、再び、手頃な価格や大きさを重視する商品開発を強化したという経緯がある。今回のコロナ禍で巣ごもり消費が増える中、手頃な楽器としてヒットしたのがこの電子ピアノだったのだろう。安さと使いやすさという本来の魅力を今一度見直したことが、見事功を奏したといえる。

ヒットのヒント

失敗を糧に手頃な価格と使いやすさという
「本来のよさ」を見直してヒット。

7/7

（ 七夕 ）

「苦肉の策」がヒットにつながった!
川崎工場夜景に人が集まる深い理由

七夕の日は夜空を見上げ、天の川を探す人も多いだろう。しかし同じ夜の景色でも、星空ではなく人工的な光を目当てに人が集まるスポットがある。それが、川崎市の臨海部に展開する京浜工業地帯。多数のプラントに作業用の明かりが灯る景観が「工場夜景」として注目され、年間7万人を集客しているのだ。

戦後の高度成長を牽引してきた工場地帯・モノづくりの街として知られる川崎。その工場を観光に生かそうと2008年に市が企画した工場見学ツアーが、このブームのきっかけだ。ツアー参加者の「特に夜景が美しい」という口コミがネットで広がったため、昼間とは別に“工場夜景”のツアーを企画したところ大反響。バスツアーや屋形船クルーズが定期運行されることになったのだ。観光資源に乏しかった川崎市が何とか捻り出した苦肉の策が今や産業観光を代表するコンテンツへと成長した。

現在、工場夜景は他都市でも観光に取り入れられ、全国サミットも行われるなど広がりを見せる。これをきっかけに街自体の興味や関心につながればと自治体は期待を寄せている。

ヒットのヒント

あるものを最大限生かすことで、
思わぬヒットが生まれる。

7/8

チキン南蛮の日

「1カ月待ちのフライパン」は「消費者の不満」を解消するために生まれた

7月8日は7（なん）8（ばん）で、チキン南蛮の日。チキン南蛮もおいしくつくれるであろうフライパンがある。ホーロー鍋の世界的ブランド「バーミキュラ」（愛知ドビー）が、つくった「バーミキュラ　フライパン」だ。2020年に発売になるや、2カ月あまりで受注数が5万台を突破、1カ月待ちもざらだ。開発者を突き動かしたのは、「世界最高のフライパンがつくりたい」という強い気持ちだった。消費者のフライパンへの不満は大きい。鋳物のフライパンはおいしい料理がつくれるが、とにかく重たい。フッ素樹脂加工などを施したものは、じきにコーティングが剥げてしまい買い替えなければならない。こういった消費者の不満のすべてを解消し、軽くて、焦げつかず長い期間使え、おいしく仕上がるフライパンを目指したのだ。そして、試行錯誤の末、片手で扱える1100gという軽さを実現。表面には特殊なホーロー加工を施し、鉄の高い蓄熱性とホーローの親水性が相まっておいしい料理が誰にでもつくれるのだ。まさに、消費者の不満をすべて解決したフライパンといえるだろう。

ヒットのヒント

技術力と情熱が生んだ、群を抜く「性能の高さ」が大ヒットの原動力となる。

7/9

ジェットコースターの日

予算をかけずに「アイデア」でお客様を呼び込むひらかたパークの方法

1955年の7月9日は、日本初の本格的なジェットコースターが設置された日。ジェットコースターといえば遊園地だが、現在営業中の遊園地で最も古いのは大阪府枚方市にある「ひらかたパーク」だ。入場者数のピークは1974年の160万人。レジャーの多様化やユニバーサル・スタジオ・ジャパンの開園などに押され、一時は90万人を割るまでに減少したものの、ここ数年で再び増加。2018年には130万人を突破した。

そんな人気を盛り返しつつある同園が行うのは、関西人のツッコミ心を刺激するプロモーション。「ひらパー兄さん」というキャラ（V6の岡田准一）を起用した宣伝や、お客さんが来ないことをネタにした「逆に、ひらパー」というキャッチコピーなど、ユーモアの効いたPRで好評に。また、40台中4台だけ窓をふさぎ外が見えないようにする「ロシアン観覧車」や、アイマスクをつけてアトラクションに乗る「目隠しライド」など、低予算で既存のアトラクションをおもしろくする方法も追求。これらが功を奏し、集客数を増やすことに成功したのだ。

ヒットのヒント

既存のものを最大限生かして思わずツッコみたくなるイベントを多く企画。愛される遊園地に。

7/10

納豆の日

「におわなっとう」に「ほね元気」
納豆業界でも成功したミツカンの戦略

納豆「金のつぶ」シリーズは1997年発売から9カ月で1億4000万食を売り上げた。開発したのは、Mizkan（ミツカン）。なぜ酢の専門メーカーに納豆のヒット商品が生み出せたのか？

創業1804年のミツカンには200年間の酢づくりで培った菌の育種と発酵技術があり、その技術を納豆開発にも応用したのだ。例えば、「におわなっとう」は、納豆特有のにおいがしない。ミツカンが保有する200万株もの菌の中から、「気になるにおいをつくらない納豆菌」を見つけてつくり上げた。同様に、骨を丈夫にするビタミンK2をつくり出す菌を見つけ出し、開発したのが「ほね元気」という具合だ…。

納豆以外でも「おむすび山　鮭わかめ」や、合わせ調味料「CUPCOOK（カップクック）」のシリーズなど次々にヒットを飛ばしている。

ミツカンは平成以来、多角化を推進。このミツカン方式の多角化こそが、消費者の好みや生活様式が激しく変化する時代に企業が生き抜く必須条件であろう。

ヒットのヒント

ジャンルを超えた「多角化」が時代に合致した
斬新ヒット作連発の推進力となる。

7/11

（ラーメンの日）

1年で2億食を売り上げた「マルちゃん正麺」ヒットの理由は「夕食」にあった!

「赤いきつね」「緑のたぬき」でおなじみの東洋水産も、こと袋麺に関しては長年、「サッポロ一番」や「チキンラーメン」の売上げに遠く及ばない低迷ぶりが続いていた。

その東洋水産の袋麺が大ヒット。2011年11月発売の「マルちゃん正麺」は、発売からわずか1年で2億食を売り切り、約4年で累計出荷数が10億食にも及び、その後も人気を保っている。

奇跡の大復活を果たした一大要因は即席ラーメンに対する従来の考え方を根本から見直したことだ。つまり、何十年もの間、簡便な軽食としてとらえられてきた即席麺を、「夕食に出しても家族に怒られないものにする」というコンセプトの元、生麺に近い食感の本格味を目指すことにした。

そして、4年間の試行錯誤の末、開発した製法が、切り出した生麺を一気に乾燥させる「生麺うまいまま製法」。この製法により麺のうまさを封じ込められ、しかも、短時間で簡単に戻すこともできた。歯切れのよさと、つるんとした食感はまさに生麺の味。即席麺に一大革命を巻き起こす逸品となった。

ヒットのヒント

**「発想を根本から変える」が
斬新なる新商品を生む原動力となる。**

7/12

日本で初めて人間ドックが行われた日

意外な需要！
自宅でできる「おうちでドック」が
人気になった理由

「おうちでドック」は2019年に発売された、自宅でドック並みの検査ができるサービスだ。送られてくるキットで血液と尿を採取して返送すると、約2週間で検査結果が届く。これまでも郵送タイプの検査キットはあったが、これは従来の血液検査に加え、尿検査もできるようになったこと、がんと生活習慣病が一緒にチェックできることが新しい。価格は19800円（税別）と病院で受けるドックよりかなり安い。

現在、がんにかかる確率は2人に1人といわれるが、日本人のがん検診受診率は先進国の中でも群を抜いて低い。そうした状況で、病院に行く時間がない、億劫だ、費用が高いという層にアプローチできている。しかし、人気に火がついたきっかけの1つは、プレゼント需要にあるだろう。ものがあふれる時代、両親の誕生日や父の日、母の日などのプレゼントには頭を悩ませるが、そこに実用的なおうちでドックがはまった。また、コロナ禍で健康意識が高まったこと、かつ、病院に行くのを避けるようになった人が増えたことも追い風になっているといえる。

ヒットのヒント

「おうちで手軽に安く」という王道のコンセプトをタイミングよく（親へのプレゼント需要、コロナ禍での巣ごもり需要）打ち出したことでヒットに。

7/13

オカルト記念日

なぜ『カメラを止めるな!』は、全国的な大ヒット作品になれたのか

1974年に映画『エクソシスト』が日本で公開された。このことにちなみ、7月13日はオカルト記念日とされている。オカルトとは、科学では証明できない正体不明な出来事のこと。死者が蘇り、徘徊するそんな「オカルト」がまかり通るのが、ゾンビ映画だ。2018年、そのゾンビ映画で大きな話題となったのが、『カメラを止めるな！』（監督・上田慎一郎）である。

2018年6月にたった2館で公開が始まったが、2カ月後の8月には上映が300館へ急拡大。この爆発的なヒットには、SNSでの口コミ拡散が大きな役割を果たした。

しかも、ネタバレ厳禁の性質を持つ物語ゆえ、映画の内容そのものを伝える口コミはほとんどない。「何もいえないけどおもしろい」「とにかく見てほしい！」などのコメントがSNSを席捲。それがかえって好奇心をくすぐり、動員につながった。

新人監督&無名の役者という話題性、予想を裏切るどんでん返し、見終わった後の爽快感など、「思わず誰かに話したくなる」さまざまな要素が、異例の大ヒットの一因といえるだろう。

ヒットのヒント

「ネタバレできない、でも伝えたい」という口コミがパワーを持って全国に拡散。

7/14

ゼリーの日

リニューアルに1度失敗した「ウィダーinゼリー」復活の背景にあった意外な理由とは

「10秒チャージ、2時間キープ」のキャッチコピーと木村拓哉のCMで大ヒットしたのが、1994年に発売された森永製菓の「ウイダーinゼリー」＊だ。好調は長らく続いたが、2014年、売り上げが横ばいになったことからリニューアルを実施したところ、これが思わぬ失速につながった。

それまでの「栄養別」だったコンセプトを「カロリー別」に変え、デザインを大きく刷新したのだ。すると、多くのリピーターが商品を見つけられず、コンセプトの変更も理解されなかった。いわく、カロリーの差が、自分の生活にどう役立つかわからないと。結局、1年後には元に戻すことになったが、巻き返しはならなかった。

そこで、営業部隊が結束。店頭のPOP広告で健康効果をアピールし、サプリメントやマスクなど健康関連のさまざまな売り場で販売を試みた。すると、これが功を奏して奇跡的なV字回復となったのだ。この失敗から得た教訓とは、いざというときの頼みの綱は社員の結束の強さということであろう。

＊現在は商品名を「in ゼリー」に変更。

ヒットのヒント

失敗を恐れるな。失速しても、社員の結束と機動力で乗り切れる。

7/15

（海の日）

イガラシはどうやって「ベビー浮き輪」の草分け的存在になったのか

今では当たり前に見かけるベビー浮き輪を、30年以上も前に初めて開発したのが、ビニール用品を製造するイガラシだ。1980年当時、子ども用浮き輪の対象年齢は3歳以上とされていた。浮き輪に自分でつかまっていられることが条件だったのだ。しかし、取引先から「今までにないものを」といわれ、3歳未満でも安心して使える浮き輪の需要があるはずだと同社は気づく。

そこでひらめいたのが、ドーナツ型の浮き輪に〝おむつ〟型のビニールシートを付けるというもの。そして、安定性がよく、安心して座っていられて、安全性も確かなものをという難題をクリアするために試行錯誤を繰り返した。結果、ようやく完成したのが、1歳半～3歳未満の幼児を対象とした「ベビーウキワ」だ。

最初に発売したのは、取引先のイトーヨーカ堂1店舗のみだったが、売れ行きは予想以上で6000個を販売。その後、一気に取扱店が拡大し、30年たった今でも年間1～2万個を売り上げるロングセラー商品となっている。

ヒットのヒント

「今までなかった」が「必ず需要があるはず」という潜在ニーズに着目し、パイオニア的存在に。

7/16

夏を色どるネイルの日

ヒットのタネは「ラジオ」にあった!?
「自社の強み」を柔軟に生かした
「胡粉《ごふん》ネイル」ができるまで

胡粉とは、ホタテの貝殻からつくられる日本の伝統的な天然顔料だ。日本画などの絵の具として用いられてきたが、これをマニキュアに転用した「胡粉ネイル」がヒットしている。開発したのは、創立が宝暦元年という日本最古の絵の具メーカー、「上羽絵惣《うえばえそう》」。

同社は日本画文化に大きな役割を果たしてきたが、西洋絵具が輸入されるようになってから低迷が続いていた。ある日、ラジオで「ホタテ塗料でマニキュアをつくった女子高生」という話を聞き、胡粉の新たな使い道を思いついたのだ。

こうして開発されたネイルは、ラインナップに「艶紅《つやべに》」「水茜《みずあかね》」「鶯緑《うぐいすみどり》」といった和の伝統色の名前が並び、和のコンセプトが打ち出されて人気に。また、天然素材であるため、通常のマニキュアのようなシンナー臭がない。これによって従来のマニキュアが合わなかった人や、妊婦さんなども安心して使えると話題になり、あっという間に年間40万本以上を売り上げた。現在は、病院や海外へも販路を広げている。

ヒットのヒント

「日本の伝統」には「和」や「天然素材」という現代でも求められるコンセプトが詰まっている。

7/17

（世界絵文字デー）

今や連絡手段の定番に…！
なぜ、他のアプリではなく
「LINE」が支持されたのか

「LINE」は全世界で2億人以上、日本国内で人気ナンバーワンのユーザー数を誇るSNSだ。誕生したのは2011年。当時はすでにSkypeやFacebookなどが出ていて後発組だったにも関わらず、スタートと同時に急成長した。

理由はいくつかあるが、操作が簡単だったことが挙げられるだろう。毎回ユーザー名やパスワードを入力する必要がなく、アプリを起動すればすんなり開いて、すぐ使えるようにした。また、スタート時はチャット機能だけだったが、その後、無料通話やスタンプ機能を追加した。特にスタンプの登場によって、スマホで文章を打つのが苦手な人でも簡単に返信できるようになり、中高年など幅広い層を取り込むことに成功した。だが、急成長した最大の要因に「タイミング」がある。スマホが急速に普及し始めたとき、先行していたSNSが対応できなかった。その一瞬のスキをついて、LINEはデビューした。あと半年早くても遅くても、ここまでヒットしなかったといわれている。

ヒットのヒント

サービス自体の魅力を高めることはもちろん
「広がるタイミング」を逃さずにリリースしたことが
最大の要因。

7/18

自然哲学者　ロバート・フックの誕生日

シリーズ累計450万部突破!『はたらく細胞』が幅広い層に支持される理由

17世紀にイギリスで活躍した自然哲学者、ロバート・フック。生体の最小単位を「cell（細胞）」と名付けたことで知られているが、今この「細胞」を主人公としたマンガが話題を集めている。

それが2015年から『月刊少年シリウス』（講談社）で連載中の『はたらく細胞』（作・清水茜）。赤血球、白血球、血小板などの細胞をキャラクター化し、体の中に侵入してきた細菌との攻防を描く物語だ。単行本のシリーズ累計発行部数は450万部を突破し、2018年にはアニメ化。2021年1月からは、その第2期が放送されている。

好評の理由は、細胞の働く姿を描く斬新なアイデアにある。体内のメカニズムや免疫の働きといった誰もが気になる「人間の体」を舞台にした点も強みで、インフルエンザやスギ花粉症、擦り傷など身近な疾患を取り上げたことで、より読者の興味を引いた。

また、酸素を運ぶ「赤血球」は活発な女の子など実際の細胞を元にした個性的なキャラクターも人気の理由。人体の仕組みを楽しく学ぶことができると、読者層を広げている。

ヒットのヒント

独創的な世界観と魅力的なキャラクター、実際の人体の仕組みに忠実な展開で高評価を得た。

7/19

（ スーパーウーマンの日 ）

化粧品業界で異例のロングセラー「雪肌精」の秘密は他社を追随しない姿勢にあった!

スーパーウーマンの日とは、1960年の同日に日本初の女性大臣が誕生したことが由来の記念日。そこでウーマンにかけて、日本はもとより海外の女性にも大人気の化粧水の話をしたい。

その人気の品とは、1985年発売の「雪肌精」だ。化粧水の累計出荷本数は6150万本を突破。派生ブランドの追加やグローバル展開など総合スキンケアブランドとして発展してきた。

開発にあたっては「肌のみずみずしさや血行のよさが白さや透明感につながる」という漢方の考えを取り入れた。そのため、砂に水が染み込むような浸透性のよさを徹底的に追求。また、商品名には化粧品としては珍しいといえる漢字を使用し、ボトルは鮮やかな瑠璃色に。当時の美白アイテムは透明か白の容器が多かったため、ひと際映え、認知を高めることにつながった。

広告やCMもさることながら、口コミで愛用者を増やしたのも同品の特徴。実際、肌にスッと入る、透明感が出ると、絶対的な信頼を寄せる女性も少なくない。他社とは一線を画す個性と、目に見える肌効果がロングセラーを生んだ。

ヒットのヒント

肌への効果×個性的な商品力がヒットを生んだ。

7/20

中小企業の日

大阪の中小企業は、どうやって世界的大ヒット工具「ネジザウルス」を生み出せたのか

1万丁売れれば大ヒットとされる工具の業界で、累計50万丁も売れた工具がある。それが「ネジザウルス」だ。これは、溝がつぶれてしまったネジを簡単に抜くことができるというもの。ネジの溝がつぶれたらドライバーは使えないし、ペンチで抜こうとしても滑ってしまう。

そこで、ペンチの先端にあるヨコ溝をタテ溝にして滑らないようにした。さらに、先端に逆八の字形の傾斜角をつけた。この2つの工夫によって、ネジ頭をしっかりつかみ、小さい力で回すことができる。錆びて固まってしまったネジでも、簡単に抜けるのだ。

しかし、開発した大阪のエンジニアは小さい会社。宣伝力がなく、しかも最初は「小ネジプライヤー」というわかりにくい名前だったこともあって、全然売れなかった。そこで、ネーミングを社内公募。ネジをつかむ力強さを恐竜に見立てた「ネジザウルス」に決定すると、みるみる売れるようになったのだ。その後、改良を重ね、海外にも進出して順調に売れ続けている。

ヒットのヒント

「キャッチーに、呼びやすく、イメージしやすく」名前を変えるだけで、商品のイメージがガラッと変わる。

7/21

自然公園の日

ソロキャンプ、ガールズキャンプ…。なぜ、キャンプブームは起きたのか

キャンプ人口が急増中だ。なぜここまで広がっているのか。

まず、キャンプのバリエーションが広がったことがいえよう。1人で楽しむ「ソロキャンプ」をはじめ、SNSなどで集まった参加者が自由集合・解散する「部族キャンプ」、お洒落なキャンプを楽しむ「ガールズキャンプ」といった自由で多様な楽しみ方が増え、人気を集めている。また、キャンプで自然に触れることで五感が刺激され、それが新しいアイデアを生む源泉となるなど、野外に身を置くことの効用も注目されている。それによって日常のストレスを緩和し、自分を見つめる場所としてキャンプを活用する人も増えており、今後の成長が期待されている。

ヒットのヒント

1つのもの（キャンプ）でも、楽しみ方が多様化することでさまざまなジャンルの人に訴求。多くの人に受け入れられ、ブームのきっかけとなる。

7/22

ONE PIECEの日

累計4億6000万部以上の
メガヒットになった『ONE PIECE』
その物語にあるヒットのカギとは…？

『ONE PIECE（ワンピース）』（作・尾田栄一郎）といえば、もはや誰もが知る国民的漫画。悪魔の実「ゴムゴムの実」を食べ、ゴム人間になった青年ルフィが海賊王を目指し仲間と共に大海原を冒険する。『週刊少年ジャンプ』（集英社）で1997年から連載が始まり、単行本の発行部数が4億6000万部を超えている。

目が離せないストーリー展開、仲間と夢に向かって前進するキャラクターたちの魅力もさることながら、作品のキーとなるのが、「悪魔の実」だという。産業能率大学の小野田哲弥准教授の分析によると「ゴムゴムの実」をはじめ、次々に登場する「悪魔の実」の存在が『ドラえもん』の「ひみつ道具」のように、次はどんなものが出てくるのか？　という興味をそそる。これによって、長編マンガによくある物語に飽きてファンが離れてしまう問題を解決。さらに、それがストーリーを知らない新たな読者の獲得にも役立っているというのだ。ただおもしろいだけではなく、読者の心をつかむしかけが隠されているからこそ、ワンピースは支持され続けているのかもしれない。

ヒットのヒント

**キャラクターやストーリーの魅力はもちろん、
物語に飽きる・新しい読者が入りづらいという2大問題を
ストーリー内で解決し、ロングヒットに。**

7/23

国内で1時間降水量最大を記録した日

今では定番の「ビニール傘」
何度もピンチを乗り越え、
生まれた商品だった

1本数千円するビニール傘がある。骨はグラスファイバー製で、軽くて丈夫だし、サイズも大きめだ。この「高級傘」をつくっているのは、江戸時代から続く老舗「ホワイトローズ」。

ビニールとの出合いは、終戦直後にさかのぼる。材料不足の折に、進駐軍のビニール製のテーブルクロスに目をつけたのだ。これで傘につけるカバーをつくると、飛ぶように売れた。当時の傘は木綿製で、雨が降ると水が漏れていたのだ。

しかし、やがて水に強いナイロン製の傘が登場し、傘カバーはお役御免に。そこで、ビニールを骨に直接張りつけたビニール傘を開発したが、いつしか海外の安価なビニール傘に市場を奪われるようになる。そこで、高級路線に転向。これが当たった。

透明のビニール傘なら視界がきくし、顔も相手から見える。生中継でテレビに出る記者などに広がり、そして、皇室の方が使われたことで一気に認知度が高まった。高品質のビニール傘は長年売れ続けるロングセラーとなったのだ。

ヒットのヒント

**ピンチは、商品を見直し新製品開発をするチャンス。
繰り返しの商品開発の努力が、ロングセラーを生むことも。**

7/24

国際セルフケアデー

こんな商品、他にはない！
徹底した差別化によるヒットは、
「感性マーケティング」で生まれていた!?

ネコ型パッケージの充電式ホットアイマスク「めめホット」が売れている。その他、フラミンゴ型のマッサージツールなど、動物モチーフのマッサージアイテムも、女性の支持を受けて大ヒット。価格も5000円までと手頃なため、2017年に初登場以来、累計約50万台を販売しているという。

どちらも開発元は大阪の企業アテックス。2009年に女性チームが開発したマッサージクッション「ルルド」がヒットして以降、同社は徹底した「女性目線」の開発を行っている。インテリアやファッショントレンドをたくみに取り入れ、市場調査等の数字に頼ることなく、女性ならではの感性を重視。そのため、家電業界では珍しく、「かわいさ」に重きを置いた企画も即OKを出すなど、中小企業ならではの現場を生かした決断に強みを持つ。

また、肩や腰に比べ不調に気づきにくい手や足などの末端ケア商品に注力するのも好調の理由。管理医療機器として許可を受けたスマホ手首専用のエアマッサージャーも話題となった。徹底した差別化とスピード重視の開発で、市場の旬をつかんでいる。

ヒットのヒント

数字だけではなく「感性」を頼りにしたスピーディな開発でトレンドの旬を逃さない。

7/25

ガリガリ君の日

多数決で決めない、予想を裏切る…。「楽しませてくれる」からこそ、ガリガリ君は愛される

1981年の発売から40年、年間4億本以上を売り上げる超ロングセラーが、「赤城乳業」の「ガリガリ君」だ。かき氷をスティックタイプにしたこのアイスが40年間もの間、愛され続けている最大の理由は、「遊び心」で楽しませてくれることだろう。

例えば、「ガリガリ君リッチ　コーンポタージュ」。アイスをまさかのコンポタ味にしたことでファンは大喜び。発売3日で店頭から消える大人気となった。ほかにもシチュー味、カレー味なんていうものもある。「おもしろい味」の開発によりテレビやネットで取り上げられ、売り上げ増加につながる。

開発にあたっては、「予想を裏切る味でなければ、『ガリガリ君』じゃない」の精神で、無難な線に落ち着きがちな多数決は採用せず、徹底的に議論し、話し合った上で決めるという。

企業メッセージは「遊びましょ」。本社の階段の手すりには、「ガリガリ君」のアイスの棒を拡大したポールが縦に並べられ、中には「当たり」と書かれた棒も。遊び心を大切にする社風が、話題性のある商品を生み出す土壌をつくっているようだ。

ヒットのヒント

「楽しさを届けたい」が遊び心と結びついて話題性満載の商品が生まれる。

7/26

幽霊の日

大人気「お化け屋敷プロデューサー」が教える人を集めるエンタメのつくり方

東京ドームシティアトラクションズの大人気お化け屋敷「怨霊座敷」。靴を脱いで入る新感覚のお化け屋敷で、テクノロジー集団「チームラボ」とタッグを組んだことでも話題となった。

手掛けたのは、お化け屋敷プロデューサーの五味弘文氏。1992年から同所のお化け屋敷をプロデュースし、その他にも国内約80カ所のお化け屋敷を手掛けているしかけ人だ。

五味氏の作品が大人気の理由として、従来のお化け屋敷にはなかった「ストーリー」と「役割」を導入したことがあげられる。きっかけとなったのは世界初のミッション型お化け屋敷と話題になった「赤ん坊地獄」(1996年)。客に、人形の赤ちゃんを抱えて母親に届けるという役割を担わせ、大ヒットしたのだ。

特に人々が日常的に多くのコンテンツに触れている近年は「予想外」のニーズに応えることを重視していると、五味氏はある取材で答えている。目や耳だけでなく“触覚”に訴えたり、驚くほど美しい映像表現を加えたり。ただ怖いだけではない新しいエンタメとして、お化け屋敷の体験価値を高めているのだ。

ヒットのヒント

役割を与えストーリーに参加させ、
予想外の驚きを用意する。
規定概念を壊す取り組みが、人気を生む。

7/27

すいかの日

ロッテの「スイカバー」が夏の定番であり続けるためにやっていること

1986年に発売されたロッテのロングセラー商品「スイカバー」。本物のスイカそっくりな見た目が楽しい上、果汁を使った爽やかな風味と種に見立てたパフチョコの組み合わせも人気で、夏の風物詩的な存在となっている。

昔からの根強いファンが多いイメージだが、実はその安定的な人気に甘んじることなく、毎年ユニークな限定商品を発売し、消費者を飽きさせない工夫を行っている。

過去には、チョコ種を増量した「種ぎっしりスイカバー」や、人気マンガ『GIANT KILLING』とコラボした商品、そして皮と実が逆になった「逆!?になっちゃったスイカバー」や、「チョコ」「ソーダ」「杏仁豆腐」などさまざまなフレーバーを展開。

さらに2019年には、見た目が真っ黒な「謎のスイカバー」、2020年には「幻!?の白いスイカバー」を発売し、見た目から味が想像できない、とSNSでも大きな話題となった。毎年やりたい放題とも思える「攻め」のしかけを用意するロッテ。その野心的な販売姿勢が、多くのファンの心をつかんでいる。

ヒットのヒント

人気に甘んじず、話題性のある「限定商品」で攻め続け、ロングセラーに。

7/28

（なにやろう？　自由研究の日）

「しゅくだいやる気ペン」好調の裏には
アプリから考えるという
“発想の大転換”があった

2020年のヒット商品番付にも選ばれ、話題となったコクヨの「しゅくだいやる気ペン」。本体を鉛筆に取りつけることで勉強への取り組みを可視化できる商品で、年間約1万台を販売した。

元々つくろうとしていたのは、子どもの見守りに役立つツール。しかし保護者にヒアリングすると需要はなく、代わりに見えてきたのが、親が子どもの学習についてもどかしい思いを抱えている、という実態だ。「勉強しなさい」の声がけは反発を生むだけ、うまく関わる方法がわからない…。必要なのは監視ではなく「親子のコミュニケーション」だと気づいた。

そこで目指したのは、親が子どもを褒めるきっかけづくりになるようなツール。そのために重視したのはアプリだ。鉛筆をスマホにかざすと勉強でたまった「やる気パワー」が注がれりんごの実が育つ。そのため、子どもは楽しく学習できる。親は日々の努力を確認できて、褒めるポイントを発見しやすくなる。今まで常識だった“ハードが中心でアプリは最後”という考えを転換することで、新しい形のヒット商品が誕生した。

ヒットのヒント

**IoT化した筆記具というハードありきの開発でなく
それを生かす“アプリ”を主体に開発することでヒット。**

7/29

福神漬けの日

なぜ、ボンカレーは CMを減らしながらも 売上を上げられたのか

世界初の市販レトルトカレーとして1968年に発売した大塚食品の「ボンカレー」。発売から50年以上経つロングセラーだが、2020年にはgooランキングの「正直一番おいしいレトルトカレーランキング」で1位になるなど、その人気は今も健在だ。

そんな「ボンカレー」は、有名人を起用したテレビCMを長年放映してきた。その甲斐あって知名度は大幅にアップしたが、2013年に45周年を迎えて以降、そのテレビCMから撤退。テレビでいくらCMを流しても、電子レンジに対応したことや野菜を国産化したことなどはほとんど認知されなかったためだ。それと同時に、短いテレビCMでは、“ボンカレーの存在意義”を伝えることが難しいのではないか、と同社は感じていた。

そこで、代わりに活用したのがYouTubeで公開する長尺動画だ。ボンカレーのターゲットを突き詰めて考え、「働く母親」に訴えかける内容にしたところ、訴求力は格段とアップ。動画の再生回数も100万回を超えた。広告宣伝費を実に6割も削減しつつも、売上増を達成することにも成功したのだ。

ヒットのヒント

**ときには、今までのやり方を見直し、
それが異例に思えても
より効果的と思える道を選んでみる。**

7/30

(梅干しの日)

なぜ「男梅サワー」は飽和状態ともいえる梅酒市場でヒットを生み出せたのか

ノーベル製菓の人気商品「男梅キャンデー」とのコラボ商品として2013年に発売されたサッポロビールの「男梅サワー」。他にはない“しょっぱい旨さ”がウケて話題となり、高アルコールタイプや限定商品なども展開され、多くの支持を集めている。

開発のきっかけは、男梅キャンデーをなめていた社員が「こんなお酒があってもいいよね」とこぼしたこと。梅のお酒は“甘い”という印象が強く、男性としては手を出しにくい。そこで、男性でも飲みやすい“甘くない”梅干しサワーをつくろうと考えた。開発中は、梅干し本来の塩味と旨味を再現するため、何度も試作を重ね、他のチューハイにはない個性的な味わいに。似たものがない強烈な個性が、消費者をとらえ続けている。

ヒットのヒント

梅のお酒はあったが
男性を狙った「甘くない」味はなかった。
そこに気づき、他商品にはない“個性”を形にしてヒット。

7/31

（ ビーチの日 ）

すごいのは機能だけではない！
「スナテックスレジャーシート」に見る
ヒットを生む発想術

海水浴用のレジャーシートで絶好調の売れ行きを示しているのが「スナテックスレジャーシート」だ。これは、シートの上に乗った砂が自然に消えるというもの。それによって、砂で体中がザラザラする、シートに乗せておいたバッグやタオルが砂まみれといった不快感から解放されるのだ。

どんな技術が使われているかというと、「特殊二層織りメッシュ構造」だ。上面に乗った砂はスルーして下に落ちるが、下面からの砂は完全にブロックする。そのため、砂まみれで上に乗っても砂は下に落ちて消え、シートは常にサラサラ状態が保てるのだ。

この技術は実は、米軍が開発したもの。中東の砂漠での軍事作戦では、ヘリコプターが離発着の際に大量の砂を巻き上げ、視界がゼロになってしまう。こうした砂嵐の脅威に悩まされた結果、特殊マットを開発したのだ。

その技術をレジャーシートに転用できないかと思いついた発売元のバランスボディ研究所がアタックし、民間品への転用に成功し、ヒット商品が生まれた。

ヒットのヒント

軍事品を民間品に転用するという発想力と
果敢にアタックする行動力が成功のカギ。

8/1

水の日（日本）

エシカル消費の先駆け!?
「い・ろ・は・す」が支持される理由

2009年の発売当時、日本のミネラルウォーター市場といえば、6割以上が輸入ブランドに占められていた。そこに「国産」と「ロハス」を打ち出して大ヒットしたのが、日本コカ・コーラの「い・ろ・は・す」だ。当時は、環境に対する意識が高まってきた頃。従来型より4割も軽い、国内最軽量のボトルを使うことで、ボトルを簡単に絞ってつぶせるようにした。さらに、ラベルを外しやすくすることで「リサイクルしやすい」＝「環境にやさしい」というコンセプトを明確にし、それが消費者に受け入れられた。これが、今話題の「エシカル消費」の走りだろう。

「エシカル」とは「倫理的な」という意味で、法的な縛りがなくても、多くの人が正しいと思う社会的規範を指す。消費でいえば、日々の買い物を通じて、世界が抱える貧困、人権、地球温暖化といった問題を解決に導くことができるという考え方だ。「い・ろ・は・す」は最近ネット限定で、ラベルレスの商品を発売した。多くの人が意識する環境について、具体的な商品を提示し続けることが、ヒットを継続する要因になっているといえるだろう。

ヒットのヒント

**多くのユーザーが漠然と
意識していること（環境問題）に気づき、
具体的な商品として提示する。**

8/2

(ハーブの日)

200年以上のロングセラー「龍角散」を支えるブレないコンセプトとは

「ゴホン！といえば」のキャッチフレーズで知られる「龍角散」。誕生したのは、なんと200年以上も前。創業家である藤井家の祖先が秋田藩の医者であり、喘息で苦しむ殿様のために調合した薬が龍角散だった。それが秋田藩の秘伝薬となり、後に、一般向けの薬として販売しはじめた。だから龍角散には、企画ありきの商品ではなく、「人のためになるものをつくり、それが商品になった」という経緯がある。この「金儲けではなく、人のために」というコンセプトが、医薬品（家庭薬）として信頼され、長らく愛用されてきた理由だ。

その龍角散から、のどをケアする食品として開発されたのが「龍角散ののどすっきり飴」だ。特徴は、医薬品「龍角散」と同等ラインの国産ハーブがたっぷり入っていること。食品は効能をうたえないが、龍角散というだけでユーザーからの信頼は厚い。結果、単なるのど飴ではなく、「セルフメディケーション（自己治療）としてののど飴」というポジションを獲得し、これもまた人気のロングセラー商品となっている。

ヒットのヒント

「人のために」の商品で信頼を獲得し、その上に、新しいポジション（セルフメディケーションのど飴）を確立。信頼×新しい価値が、他の追随を許さないヒット商品を生む。

8/3

ハサミの日

「フィットカットカーブ」の大ヒットの裏にある圧倒的な“強み”を生み出す方法

老舗文房具メーカーPLUSが2012年に発売した家庭用ハサミ「フィットカットカーブ」。わずか5カ月で出荷量100万本を超えた大人気商品だ。段ボールからビニールまでさまざまなものが鋭い切れ味でストレスなく切れるのが特徴。

当初、技術者たちには「家庭用ハサミは紙を切るもの」との思い込みがあった。が、市場調査を行うと、紙の使用はわずか8%。段ボールやプラスチック、観葉植物の手入れなど幅広いものに使われていたのだ。「マルチに使えるハサミ」は、消費者の声を深掘りすることで生まれたヒット作でもある。

一見、普通のハサミに見えるが、実はその刃は直線ではない。「ベルヌーイカーブ」というゆるやかな曲線を描くことで、鋭い切れ味を実現した。さらに、2枚の刃の角度を常に30度に保てる設計。それにより、いろいろな対象物をしっかりとつかみ、なめらかに切ることができるのだ。

これら最適な「カーブ」と「角度」には、開発にかけた技術者の熱い思いと誇り、そして、高い技術力がつまっている。

ヒットのヒント

日常生活の中で本当に役立つために使用シーンを細かく想定しながら、「高い技術＋つくり手の熱意」を商品に注ぎ込む。

8/4

（栄養の日）

味や成分が変わっていないのに今も「カロリーメイト」が売れ続けている理由

1983年の発売以来、ロングセラー商品として親しまれてきた大塚製薬の「カロリーメイト」。これ1つで身体に必要な5大栄養素がバランスよくとれるのが特徴で、現在まで栄養補助食品市場を牽引してきたヒット商品だ。同品は現在まで、製品ラインナップの増減はありつつも、成分やパッケージはほぼ変わっていない。それにも関わらず、売れ続けている理由は、時代に合わせてターゲットを変える、という戦略上の工夫がある。

発売したての頃は、バランス栄養食の価値を広めるため、アスリートや指導者などをターゲットに。バブル期は忙しいサラリーマンに対し「手軽な朝食」としてアピール。90年代のダイエットブームには「バランスダイエット」のコピーで女性をターゲットに。2000年代は部活や勉強で忙しい学生へ「頑張れワカゾー」という宣伝文句で売り出した。そして最近では、若い社会人や受験生に向けて「考えるときに食べる」シーンを提案。プログラマー向けのPRも話題を呼んだ。製品自体は変えずに、狙う人やシーンを変える発想の転換で、売上を保ち続けている。

ヒットのヒント

「バランス栄養食」という軸はブラさず、時代に合わせてターゲットを変え息の長い商品に。

8/5

ハコの日

60万個超えの大ヒット！「ライフスタイルツール」シリーズは、なぜ机の上の秘密基地になれたのか

ナカバヤシが2016年に発売した「ライフスタイルツール」シリーズは、紙製の収納グッズだ。新しい収納グッズを模索していたところ、たまたま2人の社員から、開くとさまざまなサイズのポケットが現れる企画が上がった。一方はボックスタイプ、もう一方はファイルタイプ。そこで、この2つを併せて商品を開発。見た目はただの箱、もしくはただのファイルで、開くとポケットが現われて小物を収納できるという製品が完成した。発売してみると、意外にも男性ユーザーが反応。開くとポケットが現れるという“秘密基地的なしかけ”がウケたのだ。SNSのクチコミも拡散され、シリーズ累計で60万個を超えるヒットとなった。

ヒットのヒント

2人のアイデアをかけ合わせることで画期的な商品が生まれた。「驚きのしかけ」で、男性ユーザーも取り込んでヒット。

8/6

(ハムの日)

日本ハム「シャウエッセン チェダー&カマンベール」ヒットの裏にあった新しい層へのプロモーション

日本ハムを代表する粗挽きウインナーブランド「シャウエッセン」。その発売35年目の記念商品として2019年に発売された「チェダー&カマンベール」が売れに売れている。同年12月にはブランド全体で過去最高の販売数量を更新したほどだ。

同ブランドは高シェアを保っていた一方で、「こだわりのブランドゆえ派生商品は出さない」「レンジ調理は触感が損なわれるのでボイル調理を推奨する」などロングセラーゆえの独自のルールが災いし、購入者の高齢化という課題にぶつかっていた。

そこで同社は、若年の消費者を開拓するためレンジ調理を解禁することを決意。また、世の中のチーズブームをくみ取った新商品「チェダー&カマンベール」を開発した。レンジ調理については「シャウエッセンは、手のひらを返します」というキャッチーなコピーがSNSで拡散。公式Twitterでは、新商品の斬新な告知動画やオリジナルレシピなどの施策が大反響を呼んだ。“確かな味”というブランドのコアは崩さずに、時代が求める変化に対応することで、新たなファン層を獲得できたのだ。

ヒットのヒント

軸はブレずに新しいことにチャレンジした結果、購買層の間口を広げることに成功。

8/7

(鼻の日)

ヒット&ロングセラーの秘密は
進化し続けることにあった!
「鼻セレブ」

高品質の保湿系ティシュといえば、王子ネピアの「ネピア 鼻セレブ ティシュ」。その肌触りのよさで人気を誇るヒット商品であり、完成度の高さゆえリニューアルすることがなかった。しかし、発売から15年たった2018年、あえてリニューアルに踏み切る。「十分に売れているのにリニューアルが必要か」「愛用者が離れてしまうようなチェンジはできない」という声もある中の決断だった。

理由は消費者の意識が変わってきたこと。発売当初は、厚みのある柔らかいティシュが求められていたが、現在はより「しっとり感」へと変わっている。そこで、今までの“ダブル保湿成分”に新たなクリーム成分を配合。“トリプル保湿”にすることで、よりしっとりした肌触りを完成させた。それに合わせて、パッケージやロゴのデザインも刷新。パッケージにはウサギなどの白い動物のアップ写真をあしらうことで、可愛らしさと高級感を際立たせた。このように、消費者の意識の変化を敏感にすくい取り、マイナーチェンジで商品化することで、さらなるロングセラー商品へと進化し続けているのだ。

ヒットのヒント

**消費者の意識の変化を察知し、
よりよい方向へマイナーチェンジすることで、
ますます息の長い商品に。**

8/8

（ プチプチの日 ）

偶然の気づきが大ヒット商品に！
「∞プチプチ」開発秘話が教えてくれる
アイデアの生み出し方

バンダイが2007年に発売した「∞（むげん）プチプチ」は、誰もが思わず潰したくなる緩衝材の「プチプチ」を完全再現したキーチェーン型玩具だ。押すと鳴る「プチッ」という効果音は、プチプチの製造元である川上産業の協力を得て、本物を潰したときの音を録音し使用するなどリアル感を追求。国内外で累計335万個を売り上げる大ヒット商品になった。

「∞プチプチ」のアイデアは、社内にあった梱包用のプチプチがボタンに見えたことがきっかけ。その気泡をスイッチとして玩具をつくれれば、潰してもなくならないプチプチができるのではないかと考えたのだ。当時はニンテンドーDSが一大ブームで、アナログ玩具の人気はどん底。追い込まれた状況になり、万物をオモチャとしてとらえるような思考になったことがプラスに働いた。さらに、買わないと押せないような透明なケースに入れて販売することで爆発的ヒットに。触りたい・押したい・潰したいという誰もが持つ欲求を満たす、新感覚玩具が誕生したのだ。

ヒットのヒント

**万物をモチーフに考えたことで、
ヒット商品（病みつき玩具）が誕生。**

8/9

かばんの日

200万個売れた「DEAN&DELUCA」のトートバッグは「これっていいよね」の提案から生まれた

2007年に発売された「DEAN&DELUCA（ディーンアンドデルーカ）」のトートバッグは、販売数が200万個を上回る大ヒット商品となり、お洒落なエコバッグの先駆け的存在となった。しかし、同社はエコバックとして売り出そうと意図したわけではない。ライフスタイルの一環として、ユーザーが「いいな」と思えるものを提案したという。

こうした成功の裏にあるのが、同社が考える3つの要素だ。1つはビジョンを持つ。「流行っているから」ではなく、なぜその商品なのかという理由を深掘りする。2つめは、それに共感する賛同者がいるかどうか。もしないなら、方向性かタイミングが間違っている。3つめは時代の流れを引き寄せられるかどうか。よく「時流を読む」というが、時流を読んでいたらすでに遅い。時流というのは感じるものであり、そこで「いいね」と思うものを追求することで、時代は後から自然とついてくるという。

こうした3つの要素を満たしたことが、同社が人気店であり続け、トートバッグがメガヒットとなった理由の1つだろう。

ヒットのヒント

時代を読んで「売れる戦略」を立てるのではなく、直感的に感じる「これいいね」を掘り下げる。

8/10

鳩の日

「枝葉は枯らしても、幹は枯らすな」でファンを増やし続ける鳩サブレー

鎌倉のお土産の定番といえば、「鳩サブレー」。1894年創業の豊島屋がその4年後に売り出し、その後、1世紀以上もの間、愛され続けてきた。開発者は創業者の久保田久次郎氏。

たまたま外国人にもらったビスケットの味に魅了され、つくり方も材料もわからないまま試作を繰り返し、完成させた。小児科医達が「離乳食に最適」と推薦したことでファンを増やす。

鳩サブレーが大ロングセラーとなった背景には、久保田久次郎氏の残した「枝葉は枯らしても、幹は枯らすな」という家訓がある。本業の菓子づくり以外には手を出すな、という意味だ。

バブル期にも経営の多角化には目もくれず、商品の質の安定のために販売は鎌倉の本店と、神奈川県や東京都の百貨店などに限っている。それでも年間約60億円を売り上げているのだ。

身の丈にあった経営を旨として、無借金経営を貫き、バブル崩壊やリーマンショックの影響を全く受けなかったのも、家訓を守りとおした賜物であろう。

ヒットのヒント

「本業である菓子づくり一筋」のブレない精神が長く愛される「定番品」を生んだ。

8/11

山の日

商品力の高さだけがウリじゃない!
モンベルの「ストームクルーザー」

高い防水性と透湿性を誇り、丈夫なのに、非常に軽い。モンベルのレインウエア「ストームクルーザージャケット」は登山を愛する人々の絶対的な信頼を得ている。

モンベル創業者の辰野勇会長自身も開発に携わった。自らも21歳でアイガー北壁を登攀《とうはん》した世界のトップクライマーだ。

山では雨が染み込めば体が冷えて、命を落としかねない。荷物の重さの10gの違いが生死を分けることもある。着ている服が重ければ、肉体の疲労も増し、事故につながる…。山を知り尽くしているからこそ、防水性や軽さを極限まで追及している。

品質の高さを誇りながら、価格はほかより2～3割安い。山男はカネがないからだという。

今まで元気に話をしていた仲間が、落石や滑落で一瞬にして命を失う場面に何度も遭遇してきた辰野氏。生きることの大切さ、命の尊さを思わずにはいられない。1枚の「ストームクルーザー」には辰野氏の山と登山家、そして命への想いが詰まっている。

ヒットのヒント

経験に基づいた最高峰の機能を搭載。
ターゲット（登山家）の信頼を得て
ヒット商品ができた。

8/12

世界ゾウの日

『夢をかなえるゾウ』は、なぜ累計400万部超えの大ヒットシリーズになれたのか

『夢をかなえるゾウ』（文響社）は2007年に出版された自己啓発小説で、異例のベストセラーとなった。ストーリーは、神様であるガネーシャというゾウが主人公に課題を与え、これを実践することで人生が変わっていく様を描いたもの。自己啓発書がたくさん出版される中、なぜこのシリーズが支持されたのか。

その理由の1つは、自己啓発書にありがちな作者の成功体験になっていないことだ。作者の水野敬也氏は、自分が自己啓発書を読んだとき、著者が成功談を自慢げに語ることに違和感を覚え、かえって自己肯定感がゼロになったという。そこで本書では、関西弁のゆるい神様キャラを設定し、ユーモアを持って人生を説くことで、読者を導こうとした。

だから神様からの課題も、「靴を磨く」「トイレ掃除をする」といった簡単なもの。毎日の小さな習慣から自分を変え、誰もが三日坊主にならない本を目指したのだ。ごく一部の人だけが叶えられる成功譚ではなく、現実の読者の生き方に即した自己啓発であることが、幅広い層から支持された理由である。

ヒットのヒント

現実の読者に寄り添い「人生を導く」。
これまでにない新たなスタイルを築いて、
大ヒット作に。

8/13

国際左利きの日

こすれてしまっても、手が汚れない！ 大ヒット「サラサドライ」ボールペンの秘密

左利きの人がボールペンで横書きに文字を書くと、インクで手が汚れてしまう。この「小さな不満」を解消したのが、「ゼブラ」の「サラサドライ」だ。速乾性にすぐれ、書いた先から文字のインクが乾いていくため、手が汚れないで済む。

左利きの人はもちろん、右利きの人からも、その快適さが支持され、2016年発売以来、累計販売数400万本を超える大ヒットとなった。

消費者自身、「ボールペンはそういうもの」との諦めから、忘れがちな小さな不満。これに目をつけたことが、ヒット商品を生むきっかけとなった。そして、「市場のボールペンの中で最も早く乾く」を目標に、インクの開発を開始する。

3000種類ものインクを試作し、3年もの歳月を要してようやく、乾燥までの時間が従来品の約85％短いインクを誕生させたのだ。「最も早く乾く」を実現した「サラサドライ」は、左利きの人の多いアメリカでも人気の商品。速乾性を追求し続けた研究員の執念がヒット商品に結実した。

ヒットのヒント

消費者自身も気づかない不満に目をつけ、その解消に挑んでヒットを生み出す。

8/14

（ 水泳の日 ）

自社商品（おむつカバー）をかぶってみたら、できちゃった!?
今では定番の水泳帽ができるまで

現在はプールで着用するのが当たり前となっている水泳帽だが、実は50年ほど前まで着帽習慣はなかった。今では考えられない話かもしれないが、そんな環境の中で水泳帽を開発し、市場をつくってきた会社がある。東京・両国に拠点を置くフットマークという会社だ。現在、日本の水泳帽のシェア50％以上を誇る同社だが、開発のきっかけは、実に意外な思いつきだった。

同社が創業時につくっていたのは赤ちゃんのおむつカバー。しかし、おむつカバーは気温が高いと中が蒸れてしまうため、夏場は売上が落ちてしまう。そこで、夏場に売れる商品が必要と考え思案していたとき、おむつカバーをかぶってみると帽子になるとひらめく。そして、おむつカバーで使用していた素材と、培ってきた縫製技術を生かして誕生したのが水泳帽だ。

衛生面の効能はもとより、水泳帽に名前を記せば児童の判別がしやすく、また、泳力に応じたマークを貼れば指導がしやすいという提案営業を続け、商品が次第に浸透。“プールの授業で水泳帽をかぶる”という文化を、見事同社が普及させたのだ。

ヒットのヒント

自社商品を応用して思わぬ発想から開発。
新たな習慣を生み出し、大ヒット商品に。

8/15

刺身の日

キッコーマンの「いつでも新鮮」シリーズ ヒットの裏にある 2つの大きな理由とは

キッコーマンの「いつでも新鮮」シリーズは2010年に発売され、しょうゆという定番商品でありながら大ヒットした。

特徴は、「しょうゆは通すが空気は通さない」というボトルにある。これは「時間が経つとしょうゆが黒くなる」というユーザーの声を拾い、10年以上をかけて開発されたもの。さらに、しょうゆを一滴単位で狙ったところに出せる、開封後も90日間常温に置けるという、今までのボトルにはない高機能を付加し、その使い勝手のよさがウケけた。

そして、このボトルにより、それまでは通販のみで販売していた「生しょうゆ」を流通させたのも画期的だった。生しょうゆは加熱殺菌をしていないため、さらりとした味わいが特徴だが、冷蔵でないと品質維持ができない。それを新たなボトルに入れることで常温流通を可能にしたのだ。そして、料理や素材によってしょうゆを使い分けることを提案。淡白な白身魚は「うすくち」、マグロの赤身は「しぼりたて」などと販促し、新たにしょうゆを購入する機会を増やすことに成功した。

ヒットのヒント

新機能（高機能のボトル）を開発することで それまで流通していなかったもの（生しょうゆ）を一般化。 さらに、「使い分け」という提案で販売機会を増やした。

8/16

五山送り火の日

商品に込めた想いが伝わりヒット!
オムロン「けんおんくん」

「五山送り火」は京都の夏を代表する行事のひとつ。そこで京都にちなみ、社名が創業地の京都市右京区花園の「御室（おむろ）」に由来する電機機器メーカー・オムロンのヒット商品「電子体温計 けんおんくん」について取り上げたい。

大型液晶に縦型の文字、角のとれたソフトな形状が特徴。従来の体温計のイメージを覆すデザインが話題となり、2004年の発売から9年間の累計販売台数は680万本以上にのぼった。

デザインしたのは、プロダクトデザイナーの柴田文江氏。そもそも体温計は、人が病気になって弱っているときに使うもの。気持ちが弱くなったときは優しさや信頼を求めるはず…。そこから浮かんできたのは「お母さん」という存在だったと柴田氏は語る。優しさ・信頼感・賢さなど、「母」が持つイメージが体温計の目指すコンセプトと重なったという柴田氏は、「マザーズラブ」というテーマで体温計をデザインした。見やすい大きな表示、脇に挟んでも痛くない平らな形状、安心安全で使いやすいさまざまな配慮で、今も多くのユーザーに支持されている。

ヒットのヒント

母の優しさを想起させる「マザーズラブ」のコンセプトが、広く受け入れられ大ヒット。

8/17

日本の最高気温が更新された日

大ヒット商品「ポカリスエット」に見る「コンセプトからブレないこと」の強さ

今では世界20カ国と地域で愛飲されている大塚製薬の「ポカリスエット」は、1980年に販売されてから40年間も売れ続けているロングセラーの王様だ。

汗をかいて失った物質、「水と分解質」を手軽に補給できる健康飲料水をめざした。コンセプトは「汗の飲料」だ。

が、汗の成分を再現して試作したものの、苦すぎた。この問題を解決したのが、「出来損ない同士を混ぜてみたら？」の社長のひと言。まずい「柑橘系粉末ジュース」の試作品を混ぜたら、「汗の飲料」の苦みが消えて飲みやすくなっていたのだ！

その後も改良を重ね、最後は、糖質濃度の高いタイプのほうが飲みやすかったにもかかわらず、あえて低いタイプを採用。実際に汗をかいた後に飲んでみると、低いタイプのほうがおいしかったのだ。最後まで「汗の飲料」にこだわったカタチだ。

困難にぶつかるたびに「汗の飲料」に立ち戻る…。ブレることなく当初の目標を貫き通す強さが、ヒットを呼び込んだ。

ヒットのヒント

定めた目標に邁進する。
その一貫性が世界的大ヒット商品を誕生させた。

8/18

（高校野球記念日）

もともとは“砂”が入っていた!
アイデアマンの店主が生んだ
甲子園で人気のお土産「甲子園サブレ」

高校野球のメッカ「甲子園」をモチーフにした「甲子園サブレ」は、生地に練りこんであるローストしたアーモンドが香ばしいシンプルな焼き菓子。地元西宮の洋菓子店「ベルン」で、年々販売枚数を増やしているヒット商品だ。

「サブレ」とはフランス語で「砂」という意味。甲子園伝統の「砂（サブレ）」を思い出と共に持ち帰るというコンセプトだ。

実は、売れたのには隠れた理由がある。アイデアマンの店主が、「ベンチに入れなかった選手にも甲子園の土を持って帰らせてあげたい…」と、サブレに本物の“甲子園の土”を入れようと考えたのだ。さっそく球場関係者に何度も頼み込んで「砂」を分けてもらい、小さなビニール袋にその砂を少し入れ、封をしてから紙で包んで「お守り」をつくった。こうして本物の「甲子園の砂」入りの「甲子園サブレ」ができあがったのだ。

規制が厳しくなり、現在「お守り」はついていないが、40年以上たった今もなお売れ続けているロングセラー商品となった。

ヒットのヒント

「サブレ＝砂」にかけて本物の砂を入れる!
アイデアを即行動に移し、大ヒット商品に。

8/19

バイクの日

世界で1億台売れた「スーパーカブ」背景にあった商品力×売り方の最強掛け算とは

1958年に日本で発売され、爆発的なヒット商品となったホンダの「スーパーカブ」。そのスーパーカブ・シリーズが2017年、生産累計1億台を突破した。新聞や郵便の配達、飲食店の出前など、もはや当たり前のように私達の日常の風景に溶け込んでいるが、ここまで浸透した理由は何なのだろうか。

それは、ホンダが“庶民のための移動手段とは何か”をとことん追究したことにあるだろう。片手で乗り回せる操作性のよさ、またぎやすいシルエット、砂利道でも進める走破性の高さ、そして一般の人にも手の届く価格。「誰でも使える便利な商品を」と、100%ユーザーの立場になり切ってつくった二輪車なのだ。

そして、それを売るための努力も惜しまなかった。それまで取引のあった販売店に加え、材木商や乾物店などバイクとは関係のない業種にまで販売網を拡大。「地域に根付いた人に販売してもらう」という発想からだ。また、新聞や雑誌でも「市井の人々の生活を便利に楽しくする」という主旨の広告を展開。商品の本質を的確に消費者へ伝えることがヒットにつながった。

ヒットのヒント

使い手の立場にたった商品開発と魅力を直に伝える販売網の構築で、大ヒットを生む。

8/20

（蚊の日）

100年以上のロングセラー 金鳥の蚊取り線香は、一体何がすごいのか

誕生から130年を超えるロングセラーである蚊取り線香「金鳥の渦巻」。大日本除虫菊株式会社の創業者・上山英一郎氏が独自に研究を重ね、世界で初めて完成させた同商品。今や1000億円市場といわれる殺虫剤産業の歴史はここからスタートした。

きっかけは1885年、米国から除虫菊の種子を手に入れたこと。その殺虫効果を研究する中、効能の活用法を考えていたが、あるとき仏壇の線香を見て、これに除虫菊の成分を練り込めば、と思いつく。しかし、細い棒状では燃焼時間も短いので、就寝中に使えない。安全に燃焼時間を伸ばすにはどうすればいいかと悩んでいたところ、妻のゆきが「渦巻にしたら？」と助言。とぐろを巻いた蛇を見てひらめいたという。後年、世界各地でつくられることになる渦巻の蚊取り線香はこうして誕生した。

また、金鳥といえば、有名俳優がコミカルな演技をするなどユニークなCMが多いことで有名。SNSでの反響も大きく、知名度や売上アップに貢献している。商品開発にも広告にも、「この世にないものを」というパイオニア精神が息づいているのだ。

ヒットのヒント

この世にない商品を生み出すヒントは「身近な物の中」にあることも。

8/21

おいしいバターの日

「業界の常識」をくつがえして成功! とがったコンセプトでヒットした「プレスバターサンド」って?

2017年に発売を開始したみやげ菓子の「PRESS BUTTER SAND（プレスバターサンド）」が、瞬く間に年間2500万個を売り上げるベストセラー商品となっている。バターサンドは昔からある菓子だが、プレス機による挟み焼きと、クリームとキャラメルの2層構造で、新たな食感と味を生み出した。発売元は、2013年に創業し、「お菓子のスタートアップ」といわれるほど急成長しているBAKE（ベイク）だ。

BAKEの特徴は、ブランドごとのコンセプトが極めてとがっていること。プレスバターサンドの東京駅店舗はガラス張りで、みやげ菓子としてはつくり手の姿が見える異例の工房一体型。ブランドデザインは男性も意識したシンプルで飾り気のないもの。商品はプレスバターサンドの1品のみ。賞味期限が10日程度と短いなど、みやげ菓子としては異例尽くしの特徴が並ぶ。

しかし、こうした常識をくつがえす手法が結果、ブランドのコンセプトを際立たせることになり、男性客も取り込んで急激な成長を続けているといえよう。

ヒットのヒント

**「業界の常識」がいつでも正しいわけではない。
新たな手法を取り入れることで、独自の存在感が生まれる。**

8/22

はいチーズ！の日

デジタルの時代だからこそ
あえて「焼き増し」がはまった!?
タカラトミーの「プリントス」

スマホ内の写真を、ケーブルやバッテリーなしで手軽に印刷できる画期的な小型プリンターが、タカラトミーの「プリントス」だ。2017年12月に発売を開始すると、約3カ月で目標販売数10万台を突破。しばらく品薄状態が続くほどの人気となった。

目指したのは簡単に使えるシンプルな構造だ。付属のフレームを、写真を表示したスマホに取りつけてプリントス本体にのせる。その後、本体のシャッターを押し、つまみを回すだけで表示画面を写しとったインスタント写真が出てくる。どこでも使えるよう手動式にこだわり、電池やインクは一切必要なし。また、一般的な携帯プリンターと違い、Wi-Fiなどでつなぐ手間がいらず、専用アプリも不要。スマホより“味のある”写真、どんなものが出てくるのかという“ワクワク感”も魅力だ。

同社にはデジタル写真ではなく、あえて紙焼き写真という『形』があるものでコミュニケーションをより盛り上げたいという想いがある。昔のように写真を「焼き増し」し、それを「手渡す」という楽しみを、現代のスマホで見事再現したのだ。

ヒットのヒント

デジタル全盛時代に、あえて「形あるもの」にこだわり、インスタントカメラの魅力を再発掘。

8/23

油の日

「かける鮮度シリーズ」で油の新しい使い方を示してヒット！日清グループのしかけ方

食用油の新しい使い方を提案してヒットしているのが、「鮮度のオイルシリーズ」（日清オイリオグループ）だ。今まで油といえば、焼いたり揚げたりするときに使うものというのが常識だったが、このシリーズでは「かけるオイル」を提案している。

健康志向の高まりで、近年、オメガ3を含む植物油を、“生”のままとることが注目されている。その時流を受けて、このシリーズではオリーブオイル、ごま油の他、健康にいいといわれるアマニ油やえごま油、マカダミアナッツオイルをラインナップし、「かける」「混ぜる」「漬ける」といった新たな使い道を提案しているのだ。

この提案は、健康面だけではなく、味の面でもウケている。それは、味噌汁や卵かけごはん、焼き魚といった、いつもの料理にかけるだけで味や香りが変わるという「脱マンネリ」効果があるからだ。こうした「健康」と「味の新しさ」といった両面で受け入れられ、新・食習慣として定着しつつある。

ヒットのヒント

商品の新しい使い道を「健康」「おいしさ」「脱マンネリ」効果をうたって提案した。

8/24

（歯ブラシの日）

PRの軸を変えて大ヒット！「クリニカKid'sハブラシ」

2017年、ライオンが発売した「クリニカKid'sハブラシ」は、売上が従来品の前年比270％増しという大ベストセラーに。ハンドルが側面にグニャッと曲がるのが特徴で、歯ブラシを口に入れたまま子どもが転んでも、口への負担を低減できる。

が、商品の優秀さ以上に、消費者である母親たちの心をとらえたのが「困り事」に寄り添い、解決策を示してくれる姿勢だった。メーカーは「小さな子どもが歯磨きを嫌がる」という母親たちの悩みをヒントに、PRの基軸を、製品という「モノ」から子どもの歯磨きという「生活」へと移行したのだ。

力を発揮したのが動画。流れるのはこんなシーンだ。歯磨きをさせまいと、口をギュッと閉じて抵抗する子ども。母親は眉間にシワを寄せ、子どもの口を開けようと必死だ。次の場面では、子どもが母親の歯をうれしそうに磨き、そのあと、母親と並んで、ニコニコ顔で歯磨きをする…（このような動画をYouTubeで流す）。歯磨きは親子が心を通わせる楽しい時間。歯磨きのそんなポジティブな面を消費者に伝えることが成功につながった。

ヒットのヒント

消費者の「生活感」に訴える新コミュニケーション法でヒットを勝ちとる。

8/25

（即席ラーメン記念日）

世界中で大ヒットした「チキンラーメン」はどうやってできたのか

私たちの食生活に欠かすことのできないインスタントラーメン。日本だけでなく世界各国でも生産され、産業として、食文化として、確固たる地位を築いている。そんなインスタントラーメンを発明したのが、日清食品の創業者・安藤百福氏。1958年に発売された「チキンラーメン」の生みの親である。

終戦後、食糧難となった日本では、栄養失調になる人が続出。食の大切さを痛感した安藤氏は、麺類好きの日本人のために"お湯があれば家庭ですぐ食べられるラーメン" をつくろうと決意した。商品化するには、長期保存に耐えうる保存性と、お湯を注ぐだけで食べられる簡便性を実現する必要がある。悩んでいたある日、夫人が揚げる天ぷらを見て「麺を油で揚げる」ことを思いつく。高温の油で水分がはじき出され乾燥状態となった麺は、半年間変わらぬ保存性を獲得。また、お湯を注ぐと、表面にできた細かな穴から水分が吸収され、柔らかく復元されたのだ。こうしてできたチキンラーメンは、スーパーの登場やテレビの普及などタイミングも味方し、見事世間に広まったのである。

ヒットのヒント

決して妥協しない執念と
それを形にするひらめきで、世界初の商品を開発。
時代の風の乗り、大ヒット商品に。

8/26

レインボーブリッジ開通記念日

NiziUが幅広い世代から人気を集める理由はオーディションにあった!?

1993年、東京都の芝浦地区と台場地区を結ぶレインボーブリッジが開通した。30年近くたってもなお、東京湾にかかる「虹の橋」はその美しい姿で私たちの目を楽しませてくれている。が、「虹」といえば、今はアイドルグループ「NiziU」だ。

デビューシングル「Step and a Step」は公開初日に再生回数1000万回を突破。NHK「紅白歌合戦」の出場がデビュー前に決まるという「異常事態」まで起きている。

人気の秘密は、日本テレビで放送されたオーディション番組「虹のかけ橋」だ。「NiziU」は日本のソニー・ミュージックと韓国の芸能事務所JYPが共同開催したオーディションで、約1万人の応募者から選ばれた9人の少女たちで構成されている。このオーディションを放送したのが「虹のかけ橋」。

いくつものオーディションを勝ち抜き、成長していく少女たちのひたむきな姿に若者も大人も胸を熱くした。最終選考で9人が選ばれたとき、少女と視聴者はその感動を共有し、一体化した。その時点で少女達はすでにスターになっていたのだ。

ヒットのヒント

オーディション番組を通して得る「感動」の共有が一大プロモーションとなった。

8/27

ジェラートの日

驚きや感動の追求なくしてヒットなし!
服が売れない時代でも売上を伸ばす
「ジェラートピケ」の考え方

ジェラートはイタリアの氷菓のことだが、売上の低迷に苦しむファッション業界で「gelato pique（ジェラート ピケ）」というブランドが絶好調だ。モコモコふわふわした素材使いのかわいいルームウエアを提案し、爆発的に売れている。

成功の秘密は、発売元のマッシュスタイルラボの社長が持つ「感動を与えたい」という熱い気持ちにある。人は新しいものに触れたときに「かわいい！」「楽しい！」と驚き、感動する。二番煎じではダメなのだ。どこかで見たことがあるもので人を感動させるのは、不可能に近いという。だから、新商品には、今までにない新しい発想が必要なのだ。

そのため、企画の段階から「人に感動を与える」にはどうしたらいいかを追求し、登場人物やストーリーを考え、1つの世界観を徹底的につくり上げる。オリジナリティーがあるものほど、発売当初から成功する確率は低くなる。しかし、熱心なファンがつくことで応援され、そこから自然と広がり、成功につながっていくのだ。

ヒットのヒント

オリジナリティーの高い世界観を徹底的につくり上げ、人に驚きと感動を与える。

8/28

(テレビCMの日)

あの「消臭力CM」のつくり手が PRで大切にしていること

少年が「ショウシュウリキー！」と歌い上げる「消臭力」（エステー）のCMは、その素晴らしい歌唱力とユニークな展開で商品名を人々に強く印象づけ、ヒットにつなげた。

制作者は当時、エステーの社員だった鹿毛康司氏。CMの企画、監督、作詞・作曲、ギター演奏までこなす異才で、モットーは「小が大に勝つ」だ。実際、鹿毛氏は広告費30億円で、200億円の広告費を持つ同業他社を凌ぐ人気CMを次々に世に送り出しているのだ。一体どのような秘策があるのか。

鹿毛氏が大切にしているのは、市場調査などのデータや数字には表れない「人の心」。例えば、鹿毛氏自身、たまにこっそり板チョコを買う。なぜだろう。自分自身を深掘りしてみると、「童心に戻りたい」を板チョコで満たしている心理に気づいた。

人間を観察し、想像力を駆使すれば、消費者の心の奥の願望に気づき、新たな視点が生まれる。そして、ユーザー自身も気づいていない隠れた心理に寄り添うCM制作が可能になる。これこそが、「小が大に勝つ」究極の方策といえそうだ。

ヒットのヒント

「観察＆想像」により人間の「心」を知ることがウケるPRのカギ。

8/29

焼肉の日

エバラ「黄金の味」がヒットした裏には、経営者の先見の明があった

1960年代、「家庭で焼き肉」を当たり前にしたのが、エバラ食品の「焼肉のたれ」だ。1978年にはさらに「黄金の味」を発売し、今も年間売上数約4000万本を誇る大ロングセラーとなった。成功の最大要因は、時代の変化に素早く対応したこと。

1970年代半ば、日本の所得水準は飛躍的に伸び、食生活も「量から質」へと変換しつつあった。この変化にいち早く気づき、反応したのが、創業者の故・森村国夫氏だ。「圧倒的な品質の高さの、高級感あふれる商品の開発を」が至上命令となった。

そして、何回も失敗を重ねた末、リンゴがメインのフルーツピューレを全体の30%も使った贅沢な「たれ」が完成する。果物の自然な甘みと酸味が溶け合い、そのままでも飲めるほどの仕上がり。瓶には高級感を醸すためにダイヤモンドカットを施し、商品名には「黄金」も入れた。

黄金色のラベルは、趣向を凝らした多くの品々が並ぶ棚でも、今なおひときわ目を引く存在だ。

ヒットのヒント

時代の風を読み、自分達の業界でどんな商品が必要とされるかを的確に見極めヒットを生み出した。

8/30

(冒険家の日)

販路まで“アウトドア”にこだわったから人気が出た!?「アウトドアスパイス　ほりにし」のこだわり

料理好きなキャンパーで知らない人はいないであろう万能調味料「アウトドアスパイス ほりにし」。肉はもちろん、魚にも合う調味料として大人気で、発売から1年で約10万本を販売。今やキャンプをしない人の間でも愛用者が増えている。

同品は、和歌山県の有名アウトドアショップ「Orange」が、2019年4月に発売した万能調味料。同店のマネージャー堀西晃弘氏がプロジェクトリーダーを務め、商品化を実現した。きっかけは、堀西氏がキャンプ中に感じていた「料理に手間がかかり、お酒を楽しむ時間が短くなる」という不満。そこで、日本人の舌に合い、キャンプでの肉料理に合う味を目指して開発をスタート。試行錯誤を重ね、しょうゆや香味野菜、ミカンの果皮など約20種類のスパイスをブレンドした調味料が完成した。

“アウトドア”にこだわり、販路もアウトドア用品店に限定。普通の量販店では買えない特別感があることも、人気の一因といえるかもしれない。

ヒットのヒント

「アウトドアスパイス」という新ジャンルを確立。あえて販路を限定することで人気に。

8/31

初音ミクの誕生日

ヤマハ「VOCALOID2」の世界的ヒットは高い技術だけが要因ではなかった!

「ボーカロイド」とはパソコンに歌詞とメロディーを入力するだけで、「歌声」を合成することができるソフトだ。開発がスタートした2000年当時は、すでにどんな楽器でもコンピュータ上で演奏できるようになっていた。ところが歌声だけはなかったところから、新時代の楽器として、老舗のヤマハが開発に乗り出した。このボーカロイドに火がついたのは2007年。ようやく「VOCALOID（ボーカロイド）2」が完成し、美少女キャラクター「初音ミク」が誕生して大ヒットを記録したのだ。

ヒットのきっかけは、ネット上の動画サイトに「自分の曲をつくって投稿したい」というニーズがあったことだ。しかし、曲はつくれても自分で歌うのは難しい、自分で踊るのも…という人たちに、初音ミクという、歌って踊れるボーカロイドのキャラクターがぴたりとハマった。

そうした隠れたニーズをつかみ、誰でも自分の作品を世に出せるようにしたことが、爆発的なヒットを生んだ。その後、ボーカロイドは世界的な社会現象にまでなったのである。

ヒットのヒント

多くの人が抱える“やってみたい!”を掘り起こすアイデアが新しい時代を築く。

9/1

防災の日

保管場所まで考えた商品戦略でヒットした「オサメット」とは

防災用品に求められるのは機能性だが、実はどう保管するかも重要だといえよう。そこに着目して売れているのが、折り畳みヘルメットの「オサメット」。これはヘルメットが蛇腹型になっており、たたむと薄くなるので、使うときはそのまま頭にかぶって下に引っ張ればOKというものだ。

開発したのは、愛知県の加賀産業。ヘルメット製造から興した会社だけあって機能には自信がある。しかし、東日本大震災を受けて新たな製品の開発を決意した。なぜなら「災害時に生存を左右するのは最初の3分。ヘルメットは身近に置いてもらわなければ意味がない」と考えたからだ。そこで折りたたみ式、サイズがA4判で厚さ45㎜以下を必須条件として開発した。それなら、机の引き出しやラックに保管できるからだ。

こうして、十分な強度を持ち、折り畳んだ状態からすぐに使え、普段は場所を取らずに収納できるという条件を満たしたヘルメットが完成した。発売後はテレビ番組で紹介されたことを機にブレイクし、学校関係からの購入も相次いでいる。

ヒットのヒント

「すぐに使えるもの」という本来の目的を追求したことで、今ある製品の改良点が明確になり、ヒットにつながった。

9/2

宝くじの日

大人気の「一番くじ」成長の裏には入念なマーケティングがあった!

1967年に制定された「宝くじの日」。毎年この日は、抽選されたハズレくじを対象とした「宝くじの日記念お楽しみ抽せん」が行われているが、実は今、そんな宝くじとは違い、“ハズレがない”ことで人気を集めているのが「一番くじ」だ。

「ポケモン」「ワンピース」などの人気コンテンツとコラボし、コンビニや書店などで展開されている同品。商品にはA賞、B賞などのランクこそ存在するものの、必ず何かは当たり、持って帰れるという仕組みだ。新アイテムの初日は売り切れ店が続出することも多く、人気の一番くじでは転売騒動まで起きている。成長の背景には、販売元であるBANDAI SPIRITS（バンダイスピリッツ）の綿密なマーケティングがあるといえるだろう。過去には専用サイトで、各商材にひもづくユーザー属性の収集や、各商品の満足度調査などを実施。商品のクオリティもさることながら、ファンが求めるニーズを的確につかむマーケティング力が、一番くじを大ヒットに導いてきたのだ。

ヒットのヒント

どのキャラクターでどのような商品をつくるか…。入念なマーケティングでニーズをつかむ。

9/3

（ホームラン記念日）

「野球」×アイス!?
ワクワク感で大ヒットしたホームランバー

コンビニやスーパーには、さまざまなアイスクリームが並んでいるが、市販アイスクリームの中でも長寿を誇るブランドといえば、協同乳業の「ホームランバー」だ。2020年で60周年を迎えたホームランバーは、なぜロングセラーとなったのか。

同社は、1955年にデンマークからバータイプのアイスクリーム製造機を日本で初めて輸入。誰もが手軽に食べられる製品をつくろうと考え、国内初の「アイスクリームバー」を発売。1本10円という安さが話題を呼び、大ヒットとなった。しかし、しばらくすると人気は低迷。新しいコンセプトを打ち出せないか考えていたところ、子ども達に人気の長嶋茂雄選手が活躍する姿を見て“野球”と掛け合わせるアイデアを思いつく。さらに、駄菓子にある“当たり”をとり入れ、スティックに焼印を入れた日本初の当たりくじつきアイスバーが誕生した。「一塁打」「二塁打」「三塁打」「ホームラン」と野球のルールに則った当たりくじも話題に。当たる楽しさや、食べる際のドキドキ・ワクワク感の提案が、想像以上のヒットへとつながったのだ。

ヒットのヒント

ターゲット（子ども達）の好きなものを
どんどん掛け合わせることで、
オリジナルの魅力を創出した。

9/4

（倉敷市が記念日の聖地に選定された日）

「工場見学」が会社を変えた！ ファンと二人三脚でつくった 大ヒット文具「マスキングテープ」

ここ数年、女性の間でブームとなっている「マスキングテープ」。家具や家電をデコレーションしたり、ラッピングや手紙にアクセントを添えたりと、さまざまな用途で使われている。

9月4日は「倉敷市が記念日の聖地に選定された日」だが、そんな「マステ」は、倉敷市が発祥の地だという事はご存知だろうか。実は、倉敷のカモ井加工紙という工業用テープのメーカーがブームの火つけ役なのだ。同社はそれまで、自動車や建物の塗装に使用する工業用マステの製造を専門に手がけてきた。

転機は2006年。3人組の女性が「工場見学をさせてほしい」と申し込んできた。同社のマステのファンだという彼女たちが見せてきた冊子には、マステが実用品ではなく、作品を彩る素材として使われていた。こんな使い方があるのかと感動した同社は、文具としての商品化を開始。どんな色・デザインが欲しいのか、彼女たちの意見を聞きながら試行錯誤を続け、開発したブランド「mt」は大ヒット。商売よりも、ファンの熱意に応えたいという思いで動いた結果、見事成功につながった。

ヒットのヒント

「ファンの人たちに喜んでもらえる商品づくり」を目指し、試行錯誤を続ける。

国民栄誉賞の日

異例の大ヒットをとげた「かっとばし!!」そのヒットの秘密とは?

1977年に創設された国民栄誉賞の最初の受賞者は、読売ジャイアンツの王貞治だ。その受賞日の9月5日が「国民栄誉賞の日」となった。受賞者には、衣笠、長嶋、松井と野球選手が多いが、今ヒットを飛ばしている「かっとばし!!」という箸をご存知だろうか？

これはなんと、持ち手部分がバットの形になった手づくり箸で、折れたバットが原材料なのだ。製造しているのは福井の老舗箸メーカー「兵左衛門」。折れたバットがキャンプ地などで選手が暖をとるために燃やされていることを知り、「もったいない」という思いから引き取りを申し出た。それをバットの形の箸にし、ジャイアンツなど球団のロゴ入りにした。1膳1800円とやや高めだが、1万膳でヒットといわれる業界で、年間8万膳も売れている。現在はプロ野球全球団からバットを引き取り、球場で販売してお土産品としても人気商品になった。

エコの発想をどう自社商品に生かすかを考え、丁寧にものづくりしたことが、野球ファンにウケたのだろう。

ヒットのヒント

「それ、もったいないなぁ」と感じた想いを放置せず、ひらめきやアイデアをものづくりに落とし込んでヒットをつくる。

9/6

黒酢の日

「はちみつ黒酢ダイエット」はどうやって食酢飲料という市場を切り拓いたのか

タマノイ酢が1996年に発売し、食酢飲料ブームの火つけ役となった「はちみつ黒酢ダイエット」。発売10年で累計6億本を突破し、国内だけでなく上海・香港・シンガポールでも販売。今も年間約5000万本を売り上げるロングセラー商品だ。

発売当時、酢を飲用するという行為は世間でほとんど知られていなかった。黒酢には、ダイエットや血圧を下げるなどの効能があるといわれていたが、飲用していたのは、それを知る一部の人々だけ。もっと手軽に飲んでもらうにはどうしたらよいか…。きっかけとなったのは、消費者からの1通の手紙だった。「健康のためいつもお酢を飲んでいるが、毎回薄めるのは面倒くさい」。消費者が自由に薄められるほうがいいと思い込み、それまで原液の黒酢を販売していたが、実際はその逆だったのだ。

そこから「薄めずに飲める黒酢」というコンセプトで新商品を開発。りんご果汁とはちみつを用いた飲みやすい黒酢飲料が誕生した。飲酢の効能が認知されると、健康ブームに乗って口コミが拡散。薄めずに飲む手軽さが消費者の心をつかんだのだ。

ヒットのヒント

思い込みを捨て、消費者の声に耳を傾け、手軽さを重視した商品を生み、大ヒットに。

9/7

クリーナーの日

京友禅の技術を駆使してつくった
メガネクリーナー「おふき」には、
逆境に立ち向かうヒントがたくさんあった！

色ごとに何枚もの型を重ね、20以上の工程を経てつくり出される艶やかな京友禅は、日本が世界に誇る第一級の伝統工芸品だ。しかし、着物離れが進み、京友禅の会社の経営はどこも苦しい。

そんな逆境の中で生まれたのが、メガネクリーナーの「おふき」だ。小さくてかわいいけれど、本物の京友禅。京都以外では手に入らないため、新たな京都土産として人気に火がついた。

開発したのは、京友禅会社の4人の若手経営者たち。苦境を乗り切るためにライバルたちが手を携え、「SOO（ソマル）」を立ちあげた。そして、京友禅に手軽に触れてもらいたくてつくったのが、おふきだ。

最大の魅力は、着物と全く同じ材料と工程でつくられた「本物」である点。それでいて、お手頃価格なのは、着物用の生地と一緒におふき用の生地を染めているため。伝統の技をとことん活用した優れたアイデアといえる。また、パッケージには昔ながらの「畳紙」を使用。着物の伝統を踏また上での新商品開発が、成功を呼び込んだ。

ヒットのヒント

ときにはライバルと手を携えることで
画期的な商品が生まれることも。
伝統を「暮らしの中」に溶け込ませるアイデアも成功を呼んだ。

9/8

国際識字デー

ペーパレス時代への危機感が生んだ! 累計販売数1000万台以上の「テプラ」

キーボードに文字を打ち込んでボタンを押すと、印刷されたラベルが出てくる。それを子どもの傘やノートなどに名札として貼ったり、ファイルの背見出し用に使ったり…。

この手軽で、便利なラベルライター、「テプラ」を開発したのは、老舗文房具メーカー「キングジム」。1988年に販売を開始し、2018年には累計売上台数が1000万台を超えた。

しかけたのは、「パソコンの普及で近い将来、ペーパレスになるのではないか」との強い危機感を抱いた同社の若手有志たち。彼らは、きれいに印刷されたラベルの需要があることに目をつけたのだ。

しかし、いざ完成すると、ベテラン社員たちがそっぽを向いたという。主力商品のファイルに全力を注がないと、会社が傾くと、こちらも危機感をあらわにしたのだ。そのため、当初は若手中心で販売を始めたというが、これがよく売れた。1年後、ベテラン社員たちも販売に参加することになり、会社がひとつに。以来、今日に至るまで「テプラ」はロングセラー街道をひた走ることになる。

ヒットのヒント

危機をチャンスに変えていく実行力で超ロングセラー商品をつくり出した。

9/9

クリスピー・クリームの日

撤退の噂もあった
クリスピー・クリーム・ドーナツが
復活した意外な理由とは

2006年「クリスピー・クリーム・ドーナツ」の第１号店が新宿にオープン。長蛇の行列ができた。が、ブームが去ると、客足はとだえ、全国64店舗のうち22店舗が閉鎖になる。

撤退の噂もささやかれた2017年、社長に就任した若月貴子氏が大改革に乗り出し、見事、V字回復を果たした。

改革の中身とは？ まず、人気商品だった「オリジナル・グレーズド」を日本人の好みに合わせ甘さを抑えて改良し、新商品（ブリュレ グレーズド カスタード）として発売。次に、店舗のリニューアルに手をつけた。地域や客層に合わせ、例えば千葉県の住宅街の店舗にはキッズコーナーを併設し、渋谷店はビジネスマンや若者向けにカフェスタイルに。

これらの大胆な改革が客の心をつかみ復活を遂げ、翌年には北海道千歳市に出店するまでに。ご当地グルメとして「北海道チーズケーキ」もつくり、初日には200人の大行列ができた。

が、社長は「行列はいらない」という。一過性の人気よりも「日本人に愛される店」を目指すことがモットーなのだ。

1 2 3 4 5 6 7 8 9 10 11 12

ヒットのヒント

**「本家」の味も店構えもガラリと変える勇気と
大胆さで奇跡の復活。**

9/10

コンタクトレンズの日

カラコン売上50万箱に学ぶ SNSを使った「大ヒット商品の生み出し方」

カラーコンタクト「TOPARDS（トパーズ）」は、AKB48を卒業した指原莉乃氏が、商品開発から販促まで手がけたものだ。

商品の完成後、その中の青系のカラコンを装着してツイッターで発信すると、フォロワー数が260万人を超えるというだけあって影響力は甚大。問い合わせも多く、発売5カ月で50万箱を売り上げた。

開発の段階でも、タレントという立ち位置をうまく利用して、マーケティングを行った。自ら購入した気になるカラコンを何種類も装着してテレビに出演し、その反応をSNSで分析したのだ。当然ながら、いいコメントもあれば、シビアな意見もあり、それが商品開発に大いに役立ったという。

そうして、ナチュラルなデザインが特徴の「TOPARDS」が完成。指原氏は、人気タレントで、かつSNSのフォロワーが多いという特異性はあるが、それを生かし切ったことが異例のヒットにつながったといえるだろう。

ヒットのヒント

**SNSで話題づくりをするだけでなく、
SNSをうまく開発・販促に使って、消費者のニーズをつかんだ。**

9/11

公衆電話記念日

スマホ時代だからこそ売れた!?
NTT東日本公衆電話ガチャコレクション

「タカラトミーアーツ」の「NTT東日本　公衆電話ガチャコレクション」は発売後約1年で販売個数85万個に達する大ヒットとなった。ガチャが売れるかどうかは、中に入れるモノの魅力にかかっている。そして、選ばれたのが公衆電話。NTT東日本が、災害時に備え、子どもたちに公衆電話の使い方を教えていることを知り、コラボが成立したのだ。

完成した「公衆電話」は受話器を取ればフックが上がるし、ダイヤルボタンを押すこともできる。本物さながらの精巧なつくりはヒットの最大要因といえるだろう。

また、スマホしか知らない子どもには、「公衆電話」は新鮮な驚きと発見の連続であり、大人には思わず声をあげたくなる懐かしさがある。玩具とはいえ、幅広い層から熱い支持を受けているのだ。ガチャガチャと回してオモチャを得るのは、心弾む体験。大人にも子どもにも魅力いっぱいの「公衆電話」と「ガチャ」。この2つの一体化が、強いヒット力を発揮している。

ヒットのヒント

**「時代遅れ」の新鮮さと懐かしさで
子どもも大人も夢中にさせる。**

9/12

（新橋〜横浜間に日本初の鉄道が開通した日）

開発期間14年のSuica 「当たり前」をつくるための すごすぎる開発秘話

電車・バス・モノレール等の乗車の必需品となったICカード。中でも先駆けだったのはJR東日本の「Suica（スイカ）」だ。以降、関東の私鉄ではPASMOが導入され、JR西日本のICOCAも誕生し、順次、相互利用できる地域が広がった。最近では沖縄県で唯一の鉄道路線「ゆいレール」がSuicaの運用を始めた。

実はSuicaの構想が始められたのは1987年頃。誕生までには実に14年もの年月がかかっている。開発段階で苦労したことの1つが、その厚さ。今のSuicaは0.76㎜の薄いカードだが、当初は弁当箱ほどの厚さだったというから驚きだ。薄い上に強度を高める技術に苦労しつつも、最終的には今の薄さを実現した。

読み取り装置の設計が進んだ後は、フィールド試験と呼ばれる実地テストが幾度も繰り返される。その後も、チャージされた金額から自動的に運賃を精算するという付加機能の搭載や、自動改札機の認識スピードを人がスムーズに通過できる時間の0.2秒に縮める改良など、利便性の向上を追求。今でこそ当たり前の存在だが、実用化までにはさまざまな試行錯誤があったのだ。

ヒットのヒント

検証をしぶとく繰り返すことで、生活をガラリと変える画期的な仕組みを開発。

9/13

（スーパーマリオブラザーズが生まれた日）

なぜ、低迷していたUSJは
ディズニーランドを超えることができたのか

　1985年のこの日、任天堂の人気ゲーム「スーパーマリオブラザーズ」が発売された。このシリーズは全世界で4000万本以上を売り上げ、もはやマリオは世界的なキャラクターだ。そのマリオが2021年､「ユニバーサル・スタジオ・ジャパン（USJ）」に登場する予定だ。USJはハリウッド映画のテーマパークとして2001年に誕生したが、2年目から集客が下降し、長らく不振が続いた。その後、いかにしてV字回復を遂げたのか。

　最大の要因は、コンセプトを「映画の専門店」から「世界最高のエンターテインメントを集めたセレクトショップ」に変えたことだ。映画でなければ東京ディズニーランド（TDL）と差別化できないという説を一蹴し、アニメやゲームなどさまざまなエンターテインメントを取り入れる方向へと転換した。

　そして、ハリーポッターエリアを新設したことで、大きく飛躍した。巨額の投資だったが、結果、日本全国や海外からの観光客が増え、世界に名を知られることに。翌年の集客はディズニーシーを抜き、2016年10月にはついにTDLを抜いた。

ヒットのヒント

思い込みを捨てて、思い切って方向転換したことで、
客層を大きく広げることができた。

9/14

コスモスの日

「生花」もサブスクの時代になった！ 花を持ち帰るサービスが人気を集める理由

9月14日はホワイトデーから半年後にあたる日。そこで、プレゼントにコスモスを添えて交換し、愛を確かめ合う記念日として「コスモスの日」が生まれた。ちょうど開花時期でもあるので、花屋にもコスモスが並ぶ頃だが、実は今、月額1000円強で毎日花がもらえる老舗生花店のサービスが話題を呼んでいる。

この「ハナノヒ」というサブスク（定額課金制）サービスを展開するのは日比谷花壇。サービス内容はいたってシンプルだ。スタッフに受け取りに来たことを伝えると、QRコードが掲示されるのでそれをスマホの専用アプリで読み込むだけ。これで、毎日1本、生花を持ち帰ることができる。特に2020年6月から会員が急増し、現在、利用者数は2万5000人を突破した。

会員急増の裏にあるのが、ライフスタイルの変化だ。同社はインタビュー取材で、「おうち時間が増える中、部屋を華やかにしたい女性が増加した」と分析している。生活様式の変化から生まれたニーズに合致し、花が好きな人はもちろん、生花店に行く習慣のない若年層の取り込みにも成功したといえる。

ヒットのヒント

手軽で便利な生花のサブスクというアイデアがヒット。

9/15

（老人の日）

後づけできる便利さで大ヒットした「ペダルの見張り番」って？

超高齢化社会の問題としてたびたび挙がる高齢ドライバーの交通事故。特に最近アクセルとブレーキの踏み間違い事故が相次いでいる。自動ブレーキ機能が標準装備された車も増えたが、まだまだ街を走る多くの車には備わっていないのが現状だ。そんな安全機能を搭載していない車でも、踏み間違いによる事故を防ぐ“後づけ可能”な装置が人気を集めている。

中でも話題になっているのが、オートバックスセブンの「ペダルの見張り番」。停止状態やバックするときなど低速走行時にアクセルの強い踏み込みを検知して急発進を抑制する装置だ。2019年4月に起きた池袋暴走事故の報道を機に注文が急増。東京都が購入費用を9割補助する制度を開始するとさらに売れ行きが伸び、8月の販売数は、報道前の実に100倍を超えた。

取りつけ作業は約2時間と、比較的手軽につけられる便利さも支持される要因だろう。また、ドライバー本人だけでなく、高齢の親を持つ子どもが買うという需要を満たしたのも大きい。高齢者の自動車事故を防ぐ新たな手段として期待されている。

ヒットのヒント

**時代が求めるものを読み解き、
最も便利なかたち（手軽に後づけ）で
それに応える。**

9/16

（敬老の日）

シニアの健康を守る万歩計はどうやって ロングセラー商品になったのか

健康維持のために高齢者が手軽にできて、高い効果が得られるのがウォーキング。そのモチベーションを上げてくれる「万歩計」が、50年以上も前からあったことをご存じだろうか。

開発したのは山佐時計計器。当時、自家用車が急速に普及しつつあった。人々が歩かなくなって運動不足に陥ることを危惧した医師、大矢巌氏が同社に歩数計のアイデアを持ち込んだのが、開発のきっかけだ。

そして、1965年、世界初の歩数計が完成。万歩計と名づけられた。万歩計は瞬く間に人気を得て、最盛期には年間33億円を稼ぎ出すほどになったのだ。

1987年には他者に先駆け、消費カロリーも計測できる万歩計を発売。

常に先を見据えて開発する「先見の明」こそが、万歩計という大ロングセラーを生み出したといえよう。

スマホの歩数計は高齢者には使いづらく、正確さの面でも劣る。万歩計は高齢化の追い風を受けて、売れ続けている。

ヒットのヒント

「早すぎる」のリスクより、
先を見据えた戦略に賭けてヒット。

9/17

イタリア料理の日

発売初日に売り切れた!?
完全栄養食パスタが熱すぎるワケ

1食で必要な栄養素すべてがとれる「完全栄養食」。米国のITの聖地、シリコンバレーで注目されていることに目をつけたのが、日清食品だ。2019年3月、完全栄養食のパスタ「All-in PASTA（オールインパスタ）」を発売した。

ビタミンとミネラル各13種類に、たんぱく質や食物繊維、脂肪酸など、厚生労働省が必要としている全栄養素を含み、1食で1日の必要量の3分の1がとれる。しかも、糖質は30%カットとあって、販売後5時間で用意していた2カ月分の在庫を完売したというのだから驚きだ。

人気の理由は、栄養食品らしからぬ味のよさだ。独自の製造技術により麺の真ん中にビタミンやミネラルを閉じ込めることに成功し、栄養素が持つ苦みを大幅に軽減できたのだ。

メインユーザーは30代男性。彼らは効率性と生産性を高評価する年代。All-in PASTAはそんな彼らの志向にピタリとはまった。将来の栄養摂取の1つのあり方を示唆している点でも、画期的な商品といえるだろう。

ヒットのヒント

**高い技術力で実現した美味な完全栄養食。
効率重視の世代にピタッとはまるコンセプトでヒット。**

9/18

かいわれ大根の日

スプラウト栽培といえば、村上農園。経営の危機を脱し、ヒットを生み出し続ける極意

大根のスプラウト（発芽直後の新芽）であるカイワレ大根。その生産量トップを誇るのが、村上農園だ。老舗料理店で吸い物などに使われる超高級野菜だったカイワレ大根を、スーパーでも買える「庶民の野菜」に変えた功労者でもある。

1976年、村上農園は特殊なスポンジを開発し、水耕栽培の難点だった「傷みやすさ」を克服したのだ。収穫量を飛躍的に伸ばし、その後も順調に売上を伸ばしていった。

1996年、その村上農園を病原性大腸菌O-157が襲った。厚生省（現・厚生労働省）が「カイワレが原因」との大誤報を発表。40億円の年間売上は半減し、廃業の瀬戸際まで追い詰められる。

が、諦めなかった。カイワレ大根の代わりに豆苗やルッコラなど珍しい野菜を次々に栽培。その中にはガンの抑制効果があるとされるブロッコリーのスプラウトもある。研究員もスーパーに立って実演販売をし、また、数多くのレシピを開発してネットなどで発信。こうして危機から蘇った村上農園は今や年間売上高が100億円を誇る日本一のスプラウト生産者に成長した。

ヒットのヒント

危機に直面したときの多角化や広報活動によって新しいヒットを生み出した。

9/19

（育休を考える日）

こんなの待ってた！『アイクレオ赤ちゃんミルク』が計画以上に売れた理由

男性の育休取得について考えるきっかけを、と制定された「育休を考える日」。実際、男性が育児をする上でネックになるのは“授乳”だが、その困りごとを解消し、子育て参加への意欲を大きく変える存在となりそうなのが「液体ミルク」だ。

従来の粉ミルクのように湯で溶かす必要がなく、温度調節不要でそのまま与えられる液体ミルク。海外では普及していたが、日本では長らく存在すら知られていなかった。しかし、2016年の熊本地震でフィンランドから支援物資として届いたことをきっかけに、江崎グリコが商品化に着手。2019年3月に日本での販売許可が下りると同時に「アイクレオ赤ちゃんミルク」を発売すると大反響で、最初の4カ月で予想の3倍を売り上げた。

特に、外出時や夜中の授乳時に重宝するという声が多く、同社には「『これならできる』と父親自らミルクを与えてくれる」という母親の喜びの声も届いているという。

子育ての負担軽減に貢献したことがヒットへとつながった商品だ。

ヒットのヒント

悩みに寄り添い、当たり前（ミルクはつくるもの）を変えて大ヒット。

9/20

ペットフードの日（毎月20日）

飼い主の心をつかんでヒットした CIAOちゅ～るのしかけ方

直に食べられて、手も汚れない猫用のおやつが欲しい——。いなばペットフードの社長のこの望みを商品化し、ヒット商品となったのが、2012年発売のスティックタイプの液状おやつ「CIAO（ちゃお）ちゅ～る」だ。

すっかりおなじみになった、猫がおやつを夢中で食べるCM。この愛らしい姿を見れば、猫好きは買いたくなること間違いなし。飼い主の心をつかむCMが知名度アップにひと役買った。

さらに、全国の飼い主たちに愛猫が「ちゅ～る」を食べるシーンの動画を募集して、CMに使用。2017年の応募数は約2万件。消費者を巻き込む作戦も見事に当たったといえる。

そして、味のよさ。「いなばペットフード」は、200年の歴史を持つ「いなば食品」のグループ会社。人間用のツナ缶製造で培った技術を猫用おやつにつぎ込んだ。特にメーカーの自慢が、原料の鮮度のよさ。嗅覚の鋭敏な猫にそのことがわからないはずがない。物いわぬ動物が相手の商品であっても、クオリティの高さはヒットの一大要因といえるだろう。

ヒットのヒント

CMに消費者の動画を使うというPR作戦で注目を集めると共に、商品により愛着をわかせた。

9/21

（世界アルツハイマーデー）

こんなのが欲しかった！
履くだけで歩きやすくなる
「歩行アシストパンツ」がすごい理由

ユニ・チャームの大人用紙パンツ「ライフリー 歩行アシストパンツ」が好調だ。“バランスよく歩く”というコンセプトがウケている。大人用紙パンツ市場は継続して成長しており、中でもADLレベルの低い（介護の必要性が低い）人の使用率が増加している。また、同社の調査によると「健康維持の為に取り組んでいることがある」と答える高齢者は年々増加し、その6割強が「歩くことが大切」と回答。しかし、実際に週3日以上外出している人は3割に留まる。その要因として、歩幅の狭さやバランスの悪さなど、歩行に対する不安があるという。

そこで同社は、兵庫医療大学と共同研究を行い、履くだけで体幹を支える世界初の特許技術を開発し、歩行アシストパンツを生み出した。特許技術「骨盤サポートフィット」は、骨盤帯に圧力を加え、腹圧を高め、体幹を支えてバランスを保つ。また、足の動きに合わせて吸収体が変形する仕様も、モコモコせずに足が前に出しやすいと好評だ。歩行の安定という新たな付加価値が、高齢者の潜在ニーズに見事フィットした。

ヒットのヒント

**「枠（おむつ＝排せつケア）」にはまらない
高付加価値を加えることで、唯一無二の商品をつくる。**

9/22

カーフリーデー

タイムズカープラスが、トヨタやオリックスを抜いてカーシェアリングで一人勝ちする理由

ヨーロッパでは毎年9月22日を、街の中心地で車を使わず公共交通機関や徒歩や自転車で移動する「カーフリーデー」に定めている。一方、車を「所有しない」がカーシェアリング。使いたいときだけスマホなどで予約すれば利用できるシステムだ。車の維持費も駐車場代もかからない。洗車なども不要だ。

この経済性と気楽さが受けて、2020年には会員数が10年前の約126倍に増加。トヨタやオリックスも相次いで参入する。

が、この2社も押しのけ、業績トップの座を維持しているのが、駐車場運営会社「パーク24」の「タイムズカーシェア」だ。

成功には、駐車場の会社だったことが大きい。この事業で最も多額の資金を要するのが駐車場。それを全国各地に潤沢に所有していたのが強みだった。ただ、肝心の車は不足していた。

そこで、目をつけたのがマツダレンタカーのカーシェアリング事業。マツダは、車はあるが、駐車場が不足。そこで、マツダのカーシェアリング事業を譲り受けることにしたのだ。「弱点」を補うべく、他社に目を向けたことが成功を呼びこんだ。

ヒットのヒント

「不足」と「弱点」の解決に、
他社の事業を買いとる大胆行動をとり、成功した。

9/23

（おいしい小麦粉の日）

「おいしいから」だけが理由ではない！
高級食パンが支持され続ける理由とは

高級食パンが売れ続けている。なぜか。ブームの火付け役、乃が美の「高級『生』食パン」を例に見てみよう。

2013年大阪の本店で発売された、乃が美の「生」食パンは行列が絶えることがなく、デパートの催しでは5分で完売することもしばしばだ。

2018年には年商100億円を突破し、全国の店舗数は203。その勢いは留まるところを知らない。売れ続ける一番のわけは、味。自立するギリギリのやわらかさが特徴で、口どけがよく、品のよい甘みが口に広がる。何もつけないでそのまま味わいたい。味に加えて、2斤で800円（税抜き）という価格設定の妙もヒットの大きな要因だ。「プチ贅沢」を楽しめる最適価格といえる。

また、気の利いたお土産用に購入する人が多いのは、高級和菓子店を思わせる紙袋も、一役買っているはず。

さらに、食パンのみを売る専門店にした点も、消費者の味への期待を高めずにはおかない心憎い戦略だ。

ヒットのヒント

**「特別感」と「プチ贅沢」がヒットのカギ。
1つのもの（食パン）しか売らない潔さが
消費者に「ここしかない！」と期待を抱かせる。**

9/24

畳の日

なぜ、TTNコーポレーションは先細りする畳業界の中で9年で65億円まで売上を伸ばせたのか

畳表市場はピーク時の5分の1に縮小。畳職人の高齢化や後継者不足により供給自体も減っている。この厳しい環境の中で、社長就任後9年で年間売上65億円を達成したのが、ＴＴNコーポレーションの辻野福三郎氏。町の畳屋さんの長男に生まれた、4代目社長だ。きっかけは、「24時間対応の畳の表替えサービス」。あるとき、畳の張替えで行った先のファミレス担当者が、夜中に畳の張替えができないか、ともらす。このひと言に辻野氏は鋭く反応。夜中も畳替えをすれば、ファミレスや居酒屋は畳替えのために店を休業しなくても済むではないか。

それからは、社長自ら徹夜仕事で畳替えに打ち込む日々。1週間目は1件、2週間目は3件、3週間目には150件もの注文が殺到。他の職人たちも自発的に手を貸すようになり、昼夜交代制が確立。工場長から社長就任後は自ら営業活動を行い、売上を急速に伸ばし、成功を収めたのだ。

ヒットのヒント

顧客のひと言に反応する勘のよさと徹夜の頑張りが、衰退市場での成功を生む。

9/25

主婦休みの日

“核家族から拡大家族へ”
「タスカジ」ヒットの裏にあった戦略とは

共働き世帯の増加で市場が拡大している家事代行業界で、新規参入ながら急成長を遂げているのが「タスカジ」だ。まだ女性の多くは家事を外注するのに抵抗があるというユーザー心理から、タスカジは戦略を考えた。

1つは、従来は1時間あたり3～6000円だった価格を、1～2000円台と低価格にしたこと。

2つめは「核家族から拡大家族へ」というコンセプトを掲げ、「家政婦を使う」という関係から、「一緒に家事をするパートナーを自分で選ぶ」関係を提案した。そのため、従来の「誰が来てもサービスの質が同じ」という家事代行とは一線を画し、ネットで紹介されている個性的な「タスカジさん」の中から、自分で選ぶシステムになっている。タスカジさんの中には、3時間で20品の料理をつくる「伝説の家政婦さん」と呼ばれる人もおり、選ぶ楽しみもあるという。

こうした、自分に合ったパートナーを選ぶという感覚が、家事代行を使う際の心のハードルを下げることに成功したのだ。

ヒットのヒント

「低価格＋パートナー選び」という従来とは違うシステムでサービス（家事代行）を身近なものにして、ヒット。

9/26

くつろぎの日

業界第3位の実力「コメダ珈琲」何よりも「居心地のよさ、くつろぎ感」がヒットのカギだった!

9月26日を「くつろぎの日」に定めたのは、名古屋に本社を置く通称「コメダ」の「珈琲所コメダ珈琲店」だ。2020年2月末の時点で、国内店舗数は873。スターバックスコーヒー、ドトールに次ぐ国内第3位だ。この人気の最大の理由は、自ら定めた記念日が示すとおり、くつろげる空間にある。

ふんだんに木材を用いた店内は、落ち着いた雰囲気を醸す。椅子も大きめだ。プライバシーのためにパーティションは高めにつくられ、そのぶん、天井も高いので解放感がある。

そして、店に置かれた新聞や雑誌の数々は読み放題。Wi-Fi接続も可能だ。が、何よりうれしいのが、他のコーヒーショップではほとんどなくなったフルサービスだ。店員が注文を取りにきて、食事も運んでくれる。昭和の喫茶店を彷彿させる空間とサービスは特に団塊の世代にはなつかしく、常連客も多い。

朝の時間帯にはコーヒーを注文すれば、トーストがただでついてくる。1つひとつのメニューの分量も多い。これら「名古屋モデル」も多くの人々に支持されている理由だろう。

ヒットのヒント

昭和の「くつろげる喫茶店」需要の掘り起こしが成功し、大人気に。

9/27

（ 世界観光の日 ）

今、注目される観光スポット「茶の間」に見る新しい観光の形とは

茶畑に囲まれたウッドテラスからは富士山が望め、眼下には駿河湾が広がる。そんな絶景を仲間と独占できるのが、ティーテラスの「茶の間」だ。茶畑の農家の人が自ら厳選した茶葉で湯の温度などにこだわり、お茶をふるまってもくれる。スタートしたのは2019年。茶葉消費量の減少や単価の下落などによって茶畑が急速に姿を消していくことに危機感を抱いた「するが企画観光局」が、お茶と生産農家の復興をめざして立ちあげた「茶事変プロジェクト」の1つだ。提携している茶の生産農家によって、日本平をはじめ静岡県内の6カ所で実施されている。

そして、スタートの翌年2020年には、新型コロナウイルス感染症が流行する。観光産業が甚大な打撃を受ける中、「茶の間」は開放感とプライベート感が満喫できるとあって評判を呼び、3～9月の予約数は4090人にものぼった。

大自然の中、「3密」を避けて楽しめる「茶の間」は、コロナ時代の新しい観光の形を体現する格好の例ともいえよう。

ヒットのヒント

「3密」と無縁の空間の提供により、コロナ禍でも集客に成功。

9/28

（パソコンの日）

「もの」だけでなく「情報」も提供してヒット JINSのパソコン用メガネ

ディスプレイから発せられるブルーライトをカットし、目や体への負担を軽減してくれるメガネ「JINS PC（ジンズピーシー）」（現：JINS SCREEN）。累計販売本数は1100万本を超える大ヒットだ。PC用のメガネはすでに市場に出回っていたが、なぜJINSはここまで売り上げを伸ばすことができたのか。そのカギは、製品とともに提供した“情報”にある。まず、治験データを収集し、医学的にエビデンスを得ていることをアピール。「PCに向かっていると目が疲れるのはなぜか？」「その原因をJINS PCならどれだけ防げるのか？」という答えを、ブルーライトの遮断率などの具体的な情報で示したのだ。これにより、“目を守るための道具”という新たなメガネの使い方を提案し、市場を一気に広げた。

ヒットのヒント

消費者が初めて知るであろう有益な情報を集め、製品と共に提供することで、購買意欲を高める。

9/29

クリーニングの日

「洗剤を使わず洗う」逆転の発想が原点に「洗たくマグちゃん」

洗剤なしで汚れが落とせる「洗たくマグちゃん」は、純度99.9%のマグネシウムがその成分。洗濯機に入れて普通に洗え、汚れ落ちは一般の洗剤と同程度だが、消臭力は約10倍。

合成界面活性剤を含まないので、赤ちゃんにも安心して使えるし、環境も汚さないで済む。

開発したのは、自動車エンジン部品の下請けメーカーを経営する宮本隆社長。工場には加工の過程で出る不要なマグネシウムの粉を溜める容器がある。社長も従業員も容器に溜まった雨水で手を洗った。油汚れがよく落ちるからだ。

なぜ油汚れが落ちるのか…。社長はあるとき、研究に乗り出した。そして、マグネシウムと水が反応すると、アルカリイオン水ができ、これが界面活性作用を発揮することを突き止め、洗剤を使わない商品の開発を思いついたのだ。

2013年に販売されると、世界中で話題となり、2017年フランス最大のオーガニック展「natexpo」ではみごと金賞を射止めた。

ヒットのヒント

**日常の中の「不思議」を深掘りして、
革命的商品の開発に成功する。**

9/30

（織田信長が延暦寺を焼き討ちした日）

なぜ、「信長の野望」は37年もの間、支持され続けてきたのか

1983年にシリーズ1作目が発売されて以来、37年間（2020年現在）売れ続けているゲームがコーエーテクモゲームスの「信長の野望」だ。プレイヤーが戦国大名となって天下統一を目指す歴史シミュレーションゲームで、経営やマネージメントの要素も加えてある。37年間に発売されたのが15作。新作のたびに時代に即して変化させ、アップデートを続けていることがロングヒットの最大の理由だ。例えば、1作目はPCの性能や容量などの限界からプレイ可能な地域も選べる武将も限られていた。最新の「大志」では2000人の武将が登場し、AIで各人に個性を持たせるまでに進化している。

また、歴史ゲームは登場人物が多いが、各人物の登場する時間や回数が少なすぎてはユーザーは覚えられない。逆に登場しすぎると、くどく感じられてしまいがち。その「最適」を見極めるのがゲームをつくる職人たちだ。ロングヒットを下支えしているのは、彼らの職人技だといえよう。

ヒットのヒント

新しい「考え方」と、「新技術」による変化が長年の人気を牽引。

10/1

(コーヒーの日)

勢いが止まらない「コンビニコーヒー」新しい習慣をつくったことがヒットの理由だった!?

すっかりおなじみの「コンビニコーヒー」。初めてお目見えしたのは、2013年、セブン-イレブンでのこと。のちに大手コンビニも次々に「参戦」し、セブン-イレブンだけでも年間11億杯を売り上げ、コンビニ利用者の約6割が購入するといわれる。

驚異的な大ヒットとなった最大の理由は、コスパのよさだ。挽きたての豆を使い、淹れたての本格味のコーヒーが、わずか100円で手にできるのだから、人々が缶コーヒーやインスタントコーヒーを離れ、こちらに乗り換えるのも不思議ではない。

さらに、おいしいコーヒーを専門店ではなくコンビニで飲むという「新しい習慣」が根づき、その斬新さと手軽さもまた、消費者の心をつかんだようだ。

ちなみに、総務省によると、全国の喫茶店の数は1981年の15万4630店をピークに減り続け、2016年には6万7198店と、35年間で半分以下にまで減少した。この間、ファミレスやイートインなど喫茶店を脅かす存在が次々に出現したが、一番の強敵はコンビニでコーヒーを飲むという「新習慣」かもしれない。

ヒットのヒント

今あるものから、「新しい習慣」を作り出せないか。
新習慣創出の発想は、生活を変える大きなヒットをつくる。

10/2

（豆腐の日）

「視点を変える」が成功の理由だった！ 次々ヒット商品を生む 相模屋のしかけ方

2012年、機動戦士ガンダムのキャラである「ザク」の頭部を模した「ザクとうふ」が発売され、30〜40代の男性が豆腐売り場に押し寄せた。その後、従来の厚揚げになかった“もっちり新食感”を実現した「焼いておいしい絹厚揚げ」、チーズのような食感でお洒落なパッケージの「BEYOND TOFU」シリーズなど、次々にユニークな豆腐を打ち出してヒットさせているのが、相模屋食料だ。

それまで業界では、ターゲットを絞った豆腐は売れないといわれてきた。しかし、同社社長は、成熟した業界だからこそ消費者の裾野が広く、ニッチな物、異例の物でも受け入れられる、逆にチャンスのある業界だという。

発想の原点は「視点を変える」ことだ。ガンダムという自分が好きなものを商品化する、他業界とコラボする、若い女性にウケる物をつくるなど、今まで誰もやってこなかったことをあえてやってみる。結果は、業界初の売上高100億円を突破し、業績を伸ばし続けている。

ヒットのヒント

視点を変えることで、伝統ある商品に新しい付加価値を加える。

10/3

KOBE観光の日

勢いが止まらない「業務スーパー」売上を伸ばし続ける仕組みづくりとは

KOBE観光の日には神戸市内の観光施設が無料や割引になる。神戸市ではないが、同じ兵庫県に快進撃を続けている会社がある。「業務スーパー」を経営する「神戸物産」だ。全国に約900店舗を展開し、売上も利益も順調に増加している。

一番の強みは価格だ。普通のスーパーの2、3割は安い。低価格の秘密は製造から販売まですべて自社で行う「製販一体体制」にある。例えば、「若どりもも2kg」は自社か契約の養鶏場で育てた鶏を自社工場で加工し、翌日には店頭に並ぶ。中間業者を通さないぶん、コスト削減になる。その結果、新鮮な国産鶏を2kg 1500円という低価格で販売できるというわけだ。

「業務スーパー」の魅力はもう1つ、4000点に及ぶ豊富な品揃えだろう。世界約40カ国、350にも及ぶ協力工場から珍しい食品を、商社を通さず直接輸入する。価格もそのぶん、安い。

また、商品開発にも力を入れている。1ℓの水ようかんや杏仁豆腐などの「牛乳パックデザート」を始め、「驚きのある」人気商品を次々に生み出している。

ヒットのヒント

自前ですべてを賄うことで「超低価格&魅力の品揃え」を可能にし大人気に。

10/4

（みたらしだんごの日（毎月3日、4日、5日））

泥だんご教室に20万人、制作キットは35万個売れた…!? 泥だんご関連商品が売れるワケ

だんごといえば今ブームなのが、食べるだんごではなく、子どもの頃遊んだ泥だんごづくりだ。しかし、昔とは事情が違い、泥だんご教室に人が集まっているという。愛知県のINAXライブミュージアムが開く「光るどろだんごづくり」体験教室は、やきもの用の粘土と道具を使って、親子が一緒に楽しめるというもの。2006年のオープン以来、利用者が20万人を超えている。

一方、シヤチハタが発売している「コロピカどろだんご制作キット」も売れ行きが好調だ。泥だんごは泥の玉をつくり、表面に砂をかけ、磨き続けるとピカピカになる。このキットは砂場の土よりも簡単にきれいな泥だんごがつくれるもので、35万個以上、売れている。

こうしたブームの背景にあるのが、「公園の砂場は不衛生」「子どもの服が汚れるから遊ばせたくない」といった親の心理だ。もちろん、雨で外遊びができないときに、夏休みの工作用にといった用途でも売れているが、「衛生的に泥だんご体験をさせたい」といった親心をつかみ、ヒットを生んだ。

ヒットのヒント

「昔ながらの遊びをさせたいけれど、衛生面で不安」
消費者の葛藤や悩みを一気に解決し、
それを喜びに変えることで、支持される。

10/5

時刻表記念日

出版不況の中、人気の時刻表は
10万部以上の発行!
実は時刻表にも「売れ筋」がある!

列車の時刻表といえば数社から出版されているが、2大巨頭はいわずとしれた『JTB時刻表』と『JR時刻表』だ。前者は1980年代には毎月200万部を誇ったが、現在は十数万部となり、後者も同程度。昔は企業などの定期購読の比率が高かったが、現在の購買層は鉄道マニアだといわれている。しかし、毎月10万部以上という月刊誌は出版不況の中では優秀だ。

理由の1つは、巻頭カラーページの充実ぶりにある。新幹線の新型車両を詳しく紹介するなど、鉄道マニアを喜ばせる誌面づくりになっている。さらに、JTB版では時刻表ページで、新幹線の全列車に充当される車両形式を掲載。マニアが目当ての車両を見つけやすくなっている。また、JRの公式時刻表ではなくなったことから、私鉄特急の全列車のダイヤを掲載。これに対しJR版は、JRの公式本としてJR全体のダイヤ改正やトピックス、時刻表を取りまとめてあり、みどりの窓口に常備されているものとして王道を貫いている。こうしたそれぞれの立ち位置での工夫が、ネット時代でありながら高部数を誇ることにつながっている。

ヒットのヒント

**「鉄道マニア」という購買層を把握し、
誌面づくりを工夫することで、固定ファンをキープする。**

10/6

（日本初の地下鉄環状線が運行した日）

今や当たり前になった駅の「のりかえ便利マップ」は、1人の主婦のアイデアと気づきから生まれた

降車駅の出口やエレベーターの場所が一目でわかる「のりかえ便利マップ」は、どの駅にも貼られるようになったが、これを発明したのは、専業主婦だった福井泰代氏だ。駅でベビーカーを押しながらエレベーターを探しているとき、「前もってわかっていたら…」と思ったのがきっかけだった。

そこから1人で調査を開始。当時、営団地下鉄は256駅あったが、その一駅一駅に降り、階段の場所や出口などを調べていったのだ。そして完成したマップを雑誌に売り込んだところ、「これは発明じゃない、情報だ」といわれて気がついた。情報だったら紙上だけでなく、いろいろな展開方法があるということに。そこで、営団地下鉄に売り込みに行き、駅のホームに貼り出してもらい、都営地下鉄やJR東日本へと拡大していった。さらに携帯電話やPCでも見られるようにとインターネット上でも展開。不便だと思ったことをビジネスに換える発想もさることながら、その「情報価値」に気づき、さまざまな場に展開したことが大ヒットにつながった。

ヒットのヒント

今までにないものを開発し、それをどう展開するか考えたことでさまざまなメディアやリアルな現場へ広がった。

10/7

（盗難防止の日）

冗談のような盗難防止グッズが
支持されるのにはワケがある！
「鳥のうんちシール」

警察庁の統計資料によると、2019年に発生した自転車の盗難被害は16万8703件。その内6万5609件は施錠していたにもかかわらず被害に遭っているという。そんな中、画期的な自転車の盗難防止アイテムがヒットを飛ばしている。当初はヴィレッジヴァンガードの主要6店舗のみの販売だったが、発売から数カ月足らずで700枚も売れるなど反響が大きかったため、全国展開されることになったという「鳥のうんちシール」だ。

考案したのは工業大学の大学院生、もときれおが氏。自分の自転車を見て、「こんな汚い自転車、誰も盗まないだろうな」と思ったことをきっかけに、自転車に貼れる鳥のうんち型シールを作成。これが、ヴィレッジヴァンガードの雑貨大賞で優秀賞を獲得し、商品化となった。上からポトリと落ちてきた「鳥のうんち」がリアルに再現されている。鍵やチェーンを強固にするのではなく、「自転車泥棒の心理に訴えかけて盗難を防ぐ」という逆転の発想が、ユニークなヒット商品を生み出したのだ。

ヒットのヒント

**物理的に盗めないようにするのではなく
心理的に盗みたくなくなるように。
目的へのアプローチを変えるユニークな発想で
唯一無二のヒットが生まれた。**

10/8

角ハイボールの日

「思い込み」を捨てることで大復活! ハイボールブームを生んだ サントリー「角瓶」のしかけ

ウイスキーを炭酸で割ったハイボール。このなつかしいお酒が、2008年突如、新しいおしゃれな飲み物として息を吹き返し、長らく低迷が続いていたウイスキーの売上も急上昇した。一体何が起きたのか。しかけたのはサントリーだ。何とかウイスキーを復活させたかった。

あるとき、情報を得て、担当者が鉄板焼き屋へ行くと、客たちが食事をしながら角ハイボールを飲んでいるのを見て仰天。これならいける! と信じ、ハイボールに賭ける決断をした。

そして市場調査により驚きの結果が出る。ウイスキーの濃度は10%を推奨していたが、消費者の好みはもっと薄い8%。しかも、試しにレモンを軽く絞ると、好評だったのだ。自分たちの考える「おいしい飲み方」は消費者の好みとはかけ離れることを知る。そして、大振りのジョッキに、レモンを絞ってウイスキーと炭酸を注ぐという全く新しい飲み方を提案したのだ。

人気は一気に加熱。2016年「角瓶」の出荷量は353万ケースにも及び、2019年の対前年比は104%。奇跡の復活は続いている。

ヒットのヒント

「企業側の思う正しい飲み方」を捨て、新スタイルを採用。この英断が奇跡の復活を生む。

10/9

（トクホの日）

お馴染みのお茶を
トクホにして売上増!
サントリー「伊右衛門 特茶」

2013年の発売以来、6年連続でトクホ茶ナンバーワンを獲得する「伊右衛門 特茶」。サントリーが展開する人気緑茶ブランド「伊右衛門」の特定保健用食品（トクホ）だ。ポリフェノールの一種「ケルセチン配糖体」を配合し、“体脂肪を減らす”というわかりやすい健康効果を表示。競争の激しい飲料市場において、長きにわたり好セールスを続けている。

実は、トクホの茶飲料を伊右衛門の名で発売することには反対の声もあった。「老舗茶舗の茶葉を急須で入れた茶」というブランドイメージが壊れてしまうと懸念されたからだ。しかし担当の沖中直人氏は、“慣れ親しんだお茶の機能がアップした”というほうが消費者は手に取りやすいはずと考え、また他社の茶商品に勝つためにも、このブランドでの商品化にこだわった。

また、トクホのお茶といえば「小さめの350ml」で「苦みのある茶」が定番だったが、これを「通常の500ml」で「おいしく飲める茶」にし、見事ヒットした。他社の成功例に寄らず、既成概念を打ち壊して、新たな価値をつくって成功したのだ。

ヒットのヒント

他社の敷いたレールに乗らず、自社の思い込みにも縛られず、自らが新しいルールをつくることで、ヒット商品は生まれる。

10/10

缶詰の日

缶詰売場を飛び出し、大ヒット! 高級缶詰「K&K缶つま」がここまで人気になった理由

利益率が下がり続け、つくり手は心身ともに消耗していく価格競争。その渦から抜け出して、大ヒットを飛ばした商品がある。2010年に国分グループから発売された1缶500円前後の「K&K缶つま」シリーズだ。1缶100円前後が普通の缶詰業界にあって、その5倍もの価格ながら、シリーズ全体で年間700万缶を軽く超える勢いで売れ続けているのだ。

「缶つま」は酒のつまみに特化した缶詰。シリーズ全体で80種類を数えるが、ごはんのおかずは絶対につくらない。蓋を開けるだけで食べられる手軽さと共に、その多くは国産の材料を使い、つまみにぴったりの味に仕上げている点も酒呑みには魅力だ。

そして、缶詰コーナーをあえて離れたことが大きい。酒売場のそばや、おつまみコーナーを置場に選んだのだ。また、新幹線などで出張するビジネスマン狙いで駅の売店やエキナカに、さらにはワイナリーや酒蔵にまで置いてもらっている。

「酒のおつまみ」へのこだわりが、「缶詰は缶詰コーナーに」の常識を捨てさせ、より売れる場所へと選択肢を広げさせた。

ヒットのヒント

従来の売場(缶詰売場)から脱却。
どこまでも「おつまみ」を追求する、その徹底ぶりがウケた。

10/11

(ハンドケアの日)

ストライプインターナショナルは
なぜ、ヒットブランドを
次々生み出すことができるのか

「SCENT OF Varo（セント オブ ヴァロ）」というブランドのハンドクリームが人気だ。しかし、このブランドは洋服メーカーのストライプインターナショナルが立ち上げたもの。なぜ、服屋がハンドクリームなのか？

そもそもアパレル業界は、少子化のあおりを受けて今後、市場が縮小していくという。だから同社では、利益の3割を常に研究開発に投資し、1年で1～2ブランドを新設している。それもアパレルにとどまらず、食、雑貨、コスメ、テクノロジーなどと幅広い。もちろん、失敗も多いが、「99の失敗があるからこそ、1つの大成功を生む」が社長の信条だ。

こうした経緯で人気のハンドクリームが生まれ、さらに、オープンキッチン形式のドーナツ店、月額定額で洋服が借り放題の「メチャカリ」、新しいスタイルのホテル経営など、次々に事業を展開。「失敗の蓄積はノウハウになる」からと、99の失敗を覚悟し、新たなジャンルに挑戦し続けることが成功の秘訣だ。

ヒットのヒント

「主力事業の営業利益3割」を新規事業に投資し続け、
常に新たな可能性を探り続ける。

10/12

（豆乳の日）

「おやつ代わりに…」がヒットの秘密だった!? キッコーマンの豆乳が売れ続けるワケ

豆乳市場は活況を呈し、2009年以来、毎年10%前後の拡大を続けている。その中で、50%のシェアを誇るのがキッコーマンだ。中でも注目したいのが、豆乳にフレーバーを加えた「豆乳飲料」シリーズだ。2007年、少しでも日常生活に豆乳を取り入れてほしいとの願いから生まれた。

若年層を中心に売上を伸ばし、特に、2018年に発売された「チョコミント味」はSNSで話題沸騰。発売前から問い合わせが殺到する人気ぶりだった。

ヒットの秘密は、おやつ代わりに飲めるフレーバーにある。「みたらし団子」「プリン」「焼き芋」…。豆乳との意外な組み合わせは、「おやつ」を想定して開発されているのだ。

3時のおやつにケーキを食べるのは、後ろめたいけれど、「豆乳飲料」なら1本120〜130Kcalと低カロリーで大豆タンパクも摂れる。ギルティフリーで、例えばプリンを食べた気にさせてくれる。もちろん、味のよさとフレーバーの高い再現性を常に追求していることも、愛されている理由だ。

ヒットのヒント

「豆乳+フレーバー=おやつ」の発想と味へのこだわりがヒットを生んだ。

10/13

引っ越しの日

今や、定番！　緩衝材「プチプチ」誕生の裏にある発想の転換とは

ポリエチレンの膜の間に多くの気泡をつくり、空気の層で衝撃を緩和する「気泡緩衝材」。お菓子の缶や配送物などに入っていて、気泡を指でつぶすと「プチッ」と気持ちいい音が鳴るアレである。俗称だと思いながら「プチプチ」と呼ぶ人も多いが、実はこれは川上産業というメーカーの登録商標。1968年に創業、1976年に設立され、日本で初めてプチプチ生産機を開発した企業として、業界では50%以上のシェアを誇る会社だ。

このプチプチの原型となる構造物を発明したのはアメリカの2人の技術者。実は、紙とビニールを重ね合わせた壁紙を開発する際、ビニールに気泡ができてしまったことで、偶然誕生したものだった。壁紙としては失敗作だったが、彼らはこのシートを断熱材として販売。しかしうまく売れず、ある時IBMがコンピュータ出荷時に梱包材として使用したことをきっかけに、緩衝材として売り出すと大ヒット。各国に広まったのだ。日本では、1963年に川上産業の創業者がその存在を知り、将来性を予見して独自に機械を開発。国内でのシェアを獲得した。

ヒットのヒント

**失敗作、売れないものに見えても
発想の転換で用途を変えて売り出せば
大ヒットになることがある。**

10/14

スポーツの日（体育の日）

150万足以上売れたピップ「スリムウォークBeau-Acty」ヒットの理由はターゲット設定にあった!

「スリムウォーク」といえば「着圧機能」を持つレギンスとして人気だが、その新ブランド「スリムウォーク Beau-Acty」シリーズが好調だ。これは、スポーツ時に着用するレギンス&ショーツで、ターゲットは美容を目的にスポーツをする女性。「スリムウォーク」が持つ「美」の追求というコンセプトを継承し、運動時も「美脚&美尻」をキープできると、スポーツ機能に「美」の要素を付加した。

発売元のピップは「スリムウォーク」の新たな着用シーンを模索する中でアンケートを行い、本格的にスポーツをするより、美のために軽く運動をしたい女性が多いことに気づいたのだ。しかし、そうした人にとって、スポーツブランドが発売しているウェアは高機能・高価格で、手が出づらい。そこで誰でも手軽に買えるものとして、価格を2～3000円に設定し、身近なドラッグストアやネットでの購入を可能にした。

こうして他のスポーツブランドとの差別化に成功し、スポーツによって美を求める女性層を取り込むことができた。

ヒットのヒント

既存のスポーツブランドが拾えなかった「初心者」や「軽く運動をしたいという女性層」をターゲットに商品開発をした。

10/15

（日本でブギーボードが発売された日）

なぜ、キングジムの付箋「ブギーボード」は好調なのか

文具メーカーのキングジムが開発した、手のひらサイズの電子付箋「キングジム BB-12」。電話番号などのメモを付属のペンか、指先、爪先で液晶画面に直接書き込める。「付箋」とあるのは、マグネットで貼れるため。

2019年発売後、半年で年間販売予定数を達成。家庭やオフィスで、病院や介護施設で、携帯ショップのカウンターでと、便利ツールとしてさまざまな場所で重宝されている。

人気の秘密は、使いやすさにある。オフとオンのスイッチがなく、すぐに書きだせ、書き心地はなめらか。画面下のスイッチを押せば、一瞬で消去でき、個人情報を守る上でも安心だ。

そして、もう1つ重要な勝因がある。メーカーはともすれば保存の機能や、パソコン連携のための外部出力のインターフェースなどといったいろいろな機能をつけたがるもの。が、それらをあえて排除し、メモ機能にのみ特化したのだ。

この潔さがかえってシンプルで快適な使い心地を実現させ、消費者の心をつかんだといえるだろう。

ヒットのヒント

主な機能（メモを書き込むこと）に特化する。
そのわかりやすさと、シンプルさがより快適な使い心地を実現。

10/16

（ボスの日）

「クラフトボス」大ヒットの裏にあったいくつもの「気づき」とは

サントリーが2017年に発売した「クラフトボス」は、発売からわずか1年で1500万ケース（3億6000万本）を売り上げる大ヒットとなった。最大の特徴は、缶ではなくペットボトルに入っていること。“コーヒーは缶”の固定観念を覆したことで、若者世代や女性にヒットした。

同品の開発は「缶コーヒーを若い人に飲んでもらいたい」という考えから始まった。そこで、ＩＴ業界で働く若者をターゲットにし、彼らにとことん寄り添い、傾向を分析。すると、デジタルな仕事だからこそ日常では人とのつながりを大切に思ったり、革製品や万年筆など職人のぬくもりやこだわりが感じられるモノを好んだりするという“意外な価値観”が見えてきた。これらを満たすコンセプトとして、「クラフト」（手づくり）にたどり着いたのだ。また、今までの「眠気覚ましに一気に飲み干す缶コーヒー」とは全く違うニーズも見出す。仕事の合間にちびちび飲むため軽めの味わいにし、ゆっくり長く楽しめる大容量に。これらも奏功し見事、新しい顧客層を開拓した。

ヒットのヒント

ターゲットに寄り添い、得られた発見を見逃さないことでターゲットの心に響く商品をつくる。

10/17

貯蓄の日

女性客獲得でロングヒットに！
ネットショップが扱う
「幸運の6ペンス硬貨」はなぜヒットした？

貯蓄といえばお金だが、6ペンス硬貨はイギリスの古銭だ。その硬貨を結婚式の日、花嫁の左靴に忍ばせておくと幸せな人生を送れるという、イギリスに伝わるジンクスがある。これを「ラッキー6ペンス」として販売しているのが、コイン・古銭のネットショップ「アイコインズ」。コイン蒐集家はほぼ男性という中、なぜ女性向け商品を扱うようになったかというと、「6ペンス硬貨はありますか？」という問い合わせがきっかけだった。しかも50件近くも来るようになり、販売してみると、季節に関係なく着実に売れ、結婚式の司会者が1000枚購入するなど、大口注文が入る確率が高いとわかった。こうして6ペンス硬貨はロングセラー商品となり、新たな客層をも切り拓くことができた。

ヒットのヒント

**何気ない「問い合わせ」から
ヒットのヒントを拾い出す
感度の高さが、ロングセラー商品を生んだ。**

10/18

冷凍食品の日

ロングセラー商品でも、思い切ってメスを入れる! 味の素冷凍食品「ギョーザ」

味の素冷凍食品の「ギョーザ」の売上高は業界一。その大ヒット商品を大々的にリニューアルしたのだから驚きだ。

きっかけは、ヘビーユーザーにギョーザをつくってもらったところ、全員が量を測らずに目分量で水を入れていたこと。これではおいしいギョーザはつくれない。おいしく食べてもらうには、水を使わなくて済むように改良するしかなかったのだ。

これを可能にするには、ギョーザの底に水を入れ込んでおけばいい。が、それが難しい。具の中心部まで蒸すためには水分の量や沸騰のタイミングが関わってくるからだ。

試行錯誤の末、底に最適な量の水分を閉じ込める技法を開発。こうして底はパリパリ、焦げていない部分はモチモチ、具はジューシーな本格味を手軽につくれる商品が誕生したのだ。

生まれ変わった「ギョーザ」が2012年に発売されると、年間100億円ほどだった出荷額が140億円に膨れ上がった。無謀とも思えた大改造が、売上のあらたな大飛躍につながった。

ヒットのヒント

ヒット商品でも大改造。
この勇気ある「暴挙」がさらなる売上高を実現する。

10/19

洗濯を楽しむ日

「ジェルボール」ヒットの決め手は「小さな手間に気づいたこと」だった!?

粉末でも液体でもない第3の洗剤として2014年に発売されたアリエールのジェルボール型洗剤（P&G）。洗濯1回分を水に溶けるフィルムで密封し、1粒を洗濯機に入れるだけという手軽さがウケ、3年間で約1億個以上を売り上げた。

計量が不要で時短になる、という触れ込みだったが、もともと液体洗剤の計量にかかるのは数秒で、それほど時間の短縮にはならない。実はヒットの要因は、単なる「時短」への寄与ではなく、「面倒な作業の解消」を訴求したことにある。

実際、計量すること自体が手間だと思う人、液体洗剤の詰め替えが面倒だという人は多い。つまり、洗濯から“計量”という行為自体をなくしたい、という隠れたニーズに応えたのだ。

さらに2017年には、毎日ではなく週末まとめて洗う人が増えたことを受け、黄ばみや黒ずみを落とす機能を強化した「ジェルボール3D」を発売。時間が経ち、落ちにくくなった汚れでも予洗いやつけおき洗いがいらない、と大ヒット。単なる時間の短縮ではなく、“手間を省く”という視点がカギなのだ。

ヒットのヒント

時短＝単に作業時間を短縮すると考えるのではなく「手間を軽減すること」を視点に開発し大ブレイク。

10/20

頭髪の日

6600万本以上販売の「リアップ」に学ぶ “○○といえばこの商品”という ブランドのつくり方

「発毛剤といえば」で思い浮かぶのが、大正製薬の「リアップ」だ。1999年、日本初の発毛剤として誕生した。スタートは1985年、アメリカで開発された発毛・育毛成分「ミノキシジル」にいち早く目を付けたことだ。日本に導入する契約を結ぶと、すぐに600人の被験者による大規模な臨床試験を実施し、壮年性脱毛症への効果と安全性を確認した。

しかし、医療用で販売せず、いきなり一般医薬品として発売するダイレクトOTC薬を目指したため、厚生省の認可が下りるのに時間がかかった。理由は、薄毛で病院に行く人は少ないので、病院ではなく、薬局で買えるものにしたかったのだ。

こうして発売すると、即品薄になるほどの大ヒットを記録。その後ラインアップが増え、シリーズ累計で6600万本以上売れている。今でこそミノキシジルの発毛剤は増えているが、日本初という存在で大ヒットを飛ばしたことから、「元祖」という強いブランドイメージが確立された。やはり元祖には、高度な効果・効能が提供されるという信頼感があるのだ。

ヒットのヒント

「日本初」「効果・安全性の試験」「売場へのこだわり」1つひとつを徹底することで、元祖ブランドのイメージをつくる。

10/21

あかりの日

popIn Aladdinが爆発的人気を誇るのは「照明がプロジェクターになるから」だけが理由じゃなかった!

東大発ベンチャー、popInの「popIn Aladdin」はプロジェクターとスピーカーを内蔵したスマートライトだ。プロジェクターは出し入れが面倒、といった声もあるが、天井の照明との一体化という、まさかの新発想により「いつでも手軽に」を実現。2019年には3万台のヒットとなった。

人々の世界観を広げる製品にしたいとの想いが出発点。例えば、「等身大動物図鑑」や「うごく太陽系」はpopIn Aladdinによるオリジナルのコンテンツだ。動物の大きさや鳴き声を体感し、宇宙の謎に触れながら、子どもたちに広い世界観を持ってほしいとの願いから生まれた。

また、「Moon Light」ではその日の月を再現。十三夜、十六夜、中秋の名月…。壁に映し出される神秘的な映像は、大人の世界観にも、何らかの影響をもたらすにちがいない。

他のプロジェクト同様、映画や動画やテレビも観られるが、「世界観を広げたい」の想いが詰まったコンテンツは、製品の使い勝手の良さとともに人気を支える大きな要素となっている。

ヒットのヒント

「世界観を広げる」オリジナル・コンテンツが、人々の共感を呼び、ヒットに。

10/22

図鑑の日

王道スタイルをとことん無視して
380万部売れた『ざんねんないきもの事典』

児童向けの図鑑で380万部を突破と、驚異的に売れているのが高橋書店の『ざんねんないきもの事典』だ。生き物図鑑は昔からあるジャンルだが、制作は、図鑑の王道スタイルをことごとく無視した。ターゲットである小学3〜4年生にわかりやすいおもしろい文章とイラストにし、タイトルには「ざんねん」というネガティブワードをあえて持ってきた。

企画のヒントとなったのは「どの図鑑を見ても、生き物の“すごい”部分に焦点を当てている」と気がついたこと。人間と同様、動物たちも悪いところがあるから愛おしいはずという発想から、残念な部分に焦点を当てようと企画した。

その結果、「電気ウナギは自分も感電してしまう」「コアラはユーカリに含まれる猛毒のせいで一日寝ている」といったクスッと笑える生態が並ぶことに。そして発売すると、まずはタイトルでウケて多くのメディアで取り上げられ、SNSでも話題になり、テレビ番組でも紹介されて、大人をも巻き込む大ヒットとなったのだ。

ヒットのヒント

すべてにおいて王道の逆をいく「逆説的視点」で、
それまでとは違った新しい可能性を切り開く。

10/23

（化学の日）

シリーズ累計13万部を超えた『ケミストリークエスト』そのヒットの根源にある「ピュアな動機」

原子のカードを組み合わせて分子をつくる『ケミストリークエスト』。2011年12月に発売されて以来、2016年までにシリーズ累計13万部を売り上げている。

開発者は驚くことなかれ、当時小学6年生だった米山維斗氏。しかも、『ケミストリークエスト』の販売のために会社まで設立。初の小学生社長として一躍「時の人」となった。

米山くんは2歳の頃から化学に興味を持ち、小さなときから専門書も読んでいたという。小学3年生のとき、級友たちが手づくりのカードで神経衰弱をするのを見て、「ぼくも化学のゲームをつくろう」と思いたち、PCを使い2日ほどで完成させたという。

化学の楽しさを友だちにも広めたら、共通の話題で盛り上がれると思ったのが、そのきっかけ。起業したのは、さらに多くの人たちに化学のおもしろさを広げたかったからだ。

難しい化学を、ゲームを楽しみながら学べる…。子どもも大人も、多くの人たちが手にしたくなるのも当然だろう。

ヒットのヒント

「おもしろさ」を広げたい！
「ピュアな動機」×「天才の頭脳」が結合。
大ヒットの化学反応が起きた。

10/24

マーガリンの日

10年年以上のときを経てヒット!
SNS時代の新たな売り方・売られ方を示す
「たらこスプレッド」

SNSで口コミが広がり大ヒットしたマリンフードの「たらこスプレッド」。マーガリンに乾燥たらこを混ぜた濃厚な味わいで、パスタに混ぜれば「たらこパスタ」、ゆでたジャガイモと混ぜれば「タラモサラダ」になるなど、アレンジ性が高いのが特徴だ。

ブレイクした2017年度は、前年度比300%弱の売上。単月で見ると、前年同月の6倍売れた月もあったという。でも実は同品が開発されたのは、10年以上前の2007年。一体なぜ、こんなに長い時間を経て突然大ブレイクしたのだろうか？

ヒットのきっかけは人気小売店「カルディ」への出荷。流行に敏感なファンの多いこのチェーンの店頭に置かれると同時にSNS上で投稿が急増。「罪深い食べ物」「神の味」というつぶやきが話題となり、メディアが記事にして広めたことでヒットにつながった。ピンクという画面上でも目立つ色や、自分次第でいろいろな料理にアレンジできる使い勝手のよさも、SNSユーザーに刺さりやすい特徴だ。このように、SNSで掘り起こされることで注目を浴びるケースは今後も増えるかもしれない。

ヒットのヒント

**汎用性の高いオリジナルな商品をつくった結果、
SNSで魅力が拡散され大ヒットに。**

10/25

（リサイクル法施行）

「ストーリー」と一緒に売ることで、人気に！
アディダス「パーレイ」

アディダスの運動シューズ「PARLEY（パーレイ）」の勢いが止まらない。2016年の発売と同時に全世界で話題となり、2018年には500万足、2019年には1100万足を生産するまでになったのだ。ヒットの秘密は素材にある。

モルディブなどで、海洋に流出する前のプラスチック廃棄物を回収して、リサイクルしたポリエステルを使用しているのだ。

10代、20代の若い世代は環境問題への関心が特に高い。「パーレイ」はそのような若者層の圧倒的な支持を得たようだ。

アディダスは2024年までに原料のポリエステルをすべてリサイクル品にすると宣言。製造時の廃棄物やCO_2の削減にも熱心に取り組んでいる。

このような取り組みは企業のイメージを高め、結果的に企業本来の目的である利潤追求にも資することになる。環境問題や人種問題という分野でも積極的な役割を果たし、消費者の支持を得ることが、企業にとって今や重要な戦略の1つだ。「パーレイ」の成功は、このことを雄弁に物語っている。

ヒットのヒント

**環境への配慮は利潤追求の「妨《さまた》げ」ではなく
「助け」となる時代が到来。**

10/26

（デニムの日）

2カ月待ちの「汚れない白いデニム」のヒットの裏にあるものづくりへの熱い想いとは

汚れが目立ちやすく、履くのを躊躇してしまいがちな白デニム。しかし、工場直結ブランドのファクトリエが販売する「児島のずっときれいなコットンパンツ」は、撥水性に優れた“汚れない白デニム”と話題で、全国各地から注文が殺到。一時は入荷まで2カ月待ちという状態になった。

ファクトリエは、世界レベルの高い技術を持つ国内工場と一緒にものづくりに取り組むブランド。日本の工場が、原価抑制の波を受け、過剰に低価格な生産を強いられ廃業・倒産が相次ぐ中、「日本が世界に誇る技術を残したい」「日本のものづくりから世界の一流ブランドをつくりたい」という想いを胸に、中間業者を省き、工場と消費者を直接つなげる仕組みを構築。

同品も、デニムの産地として有名な岡山県児島市にある3つの工場と協力して開発した。コーヒーやケチャップまで弾く秘密は特殊なテフロン加工。研究を重ね、半永久的な撥水加工に成功した。もちろん、履き心地とシルエットも抜群。メイドインジャパンの技術が結集した逸品に絶大な支持が集まったのだ。

ヒットのヒント

高い技術を持つ工場と直接提携することで、日本が誇る職人技とアイデア溢れる人気商品が誕生。

10/27

（読書週間スタートの日）

『ベターッと開脚』は読者のうれしい！に寄り添って生まれたベストセラーだった

2016年に発売の『どんなに体がかたい人でもベターッと開脚できるようになるすごい方法』（Eiko著/サンマーク出版）は100万部を突破する大ベストセラーとなった。開脚できるようになるというだけで、なぜここまで売れたのだろう。

編集者自身、体が硬かった。開脚できるほどやわらかくなれたら「うれしい」の想いから、この企画は生まれたという。つくり手の開脚へ熱い想いがタイトルや帯の文言、そして、書店に掲げられたベターッと開脚した大写真を通して人々に伝わったのだろう。が、編集者の熱い想いだけでは売れない。読者の開脚への需要があったからこそ売れたのだ。その後、続々と開脚本が出版されて、特に『すごい開脚のやり方』（笠倉出版）は発売後早々に重版がかかった。人々の間に開脚願望はあったのだ。

つまり、編集者の「うれしい」を、実は多くの人たちも共有していた。多くの人たちが漠然と感じていた「うれしい」の気持ちを掬《すく》い上げ、その人たちに自身の「うれしい」に気づかせることで、100万人を超す人々の心をつかんだのだ。

ヒットのヒント

多くの人がうすうす感じている「うれしい」を掬い上げて大ヒットに結びつける。

10/28

（おだしの日）

なぜ、高いのにここまで売れる？「茅乃舎だし」に見る“売れるブランド”のつくり方

無添加で、手軽に使えるパック入りの「茅乃舎だし」が売れている。発売しているのは、福岡市の久原本家。醤油蔵だったが、将来を考える中で行き着いたのが、新たなブランドでの通販だった。通販なら全国展開ができ、毎日使う“だし”であれば多くの家庭が継続して購入するだろうと見込んだのだ。

この狙いが見事に当たったが、価格設定は高めだ。それでも売れ続けている理由は、「ブランドづくり」にこだわったことにある。具体的には、DMやHPを通じて質の高い情報を発信し続けることだ。そのために、優秀なデザイナーやコピーライターを社員とし、クリエイティブチームをつくった。普通なら外注にするところだが、商品開発から一緒に体験し、その物語を伝えることが大事だと考えたのである。

こうして、無添加だが手軽という商品力と、丁寧で質の高い情報発信の相乗効果で「ブランド力」が高まった。その信頼があるからこそ、高めの価格設定でも購入され続けているのだ。

ヒットのヒント

一致団結して物づくりをしながら質のいい情報を多量に発信し続けることで商品自体の「ブランド力」を高める。

10/29

（　てぶくろの日　）

根本にあるのは
「ひとのやらないこと、ひとのやれないこと」
5本指ソックスが生まれるまで

5本指ソックスを開発したのは和歌山県の老舗手袋メーカー「おたふく手袋」の当時の常務、井戸端隆宏氏。手袋づくりの技術を生かし、足の指を1本ずつ包めるソックスの開発に成功した。5本指ソックスは踏ん張りやすいし、蒸れにくい。指も自由に動かせる。消費者に必ず受け入れられると信じた。が、1974年、3年がかりで開発した自信作は全く売れなかった。それでも諦めなかった。その後立ち上げた会社、ニットグローブ（現・ニッティド）の企業理念は「ひとのやらないこと、ひとのやれないこと」への挑戦だったからだ。商品の改良や営業活動を地道に続けるうちに、商品の優秀さが徐々に認められていく。医師が冷え予防にシルクの5本指ソックスを提唱し、一流アスリートたちが使用するようになり、そして、テレビの人気健康番組で取り上げられて人気が爆発。今では靴下市場の8％を5本指ソックスが占めるまでに。

夢は世界中に30万人のファンをつくること。新たな挑戦はすでに始まっている。

ヒットのヒント

「ひとのやらないこと、ひとのやれないこと」への挑戦が大ヒットを生んだ。

10/30

香りの日

「ファブリーズ」ヒットの裏側にあった巧みな「誘導」とは

「ファブる」なる言葉が生まれるなど、「ファブリーズ」をシュッとすることが新しい習慣として急速に広まった。売上も当然右肩上がり。1998年「P&G」から発売されて以来、累計販売数5億本超えの事績を誇る。そして、空前の大ヒットの裏には、巧みなマーケティングによる「誘導」があった——。

ファブリーズの売りは、洗いにくい布製品のにおいがとれること。が、商品のこの特性や魅力をひたすら訴えるという戦術はとらなかった。かわりに、新たな市場の創造を狙ったのだ。

つまり、「掃除をするようにファブリーズを使えば、部屋の嫌なにおいが消えて、快適な空間が生まれますよ」と、生活の新習慣を提案した。そして、この新習慣が広まることにより、新たな市場が形成されたのだ。

新習慣の定着により、ファブリーズを使う人口も、1人の消費量も、リピーターもすべて増加した。ファブリーズの大成功は、新時代のマーケティングのあり方を示唆している。

ヒットのヒント

「商品」ではなく、
新たな「習慣」と「市場」の創造が大ヒットの理由。

10/31

ハロウィン

「かぼちゃサラダ」も大ヒット　ヤオコーの惣菜がおいしい理由とその意外な収益

ハロウィングルメといえば“かぼちゃ”。その“かぼちゃを使ったサラダ”がおいしいことで有名なのが埼玉発のスーパー「ヤオコー」。業界では、一般的に人気がないと言われているメニューだが、ヤオコーでは、メープルシロップやホイップクリームを使いデザート感覚に仕上げることで、見事ヒットさせたのだ。その他にもヤオコーにはおいしいといわれる惣菜が多く、どれもクオリティが高いと評判。人気の「手握りおはぎ」などは、つくる資格を得るための技術認定試験を設けるほど力を入れている。

実はこうしたこだわりの惣菜商品は、たまたまヒットしたのでない。“食生活提案型”のスーパーとなるべく行っているヤオコーの戦略だ。実際、2020年3月期の部門別粗利益率を見ると、生鮮やグロッサリーが前年より減少した一方で、デリカは前年よりアップ。総菜の収益力が抜群に高いのだ。この惣菜に注力する戦略が成功し、1989年3月期以来、32期連続で増収増益を達成。大型全国チェーンを尻目に、快進撃を続けている。

ヒットのヒント

独自のレシピと製法にこだわりヒットを連発。
人気の惣菜で収益を上げる戦略が大成功。

11/1

紅茶の日

累計本数6800万本も売れた「午後の紅茶」ヒットを支えた「ある戦略」とは?

紅茶飲料市場を牽引するキリン「午後の紅茶」から誕生したサブブランド「ザ・マイスターズ」。その初の商品「午後の紅茶 ザ・マイスターズ ミルクティー」は、2019年の累計販売本数が6800万本を超えるなど、大ヒットを記録している。

誕生の背景にあったのは、清涼飲料市場において「紅茶」がコーヒーや緑茶に及ばない現実だ。市場全体で紅茶が占める割合はわずか5%。未成年にはよく飲まれるものの、大人になると「甘すぎる」と離れてしまうのだ。実際、健康意識が高まる20代後半〜30代にかけて、無糖・低糖ニーズが上昇することも判明。そこで、「甘くないミルクティー」をコンセプトに企画を進め、働く女性を意識したオシャレなパッケージも開発した。

さらに、紅茶市場自体が大きく見えるようにするため「紅茶派」というキーワードを露出させるSNSキャンペーンを実施。テレビCMでも販売実績を数字で示すなど「紅茶が売れている感」を醸成した。その結果、紅茶を飲む習慣がなかった層を刺激。購買意欲を高め、新規ユーザーの拡大につながったのだ。

ヒットのヒント

「紅茶派」などのキーメッセージと市場の好調感を伝える「売れてる感戦略」で買ってみる気にさせた。

11/2

（タイツの日）

「まるでこたつソックス」がものを変えずに、売上を17倍にした方法

国内トップの靴下メーカー岡本が、冷え対策靴下として発売したのが「三陰交をあたためるソックス」だ。大学や大手の繊維会社と共同開発した力の入った商品だったが、当初、売れ行きは芳しくなかった。そこで岡本は、ブランド自体をリニューアルすることを決意。靴下と健康・美容をリンクさせ、ブランド名を「靴下サプリ」とした。パッケージは、サプリメントをイメージした白い袋。靴下業界では商品に触れられない、見えないパッケージはマイナスとされるが、あえてそれに挑戦した。

そのブランドの1アイテムであり、冒頭にでてきた「三陰交をあたためるソックス」は、商品名を「まるでこたつソックス」に変更した。それをバラエティショップで発売すると、あっという間にヒット商品となり、リニューアル前の17倍の売り上げを記録。ブランドを牽引する存在となったのだ。どんなに機能性を重視した商品であっても、誰もがわかりやすいネーミングで訴求することの重要性を改めて検証する結果となったのだ。

ヒットのヒント

開発者の思い入れにこだわらず、
消費者にとってわかりやすいネーミングで惹きつける。

11/3

文化の日

興行収入1位の大ヒット映画『鬼滅の刃』は、なぜここまでヒットするコンテンツになったのか

映画『鬼滅の刃　無限列車編』の興行収入が300億円を突破した。すでに社会現象になっている「鬼滅」の勢いは止まらず、興行収入歴代1位の座に輝いた。

原作は、人を喰う「鬼」と、鬼殺隊の戦いを描く『週刊少年ジャンプ』の連載漫画。大正時代を舞台に主人公の少年が、鬼になった妹を人間に戻すため、鬼と戦い続けるという物語だ。

ジャンプ内の人気は控えめだったが、2019年のアニメ放送をきっかけに人気が爆発。原作には「鬼」や「呼吸」など難解な設定もあり理解しづらい面があったが、アニメ化でその部分がわかりやすくなる上、展開が早くすぐ結論が分かるテンポのよさもウケた。さらに、新型コロナの外出自粛期間には動画配信も開始。視聴の機会が増えたことも人気に拍車をかけた。

もちろん、人の生死と運命を描く物語としてのおもしろさもヒットに貢献している。多彩で魅力的なキャラクター、さまざまな背景を持つ鬼たち。そこへ盛り込まれた勇気や家族愛などの要素に、幅広い層の共感を得ることでブームが誕生したのだ。

ヒットのヒント

漫画自体の魅力に、アニメ化や映画化のタイミングのよさが重なり、「怪物コンテンツ」に。

（ おしりたんていの日 ）

意外な組み合わせが肝だった…!?『おしりたんてい』累計700万部突破のカラクリ

トロル作の『おしりたんてい』（ポプラ社）は、顔がおしりの形をしている主人公という強烈なキャラクターで人気だ。謎解きのおもしろさを理解できるのは10歳からといわれる中、幼児や小学校低学年の子ども達にウケている。

その理由の1つは主人公のインパクトだ。顔の形もさることながら、最後はおならで犯人をやっつけるなど、子ども達の好きな「おしり」や「おなら」が随所に登場。そして、物語の展開に合わせ、迷路、間違い探し、絵合わせなどさまざまなミニゲームが現れる。それを解くことによって、謎解きの快感が味わえるしかけになっているのだ。

しかし、物語の骨子は小さい子ども向けではない。すべての手がかりを提示して話が展開するという本格ミステリーの王道を貫いているため、小学校中・高学年以上の幅広い読者層も取り込んでいる。2012年に発売された絵本シリーズに続き、読み物シリーズが発売され、現在は累計部数が700万部以上という大ヒット作になった。

ヒットのヒント

ターゲットとなる消費者（子ども）が好きなものを組み合わせ（おしり×ミニゲームなど）、わくわく感を倍増させる。

11/5

縁結びの日

ティンダー、ペアーズ…。「マッチグループ」はなぜ、多くの出会い系アプリを運営し、ヒットさせるのか

恋人探しをスマホの「マッチングアプリ」で行う人が年々増えている。日本で最大規模の「Pairs（ペアーズ）」を運営するエウレカは2019年1月、累計会員数が1000万人（台湾、韓国も含む）を突破したことを発表した。同業界の世界首位は、エウレカの親会社でもあるアメリカのマッチグループ。190以上の国と地域・42以上の言語でサービスを展開しているのが特徴だ。

Pairs の他にもTinder（ティンダー）など、グループ内で50近いサービスを抱える理由は「出会い」に求めるものが個々人で異なり、それを分析し続けているからである。パートナーはどんな相手がいいか、どんなふうに出会いたいか…。そのニーズに合わせ、仕様の異なる複数のブランドを展開することで、幅広いユーザーにリーチできる。実際、ユーザーもそれぞれのアプリの特徴や差異を感じとり、複数のアプリを並行利用しながら、しっくりくるものを探す人が多いという。現地の市場や文化、好みを深く理解することで、効果的にユーザーを獲得し、世界中でサービス規模を拡大し続けているのだ。

ヒットのヒント

同じサービスでもニーズによって求められるものは違う。ニーズを細分化し、さまざまなサービスを同時進行で届けることでヒット。

11/6

アパート記念日

狭いほうがいい!　コスパ重視の若者に狭小物件「QUQURI」がウケる理由

有効スペースが3畳ほどの「狭小アパート」が、20代の若者の間で人気だ。その索引役ともいえるのが「QUQURI（ククリ）」。都心の人気エリアでも家賃は6万円ほど。通勤・通学にも便利だ。このコスパのよさが、最大の魅力だろう。

典型的な物件は、全体の広さは6畳ほどで、ベッドになるロフトがあり、小さなキッチンがついて、トイレとシャワーは別。床も壁も白で統一され、清潔で、快適なつくりは、特に若い女性の心を掴んでいる。また、この人気は、若者の新しい生活スタイルとも関係している。スマホがあれば、テレビもラジオも不要だし、電子書籍の本も読める。また、近くのコンビニを冷蔵庫がわりに使ってもいい。家具や家電などを持たなくても十分に暮らせるのだ。さらに、若者たちのミニマリズム志向がある。モノに執着せず、むしろモノを減らしてすっきり暮らしたいという想いが強い。部屋が狭小なら、余分なモノを買わないで済む。ついでの掃除もラクだ。狭小アパートの出現とその人気は、若者の暮らし方や意識の変化を象徴する現象でもある。

ヒットのヒント

若者の生活と意識に即した「戦略&戦術」が、空き室待ちの大人気物件を生んだ。

11/7

（ソースの日）

「AMANERO」に見る
エッジが効いた商品の売り出し方

「甘くて辛い味」で人気なのが、福岡県の特産品であるイチゴ「あまおう」を使ったソース「AMANERO（アマネロ）」だ。開発したのはJA柳川。規格外品を活かした商品づくりに取り組む中、甘いお菓子ではないものをと考え、県内生産のハバネロと組み合わせた。最初は「柳川小悪魔ソース」として売り出したが、売れ行きは伸びずに廃番。味はよかったが、業務用にも見える容器で味がイメージできないのが敗因だと分析。そこでタバスコタイプの小瓶に入れ、覚えやすい名前、女性ウケするパッケージで販売したところ、手軽な観光みやげとしてヒットに。

ヒットのヒント

**意外性のある他にはない商品こそ、
どんな商品か、どうやって使えるかを、
よりわかりやすく伝えることを意識する。**

11/8

（ いい歯の日 ）

ターゲットを極限まで絞り込んで大ヒット
ライオンのオーラルケア「NONIO」

20〜30歳代の若年層は、歯磨き粉などのオーラルケア商品に無関心とされる。ライオンは長年「予防歯科」という観点で啓蒙を進めてきたが、自分が使っている歯磨き粉の名前もいえない人が多いという。そんな中、同社は若年層をターゲットに、口臭ケアを打ち出した「NONIO（ノニオ）」を発売した。

商品開発にあたって調査をしたところ、身だしなみで気をつけていることの1位が「口臭」で、自分の口臭に不安を感じている人が多いとわかったからだ。そこで、従来の虫歯や歯周病ではなく、口臭予防をコンセプトにした商品開発へと方向を転換。パッケージも機能性をうたうのではなく、若者受けするシンプルなデザインにし、テレビCMにタレントのローラを起用してポジティブなイメージを打ち出した。

こうして、「口臭予防」という科学的な機能性に、「安心してコミュニケーションできる」という生活要素を付加した商品が完成した。若年層へのアピールに徹底的に特化した商品づくりが功を奏したのだ。

ヒットのヒント

**あえて無関心層にターゲットを絞り、心理を調査。
「機能」＋「生活」の2本柱でアプローチ。**

11/9

（ タピオカの日 ）

「台湾×インパクトのあるビジュアル」スキ! の掛け合わせがタピオカ再ブレイクの要因だった!?

爆発的な盛り上がりを見せたタピオカドリンクブーム。「タピオカ」のヒットは今回（2019年）が第3次ブームといわれるが、再燃したのはなぜなのだろうか。

まず、台湾スイーツの1つとして注目されたことが挙げられる。ここ10年で台湾旅行や台湾の食に対する人気が急激に高まり、海外旅行先の人気ランキングでも台湾がトップに。その人気を受け、本場台湾から有名ブランドの進出が相次いだのだ。

そして、透明カップに入った黒い粒々、太めのストローなど、インスタ映えする特徴的なビジュアルがウケて、SNSで急拡散されたのも要因。こうして見事、再ブームを巻き起こしたのだ。

ヒットのヒント

ターゲットの好きなものを掛け合わせることで（台湾×ビジュアルのよさ）大きなヒット商品が生まれる。

11/10

かりんとうの日

油問屋がつくった「大地のかりんとう」はなぜ、入荷待ちの人気となっているのか

岐阜の油問屋「山本佐太郎商店」が手がけた「大地のかりんとう」がヒットしている。なぜ、油問屋がかりんとうなのか？

きっかけは新しい展開を模索していた社長が、同県内の和菓子職人に出会ったことだ。油で揚げるかりんとうで新しいものをつくってみようと意気統合。「子どもに安心して食べさせられる」をコンセプトに、添加物を一切使用しない商品を開発した。

しかし、売る場所には苦労した。スーパーに置いたこともあったが、製法にこだわったためコストが高くなり、安価な競合品が並ぶスーパーでは売れなかった。そこで、無農薬にこだわったカフェや雑貨店、ギャラリーなどでの販売に切り替えた。といっても営業をかけたというより、商品を気に入ってくれた人が紹介してくれ、そこからまた紹介で次に展開するという口コミで自然に広がっていったのだ。

商品づくりにこだわったことで、そこに共感する人が増え、商品に合った“売れる場”を見出すことができた。それが成功につながったのだ。

ヒットのヒント

商品の特性に共感する
ユーザーの目に留まりやすい“場所”で売る。

11/11

ポッキー&プリッツの日

ポッキーの日に見る
ヒットにつながる“記念日マーケティング”

1966年に発売された江崎グリコの「ポッキー」は半世紀以上、人々に愛され続けてきた一大ロングセラーだ。その背景には、「記念日マーケティング」の成功がある——。

江崎グリコは、ポッキーが数字の「1」の字に似ていることから、平成11年11月11日に「ポッキー&プリッツの日」を制定し、毎年の記念日には消費者の心を躍らせる見事なイベントやキャンペーンを展開してきた。

例えば、ポッキーをテーマに映像や音楽、ダンス、イラストなどをSNS上で募集してコンテストを催して盛り上げる。

「ポッキー」を含んだツイートの111万回投稿をめざすキャンペーンでは、目標を上回る184万3733回の投稿数を達成した。

企業側が消費者を惹き寄せる「場」さえ提供できれば、あとはユーザーたちが自発的に参加して楽しみながらイベントを盛り上げてくれる。「押しつけがましさのなさ」が、ユーザーの自然発生的な発信力を引き出すことに成功したといえる。

ヒットのヒント

**ユーザーが楽しんで参加する「場づくり」が、
記念日作戦を成功に導いた。**

11/12

（洋服記念日）

開始5年で会員数45万人！「エアークローゼット」はどうやって新ジャンルのサブスクで成功したのか

ファッション分野のサブスクは、「同じ服を何回も着たくない」「服がたくさん溜まるのも嫌」という悩みを解消することで流行っている。その中でも、国内最大級の会員数を誇るのが「airCloset（エアークローゼット）」だ。

同社の強みは、ただ洋服をレンタルするだけではなく、雑誌などのメディアで活躍するプロのスタイリストがついていること。そのプロが、ユーザーの趣味嗜好などの情報を元に、最適なスタイルを提案してくれる。さらに、そのコーディネートの感想を書いて送ると、情報が蓄積され、借りれば借りるほど自分にぴったり合った洋服が届く仕組みになっているのだ。

こうして「継続すればするほど自分に合ったコーディネートが届く」という利便性と、「自分では思いつかなかったセレクトが体験できる」というワクワク感を味わえるようになっている。この要素は、特にファッションというジャンルにおいては大事なことだろう。この仕組みを構築したことが、サブスクにとって最も重要だといわれる「継続性」を生んでいるのだ。

ヒットのヒント

「プロに選んでもらえて、感想もフィードバックできる」という仕組みにより、ユーザーにとって便利で、ワクワク感のあるサービスを提供。

11/13

いいひざの日

ターゲットをしぼって復活！アサヒシューズが倒産を乗り越え、ヒット商品を生み出せた理由

11月13日は「いいひざの日」。加齢と共にひざの痛みを訴える人は増えるが、そんなひざのトラブルを予防する機能を搭載した靴「アサヒメディカルウォーク」が、今シニア層から高い支持を得ている。かかとの特殊な部品でひざの負担が軽くなり歩きやすいと、128万足を突破するヒットとなっているのだ。

発売するのは、福岡県久留米市の靴メーカー・アサヒシューズ。学校の上履き靴で全国に知られた老舗だったが、1998年、業績悪化により経営破綻。再建のため新たなヒット商品の開発が急務となる中、打ち出した復活のキーワードは「健康」だった。そして、これまでの大量生産・大量販売のようなやり方ではなく、カテゴリーを絞り込み、高機能・高付加価値、そして国産の「高品質商品」を販売しようと路線を大きく変更する。

そうして生まれたのが、高齢者・介護用ブランド「快歩主義」。大きな面ファスナーで脱ぎ履きしやすいと累計800万足の大ヒットに。続いて投入した「メディカルウォーク」も、健康志向が高まる時代のニーズをつかみ、見事復活を遂げたのだ。

ヒットのヒント

大量生産から品数を絞る戦略に切り替え、健康ブームを的確に捉えてヒット。

11/14

医師に感謝する日

もはや定番商品「週間投薬カレンダー」誕生の背景にあった意外な動機とは

縦に1週間の曜日、横に朝・昼・夕の表示があり、それぞれの欄にはビニールポケットが取りつけられている。各ポケットに、そのときに飲む薬を入れておくことで、飲み間違えを防ぐことができるグッズが「週間投薬カレンダー」。実はこの商品、身内の困りごとを解決したいという想いで生まれていた。

高齢の母親が、薬を飲み忘れたり、昼と夜の薬を飲み間違えたりして、困っている様子に直面したことがきっかけでアイデアを思いついた、というのは紙箱・包装紙などの製造を行う東武紙工の代表・齋藤辰雄氏。医療業界とは全くの畑違いゆえ、商品の素材選びから販路の開拓まで、試行錯誤の連続だったが、業界紙で紹介されたことで注目を浴び、病院や調剤薬局での販売ルートを確立。不況に関係なく売れ続ける商品となった。

その後、事業として軌道に乗ったため、同品の製造・販売部門が子会社として独立。さらに販路を拡大し、今や通販やデパートなどでも購入できる大人気商品となった。困っている人を助けたいという想いが、ヒットへとつながったといえよう。

ヒットのヒント

**「困っている親を救いたい」
切実なニーズと強い想いが、
新たなアイデアと異業種での成功を生んだ。**

11/15

こんぶの日

ロングセラーにはわけがある。
70年以上愛される「都こんぶ」
ロングセラーの秘密

「都こんぶ」といえば、ロングセラーの代名詞のような商品だ。70年もの間売れ続け、今も年間販売数は1500万個に及ぶ。この驚異的ロングセラーの生みの親は中野物産の創業者、中野正一氏。大阪の堺の昆布問屋で丁稚奉公をしていた頃、昆布の切れ端をお菓子にしたら売れるかもしれない、と思いついたことが、そもそものルーツだ。

1953年、中野氏は大勢の人たちが行きかう「駅」に狙いを定め、全国の国鉄の売店で販売を始めた。「都こんぶ」の名はたちまち日本中に知れ渡り、駅の売店のベストセラーとなる。

狭い売店にも置いてもらえるように箱を小さくし、目立つように色を赤、形は縦長にした。こうした細かい作戦もさることながら、より根本的には70年間、ほとんど同じ味、同じパッケージデザインを貫いたことが大きい。「変わらないこと」で「時間」を味方につけて高い知名度を獲得したばかりか、人々の心に商品への信頼と安心感を醸成することに成功したのだ。

ヒットのヒント

**「同じ」を貫いた結果の信頼と安心感が、
ロングセラーを続ける底力になる。**

11/16

（ 幼稚園記念日 ）

空前のベストセラー「うんこ漢字ドリル」大ヒットを支えた「工夫」とは

「うんこ」という言葉をあえて全例文で使った小学生向けの「うんこ漢字ドリル」が人気だ。2017年3月の発売後たった1カ月半で100万部を記録。その後、算数ドリルや未就学児向けのドリルも発売し、シリーズ累計600万部を突破する勢いだ。

　この漢字ドリルには、小学校6年間で習う1006字の必修漢字それぞれに対して3つずつ合計3018の例文が掲載され、そのすべてに「うんこ」が入る。表現を誤れば、下品だ、悪影響だ、とクレームが来るかもしれない。そこで、作者の古屋雄作氏は例文をつくる際、子どもが楽しめる文をつくると共に、3つのルールを設けた。まず、「くさい」など想像すると嫌悪されるような例文は避けること。そして、具体性をそぎ落とし、抽象化することでリアリティーを薄めること（例「うんこにも羽が生えたらいいのに」）。さらに、「友だちのカバンにうんこを入れた」など、いじめにつながる内容は避けること。古屋氏は、この工夫により、子どもだけでなく親も受け入れやすくなったことがよかったのでは…と、ヒットの要因について分析している。

ヒットのヒント

**「これまでにない楽しいもの」をつくるときこそ、
注意を払いながら。
楽しさに隠れた細かな気遣いが、
ベストセラーを生み出した。**

11/17

将棋の日

子どもから大人まで遊べるヒット商品「どうぶつしょうぎ」は“2人のアイデア”が出合って生まれた

若手棋士たちの活躍で、将棋の話題を目にすることが増えてきた昨今。そんな中、子どもたちの間でブームになっているのが「どうぶつしょうぎ」（幻冬舎エデュケーション）だ。漢字も難しいルールもなく、大人も子どもも夢中で遊べると大人気で、国内外の関連商品をあわせて累計100万個を突破した。

同品をつくったのは2人の女流棋士。北尾まどか棋士は、初めて将棋を教わった際、とても難しかった記憶があり「簡単でおもしろい、将棋の入り口になるようなゲームがつくりたい」と、将棋をシンプルにした新しいルールを考案した。一方、イラストの仕事もしていた藤田麻衣子棋士は、子育てをする中で「小さい子どもやお母さんが一緒に楽しめる将棋がつくりたい」と、駒を動物のデザインにすることを提案。こうして2人のアイデアが合わさり、簡単なルールでも楽しめる可愛い将棋が誕生した。いざ本屋や玩具店に並ぶと、あっという間に話題に。将棋の基礎が学べる教材として、また誰もが楽しめるおもちゃとして、幅広い魅力を武器に、今や海外にもその市場を広げる。

ヒットのヒント

1人ひとりのよいアイデアをうまく掛け合わせることで、予想以上の超ヒット作が生まれる。

11/18

いいイヤホン・ヘッドホンの日

秘密は「ガラケー」にあり!?
イヤホン専門店で大人気の
ハイレゾイヤホン

高い音質を誇るハイレゾイヤホンが売れている。中でも、秋葉原のイヤホン専門店e☆イヤホンで人気なのが、群馬県高崎市にある社員5人の小さな会社オーツェイドがつくる「碧（SORA）」シリーズだ。

とにかく安い。大手メーカーのものが数万円なのに、わずか4000円前後のものがある。それでいて、音のクリアさは大手メーカーを凌ぐほどなのだから、売れないほうが不思議だ。

この低価格を可能にしているのは、高音を発生させる「圧電セラミック」という部品。かつて携帯電話のスピーカーとして使われていたが、低音が出づらいため使用されなくなっていた。

他メーカーは高音用に、磁石にコイルを巻きつけた高価格の部品を使っているが、オーツェイドではそれを安価な圧電セラミックで代用し、低音は他の部品でまかなうことでコストを大幅に削減し、低価格を実現させたのだ。

「過去の遺物」に目をつけるという大胆な発想力が、ヒット商品を生み出す原動力となった。

ヒットのヒント

「用済み」にも目を向けよう。
貴重な宝物が隠れているかもしれない。

11/19

(世界トイレの日)

時代は芳香より、消臭!?
トイレのヒットアイテムから見えてくる
新たなニーズ

コロナ禍で在宅時間や家にいる人数が増えると気になるのがトイレのにおい。そんな悩みにタイムリーにアプローチしたのが、P&Gのトイレ用消臭剤「ファブリーズW消臭」だ。壁や床についたニオイと、壁や床から空気中に放出されるニオイを同時に消臭する機能が好評だ。

加えてエステーが2020年夏に発売した「消臭力 DEOX トイレ用」も好調。こちらは、トイレの使用時に気になる“排泄直後のニオイ”を感じにくくする機能が目新しい。

どちらの商品もコンセプトは「消臭」。P&Gが20〜50代の既婚男女を対象に行ったトイレの消臭に関する調査では、消臭対策で満足できていないこととして、1位「効果が感じられない」、2位「即効性が低い」、3位「別のニオイでごまかすのが嫌」だった。つまり、即効性のある確かな消臭力と、トイレの悪臭を他の香りでごまかすことなく消臭できる効能が求められていると判明。その「香りづけ」より「消臭」というニーズを汲み取った商品が受けているのだ。

ヒットのヒント

ユーザーのニーズ（芳香よりも消臭）を汲み取り、タイムリーに商品化し、発売する。

11/20

世界子どもの日

シヤチハタの「おててポン」はなぜ、10万個以上販売の大ヒット商品になれたのか

コロナ禍で需要が伸びているのが、シヤチハタが2016年に発売した「手洗い練習スタンプ おててポン」だ。これは手のひらに押した印影を、市販の石けんできれいに洗い落とすことで、手洗いの練習ができるというもの。

そのアイデアは、同社と産学連携している名古屋芸術大学の学生によるものだった。肌にハンコを押して遊ぶオモチャはすでにあったが、これは「手洗い練習」という目的が明確であることから採用。同社で取り扱っているさまざまなインキの中から、安全であること、洗う練習ができるよう少し洗い落としにくいものであることをテストし、最終的に食用色素を使ったインクを選んだ。

その試作の段階で、「子どもが喜んで手を洗うようになったことで、親のストレスが減った」という声があった。結果的に、「子どもだけでなく、親にもメリットがある」という点が有利に働いたのだろう。発売当時も好調だったが、2020年に爆発的な売れ行きを見せたのだ。

ヒットのヒント

「子どもが喜んでやる＝親のストレスが減る」というアイデアがヒットを生んだ。

11/21

インターネット記念日

Zoomが一気に広がったのは、「使い勝手のよさ」だけが理由ではなかった!

新型コロナ対策のためWeb会議の活用が進んでいるが、その中で一番注目され、新規利用者が急増したサービスが「Zoom」(Zoomビデオコミュニケーションズ)だ。デイリーユーザーは、2019年12月に達成していた1000万から、翌年3月には2億ユーザーへと急成長を遂げている。

評価を見ると、通信画像や音声のよさ、画面がシンプルでわかりやすいことが支持されている。機能そのものがアイコン化され、メインで利用する機能だけを表示するデザインなので、ITツールに不慣れな人でも簡単に操作できる。徹底的にユーザーファーストな仕様なのだ。そして、一番の魅力はURLをクリックするだけで参加できるという手軽さ。しかも、そのURLリンクが招待コードの代わりとして働く。初回利用ユーザーが知り合いからURLリンクを送られてプロダクトのよさを知り、自分でも使い始める。つまり、広告を打つことなく急速に利用者を広げることができるのだ。まさに「プロダクトがプロダクトを売る」ことでシェアを伸ばしたといえる。

ヒットのヒント

「自然と使ってしまう仕組み」づくりをすることで広告を打たずとも、利用者は増やせる。

11/22

試し書きの日

手書きの必要がなくなる時代なのに…
数千円の高級ガラスペンは、
なぜ売れる?

「インク沼」という言葉をご存じだろうか。ここ数年ブームになっている、インク集めにはまることを表した言葉だ。最近はインクのカラーバリエーションが非常に増えている。ラメ入りやご当地ものなどもあり、海外産も加えると販売されているアイテム数は1000を超えるという。そうした背景から、自分らしい色を探し、インクの濃淡やにじみを生かして作品づくりをする人たちがSNSに投稿し、それが人気を集めている。

そのブームを支えているのが、ガラスペンだ。万年筆より扱いが楽で、使用後は水洗いするだけで簡単に多くの色を使えるため、ニーズが高まっている。1900年ごろ登場したガラスペンは書き心地がなめらかで、見た目が芸術品のように美しい。職人による手づくりが多いため、1つ数千円はするが、展示会では飛ぶように売れる。手軽さが求められる今だからこそ、インクを使って書くという「手仕事」がブームになった。レトロなモノでありながら、書き心地や使いやすさなどの実用性が高く、高級感も味わえるガラスペンの特性が見直されたのだ。

ヒットのヒント

**オンライン時代だからこそ、「手仕事」をしたい人たちがいる。
レトロで使い勝手のよい特性が、ニーズを満たしヒットに。**

11/23

勤労感謝の日

試作品を思い切って商品化し大ヒット「ぼっちてんと」のヒットの裏側

デスクとイスがすっぽり入る室内用テントがBauhutte（バウヒュッテ）の「ぼっちてんと」だ。2014年の発売当時は、中に入ると集中力が増すとして、特にゲーマーたちの人気を集めた。

が、2020年、新型コロナウイルス感染が始まり、テレワークが増えると、自宅の仕事用に購入する人が急増した。4月には前年同月比の実に3倍の売上を記録し、今なお売れ続けている。

当初は、キャンプ用に開発する予定だったが、あるとき、担当者が試作品で自分の机を囲って中に入ってみると、周りの視線がシャットアウトでき、上司も声をかけてこない。仕事に集中できて、黙々と作業を続けられることに気づいたのだ。

これはいける！ そう確信した担当者は急遽、室内用に変更。メッシュの窓を設けるなど、快適さを求めてさまざまな工夫を凝らし、完成させた。

この一見、風変りな製品は、試作品で自分の机を囲って中に入り、かつ、その中を快適に感じたという行動と感受性、そして、変更する勇気が生んだ大ヒット商品なのだ。

ヒットのヒント

自分の中の「いける!」を信じ、方向を大転換。その勇気がヒットを生んだ。

11/24

かつお節の日

着目したのは、「少量」だけではなかった! ヤマキの「使い切りかつおパック」が売れたワケ

小分けサイズのかつお節パックは、すっかり食生活に浸透しているが、ヤマキはさらに少量の「使い切りかつおパック」を2017年に発売。これは1袋1gというもので、売れ行きは好調だ。かつお節は料理にたっぷりかけるのが常識だったが、家族の少人数化によって、残るのが嫌という若い世代のかつお節離れが目立った。

そこでヤマキは早い時期から4g、2.5gという小分けパックを出していた。しかし、ユーザー調査をすると「2.5gでも余る」という声が多かったのだ。さらに食シーンを調べてみると、大皿に盛った料理にかつお節をかけるという食スタイルが減り、各自が自分の皿の料理に少量をかけて使っていることが判明したのだ。

そこで、1人分の冷ややっこや納豆などにかけるのにちょうどいい、1袋1gサイズの販売に踏み切った。時代の流れにいち早く気づき、「小分け」から「使い切り」サイズに進化させたことが功を奏したといえる。

ヒットのヒント

大量から少量へ、使い切りへと変化する消費者のニーズに応え、新しい使い方を提案する。

11/25

OLの日

お菓子消費の新しい時代を開いた「オフィスグリコ」のヒントは意外なところにあった!?

「オフィスに置き菓子」という新発想で話題になった「オフィスグリコ」。今や年間53億円を超える一大ビジネスとなったが、アイデアのきっかけは意外なところにあった。

発端は1997年に、お客様との接点を多様化するというプロジェクトを開始したことだ。そこで「お菓子を食べるシーン」を調査すると、家庭70%に次いでオフィスが20%もあった。当時はオフィスでお菓子を食べる習慣などまだない時代だったが、ここにビジネスチャンスを感じ、まずは、大きな箱にお菓子を入れて売り歩く「駅弁スタイル」を試してみた。が、企業に許可をもらえるのは昼休みと就業後のみ。

そんな折りヒントになったのが、野菜の無人販売所だ。置いておけば、いつでも自由に食べられる。不安なのは代金が回収できるかどうかだったが、野菜販売所の回収率は90%だという。さっそくテスト販売をすると、お菓子は売り切れ、料金の回収率はほぼ100%だった。こうして「オフィスグリコ」が誕生し、予想外に男性にもウケて大ヒットとなったのだ。

ヒットのヒント

昔から続く販売法を見直し、
「現代のオフィス」という新たな場所に取り入れることでヒット。

11/26

ペンの日

ボールペンは「消せる」が当たり前になるまでには30年もの年月がかかっていた!

パイロットの消せるボールペン「フリクション」シリーズは、2005年発売以来、15年間で世界累計販売本数30億本を突破した。この世界的大ヒット商品は、どのように開発されたのか。

成功のカギは、温度が65度以上になると色が消えるインクの開発。専用の「消しゴム」でこすることで、65度以上の摩擦熱を発生させて消す仕組みだ。が、この技術をボールペンに応用できるまでには、さらに30年もの年月を要したのだ。

最大の難関が、変色温度の幅を広げることだった。でないと、わずかな温度差ですぐに色が変わってしまう。研究者達は、この世に存在しない1000種類以上の化学物質をつくり出しては、次々に試していき、そして、ついに65度からマイナス20度の変色温度幅を持つインキの開発に成功したのだ。

専用の「消しゴム」で字の上をこすると、その温度は65度以上に上昇し、字は「無色」に変化する。マイナス20度以下にならない限り、字がふたたび浮き上がることはない。

昼夜働き続けた研究者たち。研究室は「不夜城」と呼ばれた。

ヒットのヒント

**長年のひたむき&地道な努力で、
世界にふたつとない画期的製品が誕生。**

11/27

組立家具の日

イケアがここまで日本に浸透したのには納得の理由があった!

スウェーデン生まれの「IKEA（イケア）」の人気が続いているが、なぜ日本でここまで浸透したのか。その秘密は、徹底したコスト管理で、格安の家具を提供したことにある。IKEAの家具は折りたたまれているので、配送コストを大幅にダウンできる。その代わり、客が自分で組み立てることになるが、その格安さから客は納得して買うのだ。また、世界共通のラインナップから日本人に合ったものを売り出していることも魅力だろう。日本向けに開発した商品はないが、それが返って「輸入家具を買う」という憧れを満たしてくれる。

こうして、それまでは手が届かないものだった輸入家具が身近なものになり、爆発的な人気を得ることができたのだ。

ヒットのヒント

「輸入家具は高価なもの」という概念をくつがえし、いつでも手軽に買えるものにした。

11/28

猫と人の日

大ヒット商品！ ねこがよってくると話題の「ねこじゃすり」ヒットのカラクリ

なでるだけで、猫がうっとりする、とろける、と評判を呼んでいるのが、「ねこじゃすり」だ。ヘラ状のプラスチック板の裏には、猫の舌のザラザラした表面を模した突起が並び、それらの突起によって、まるでグルーミングされているようなリラックス感が得られるという。

開発したのは、広島県呉市にある1890年創業の老舗やすりメーカーワタオカだ。やすりメーカーが猫グッズをつくったのはなぜか。「失敗」がそのきっかけだった——。

野菜の皮むき用のやすりを開発しようとしていたが、うまくいかない。あるとき、社長が、たまたまそばにいた愛猫をその失敗作でなでてみると、猫が気持ちよさそうにしたのだ。

そこで、急遽、野菜用から猫用のブラシ作成へと計画を変更。1年がかりで開発し、2018年に発売を開始すると、約1年で5万本を売り上げるヒット商品に。失敗作も、視点を変えることで思いもよらないヒット作を生み出す可能性を秘めている。

ヒットのヒント

**失敗による「発想の転換」が
異業種の商品を開発させ、ヒットにつながった。**

11/29

いい肉の日

じわじわヒットしている大豆ミート
ファミマが手掛けた「大豆のお肉!」シリーズに
隠されたこだわりとは

今、大豆を加工した「大豆ミート」が、世界的に注目されている。低カロリー・低脂質であることから健康志向に合い、環境問題等をとらえたエシカル消費にも適した「ギルドフリー（罪悪感のない）な食材」として支持されているのだ。

そうした流れを受けて、ファミリーマートは2017年から「大豆のお肉！」シリーズを発売。ガパオライスやビビンバ丼、キーマカレーなど、多彩なメニューを揃えて消費者の心をつかんでいる。その大豆ミートを支えているのが不二製油だ。同社によると「大豆ミートが消費者に受け入れられるかどうかのポイントは、“大豆っぽさ”をいかに抑えるか」にあるという。そのため、ファミリーマート用の大豆ミートでは、清酒を使って香りを抑え、香辛料が入ったソースで戻して味を染み込ませるなど、さまざまな工夫を凝らして肉らしく仕上げていく。こうして、肉と遜色のない大豆ミートが誕生するのだ。

これから人口増加とともに、大豆ミートのニーズは世界的に高まると見込まれており、今後の発展も期待できる。

ヒットのヒント

**大豆っぽさをどう消していくか…。
こだわりが次世代の消費を生む
ヒット商品の下地をつくる。**

11/30

絵本の日

累計700万部を突破した絵本『いないいないばあ』にあった「赤ちゃんにもドラマがある」の想い

『いないいないばあ』（童心社）は当時の日本ではほとんどなかった赤ちゃん向け絵本。1967年に刊行され、700万部を突破する大ベストセラーだ。文は童話作家の松谷みよ子氏が、絵は画家の瀬川康男氏が、それぞれ担当した。当時、赤ちゃんに絵本がわかるわけがない、と思われていたが、松谷さんは、赤ちゃんにこそ美しい日本語と最高の絵を届けたかったのだ。赤ちゃんにも人間ドラマがあるのだから。

絵本では、顔を隠したネコやクマが、次のページで「ばあ」と顔を出す。お母さんが「いないいない」と読み、ページを繰って「ばあ」。赤ちゃんはニッコリ笑いかけ、中にはケラケラ笑いだす子も。絵本を通してお母さんと赤ちゃんが向き合い、心を通わせる時間が生まれる。それは、赤ちゃんがお母さんに愛されていることを実感するひとときでもある。

新しい分野だったため、作家も画家も編集者も手探り状態。何度もやり直した末、お母さんと赤ちゃんをつなぐ宝物のような絵本が完成した。

ヒットのヒント

強い信念とそれを形にする創意工夫が世の中の当たり前を変えるほどのヒットになる。

12/1

（　あずきの日（毎月1日）　）

なぜ、老舗和菓子店は1年で90倍もの売上をつくれたのか

薄いシート状にした正方形の羊羹は、食パンに収まる大きさ。この上に、バターと白あんを混ぜた小さなバター羊羹を載せて、ケシの実をトッピングした商品。2018年に発売された「スライスようかん」は、1年で店の羊羹の売上げを90倍に伸ばすヒット商品に。店を倒産の危機から救ったともいわれる。

このかわいらしい羊羹を開発したのは、創業1803年、京都の格式高き老舗和菓子店亀屋良長の女将だ。甘いものが好きな小学2年生の息子さんがトーストにあんこをぬるのに苦労しているのを見て、「スライスチーズみたいな羊羹」がひらめいたのだ。

わずか1カ月ほどで完成。これなら食パンに載せてトースターで焼くだけでいい。羊羹がグツグツに焼けてトロッと溶け出し、まるで焼きたてのあんぱんのような味わいとなる。

羊羹には丹波大納言小豆を、塩は沖縄産を使用。材料へのこだわりは、老舗のプライドの表れだ。「伝統にこだわってナンボ」の感覚が色濃く残る老舗和菓子店に、フランス留学の経験もある女将が、遊び心いっぱいの新しい風を吹き込んだ。

ヒットのヒント

遊び心とチャレンジ精神は、
老舗店の「存続&さらなる発展」の必須条件。

12/2

（日本人が初めて宇宙飛行した日）

ベッドルームが宇宙になる人気商品「ホームスター」はどうやってお蔵入りの危機を乗り越え、ヒットしたのか

セガトイズが2005年に発売した家庭用プラネタリウム「ホームスター」が、シリーズの販売数が100万台以上のロングセラー商品になっている。家庭用プラネタリウムでありながら、業務用に匹敵するリアルな星空を再現するという、これまでにない技術が話題を呼んだ。

しかし、ヒットの要因はクオリティだけではない。実は、日本はアメリカに次いでプラネタリウムの館数が多い国。プラネタリウムに訪れたことがある人も多く、プラネタリウム好きの国民といっても過言ではない。そこに着目したのがよかった。

開発の過程においても、生産を請け負う企業探しが難航し、開発自体がお蔵入りするかに見えたとき、閉館した「池袋サンシャインプラネタリウム」が署名活動で復活するなど、プラネタリウムに関する明るい話題が続いたのだ。これによって社内での商品への評価が高まり、企画が息を吹き返すことができた。そして発売してみると、子どもだけでなく、大人も巻き込む人気商品となったのだ。

ヒットのヒント

「○○（プラネタリウム）好きな人が多い」という土壌があるところに、家庭用でありながら本物の技術を投入し、ヒットを生んだ。

12/3

カレンダーの日

松岡修造の日めくりカレンダーは なぜ100万部も売れたのか

松岡修造の日めくりカレンダー『まいにち、修造！』（PHP研究所）が、累計100万部突破の大ベストセラーとなっている。「自分を持ちたいなら、サバになれ！」「今日から君は噴水だ！」など、毎日、熱いポジティブメッセージがつづられている。

これほどまでにウケた理由の1つは、松岡修造のキャラにあるだろう。常に熱いメッセージを発信し続けるスタイルが受け入れられる一方、それを嫌う層も増えていった。しかし、そのキャラがブレることはなく、一貫した姿勢が評価されて人気がウナギ昇りに。そこで、熱いキャラ全開のカレンダーを出したのがタイムリーだった。

また、カレンダーの「はじめに」に書かれている本人のコメントによると、本当は消極的な人間であることがわかる。そんな自分を鼓舞して頑張っている姿勢も、より多くの層を巻き込むことになった。“見るだけで心が明るく前向きになるカレンダー”として、異例のヒットを遂げている。

ヒットのヒント

独自のスタイルで注目を集め、
それをよしとするファンを獲得する。

12/4

（和食がユネスコ無形文化遺産に登録された日）

“ただの便利な調理器”ではない！
手軽においしい和食もつくれる
シャープ「ヘルシオ ホットクック」

食材を入れれば、あとはほったらかしで、肉じゃがも、筑前煮も、大根と鶏の煮物も、簡単においしく仕上がるのが、シャープの電気調理鍋「ヘルシオ ホットクック」だ。

他社の自動調理器に比べて数万円高いにもかかわらず、2015年発売以来ジワジワ売上を伸ばし、2020年9月末には累計30万台を達成。おいしい料理がつくれ、時短にもなることがヒットの一番の理由だ。特に力を発揮するのが、「おいしい和食」づくり。微妙な火加減をやってのけ、食材を上手にかきまぜ、煮くずれることなく味をしみませることのできる画期的な調理器なのだ。

そして、忙しい共働きや子育て世代にうれしいのが、予約調理が可能な点だ。朝、材料を入れてタイマーをかけて出かければ、帰宅したときには料理ができあがっている。

開発者のひとりは3人の子どもの親。手づくり料理を家族に食べさせたくても、忙しすぎてかなわない。そんな働く女性達に少しでも役立つ調理器をつくりたかったという。ヘルシオ ホットクックは開発者の想いのこもった逸品でもある。

ヒットのヒント

ただ時短ができるだけでなく「おいしさ」への強いこだわりが品質の高い商品を生み、ファン獲得につながる。

12/5

アルバムの日

「フエルアルバム」の斬新さは、逆輸入的に受け入れられてヒットした!

発売50周年を迎えたロングセラー製品「フエルアルバム」。中身の台紙を自由に増やしていけるナカバヤシの大ヒット商品で、今までに累計2億冊を売り上げている。

同品が誕生したのは1968年。当時の社長は、アルバムにあと2、3枚の写真が収まらないとき、もう1冊を買うのはもったいない、どうにかできないか…と悩んでいた。その解決方法を考えていたある日、音楽好きの息子がラジオのアンテナを伸ばしたり縮めたりしているのを見てひらめく。「伸び縮みするアンテナのようにビスをつなげば、アルバムの台紙も自由に増やせるアルバムができるかもしれない」。当時、製本等を生業としていた職人ならではの発想だった。こうしてできた斬新なアルバムだったが、当初は全く売れなかった。なじみのない形状のため販売店がなかなか取り扱ってくれなかったのだ。そこで、海を越えてアメリカへ進出するや大ヒット。日本でもCMを流すとおもしろいように売れ始めた。海外経由で便利さが受け入れられ、ヒット商品に育っていったのだ。

ヒットのヒント

身近なところからヒントを得た画期的な商品。
国内がダメなら海外へ、の精神で大成功。

12/6

（ 音の日 ）

AirPods Proに見る
アップル製品が、世界でヒットする理由

2019年に発売された「AirPods Pro（エアーポッズプロ）」が、またクリアヒットを飛ばしている。2016年発売の「AirPods」は完全ワイヤレス型イヤホンとして最初期のものであるが、ほぼ完成されていた。それがさらにノイズキャンセリング機能、装着感、耐水性などの面で進化したのだ。しかし、AirPods Proの成功はこうした性能面の向上だけでは語れない。

AirPods Proに限らずアップル製品全般に共通するのは、性能が高いにも関わらず、誰もがすぐに使える使いやすさを極めていることだ。特にアップル製品同士では設定が簡単で、連携がよく、操作がシンプルである。

さらに、そうした科学技術の高さを感じさせないほど親しみのある、美しいデザイン性にこだわり抜いている。だから、同等の性能を持ち、同等に使いやすいイヤホンがあったとしても、アップル製品は完成度が高いと評価される。それが世界中でヒットし続ける理由なのだ。

ヒットのヒント

使いやすさもデザイン性も妥協しない。
最良を求め続けることで
世界的なヒット商品が生まれる。

12/7

大雪

冬の定番!
ロッテの「ホカロン」は
失敗から生まれていた…!?

大雪は二十四節気の一つ。雪が激しく降り始める頃という意味がある。そんな寒い時期に役立つ使い捨てカイロといえば「ホカロン」。1978年に発売されて以来、年間4億個以上を売りあげる驚異のベストセラーであり、一大ロングセラーでもある。ホカロンの製造元はロッテ。菓子のメーカーがなぜ? そこにはある偶然が関係していた。

菓子の酸化を防ぐための脱酸素剤を開発していたときのこと。酸素を吸い寄せる物質を求めて、鉄粉と活性炭を混ぜてみた。すると、その物質がなぜか温かい。鉄と活性炭が化学反応を起こし、熱を発生していたのだ。温めたら、菓子は劣化してしまう。完全な失敗だった。

ところが、ある開発スタッフが、「温かくていいなあ」。このひと言がきっかけとなって、世界初の使い捨てカイロが誕生したのだ。

失敗は、思いもつかない突飛な「発想」を生む源泉。「転んでもただでは起きない」の精神がホカロンを生んだように。

ヒットのヒント

失敗は「新たな発想が生まれる」チャンスかもしれない。
「転んでもただで起きない」が、ヒットにつながった。

12/8

事八日（針供養の日）

「ボンド裁ほう上手」は「こんなのが欲しい」を全力で形にして生まれたヒットだった

古くから、12月8日と2月8日は、事を始めたり納めたりする「事八日《ことようか》」と呼ばれ、さまざまな行事が行われてきた。その代表的な行事が「針供養」。針仕事を休み、日頃から使っている針に感謝して供養する日とされ、曲がったり折れたりした縫い針を神社に納めることで、裁縫の上達を願うのだ。

このように、その昔、針仕事は暮らしに欠かせないものだったが、最近は自宅で裁縫をする人が少なくなっている。そんな時代背景もあり、手芸業界で飛ぶように売れているのが「ボンド裁ほう上手」だ。2012年の発売以来、針と糸を使わなくても裁縫ができると大人気である。

開発・販売を手がけるのは「ボンド木工用」で有名なコニシ。「幼稚園に入る子どものために通園グッズをつくりたいが、裁縫は苦手。接着剤で簡単にできないか」という母親の声をきっかけに開発した。独自樹脂“シリル化ウレタン”を基材にすることで、速乾性と接着の強さ、繊維の風合いを損なわない柔軟性、そして洗濯も可能な耐水性を実現。新たな看板商品が誕生した。

ヒットのヒント

一見無謀そうに思える消費者の声も「新たなビジネスチャンス」に変える感度の高さと実行力でヒット。

12/9

地球感謝の日

遊びの自由度とコンテンツの可能性が高すぎる！ ほぼ日のアースボールが売れるワケ

ほぼ日が販売する「ほぼ日のアースボール」が、今までにない地球儀として売れている。特徴は、国境も国名も書かれていない宇宙から見たままの地球であること。それに、専用アプリをインストールしたスマホやタブレットをかざすと、さまざまなコンテンツが現れ、国々の情報や地球の情報をリアルに見ることができるのだ。例えば、リアルタイムで変化する地球上の雲や雨などの状況から、ヒマラヤ山脈や南極大陸など“地球のでこぼこ”を立体的に見たり、実際に地球を回る人工衛星を見たりできる。

こうしたコンテンツのビジュアル化を可能にしたのが「AR（拡張現実）」だ。アースボールのアイデアは2011年ごろ、糸井重里社長が発案したが、このARの進化によって現実のものとなった。コンテンツは凸版印刷、NHKエンタープライズなどさまざまな企業から提供されている。「斬新なアイデア＋テクノロジー」で実現した「自由に遊べる地球儀」には、まだまだ新しくておもしろいコンテンツ開発の可能性が眠っている。

ヒットのヒント

今まであるものに新しい技術を応用し「遊び＋学ぶ」の自由度を上げる。

12/10

（アロエヨーグルトの日）

20年以上第一線を走り続ける森永アロエヨーグルト その裏にはヒットを支え続ける地道な開発がある

1994年、アロエがまだ薬用としてのイメージが強かった頃､「森永アロエヨーグルト」（森永乳業）が発売され、その意外なおいしさで大ヒットとなった。当時はナタ・デ・ココのブームが下火になり、それに続く新たなヘルシー食材が模索されていた。

そこで同社は、苦みのない「アロエベラ」に目をつけた。このとき同社がすでに持っていた「大粒の果実をヨーグルトに混ぜる技術」を生かし、アロエベラの食感を残しつつ、ヨーグルトに均一に混ぜることに成功。南国フルーツのフレーバーを付加し､「アロエ独特の食感」と「さわやかなフルーツヨーグルトの味」をあわせ持つ商品を完成させたのだ。

その人気を持続させているのが、消費者を飽きさせないバリエーションの開発だ。季節限定品は3カ月に1商品のタイミングで発売しているため、サイクルが早く、開発には苦労がある。しかし､「芳醇ぶどう」や「旬摘みベリー」といったヒット作を生み出し、変化を求める消費者のニーズに応えてきた。その相乗効果もあって販売数が飛躍してきたのである。

ヒットのヒント

今まで使われていない食材に着目し
「健康的でおいしい」を実現。
新商品を短いスパンで開発し続けることで、
消費者を飽きさせない。

12/11

胃腸の日

「強さひきだす乳酸菌」R-1がヒットするまでの意外な道のり

今や健康を打ち出した機能性ヨーグルトはいろいろあるが、そのパイオニアは2000年に発売された「明治プロビオヨーグルトLG21」（明治）だ。「胃で働く乳酸菌」と明確にうたい、ヨーグルト市場に新たなカテゴリーを生み出した。そのヒットに続いて発売されたのが「強さひきだす乳酸菌」入りの「明治プロビオヨーグルトR-1」だ。これは、同社が保有する菌株から選び抜いた乳酸菌を、十年以上かけて製品化した自信作だったが、販売から3年間も鳴かず飛ばずだった。

しかし、諦めずに学校やスポーツイベントなどさまざまな機会に配布し、地道なPR活動を続けた。そんな状況が一変したのが2012年1月。R-1が複数のテレビ番組やメディアに取り上げられ、免疫力向上効果が知られたことで、一気に火が付いた。商品の価値を信じ、時間はかかっても必ず売れると地道なPRを続けたことがヒットにつながったのだ。さらに、その分野のパイオニアであったことが、認知されるまでの苦労を伴うが、ユーザーからの信頼を得られるという利点にもなった。

ヒットのヒント

新しいカテゴリーの商品を生み出し、
その価値が世に伝われば売れることを信じ、地道に邁進。

(バッテリーの日)

市場規模は100億以上!
10万円超えでも売れる「ポータブル電源」がここまで必要とされる理由

「ポータブル電源」とはその名の通り、持ち運びができるバッテリーのこと。スマホの充電に使われるモバイルバッテリーを大型化し、家電製品にも使用できるようにした装置だ。2020年は10万円以上の大容量製品の売れ行きも伸び、市場規模は100億円以上と推定されている。その背景は何なのだろうか。

まず、台風や地震など自然災害の多い日本において“防災製品”として認識されたことが大きい。災害時など電気の供給がない環境下でも電化製品を使用することができると注目を集めたのだ。また、アウトドア人気の高まりも無視できない。近年、専用グッズの数やデザイン性、利便性が大幅に向上し、キャンプ人口が急増。「防災とキャンプ」の一石二鳥を狙い、多くの人がポータブル電源を買い求めているのだ。さらに、コロナ禍においてはテレワークなど家庭でも活用する人が増加。車中でスマホやパソコンを使いミーティングや書類作成を行うなど、ロケーションを選ばないテレワークも可能にした。このようにさまざまな要因が重なり、市場拡大の流れが加速したのだ。

ヒットのヒント

防災意識の高まりに、アウトドア人気やテレワーク需要が重なり、市場が急成長。

12/13

（ ビタミンの日 ）

半世紀以上も愛される「ビタミンちくわ」は戦後の食糧事情を反映した大ヒット商品だった…!?

長野県や新潟県のスーパーの練り物コーナーで圧倒的なシェアを占める「ビタミンちくわ」。戦後復興期の1952年に発売し、今も当時のままの商品名で消費者から支持されるロングセラー商品だ。製造しているのは、明治期にちくわの製造を始めて100年以上経つ老舗のスギヨ。同社は、戦後の食生活でビタミン不足が問題になり始めた頃、ビタミン豊富なサメの肝油をちくわに入れて製造することを考案。差別化を図り、名前も「能登特産ビタミン竹輪」として発売すると、栄養不足に悩む消費者の絶大な支持を得て、たちまちヒット商品となった。特によく売れたのが、海のない長野県。当時はちくわの中に食塩を詰め腐敗を防いで輸送していたため「穴の中の塩も使えてお得」と重宝され大人気になったのだ。

ヒットのヒント

栄養食品としての需要と、
地域独自（海なし県）のニーズに合致して、
長く愛される商品に。

12/14

ハグデー（韓国の記念日）

『愛の不時着』大ヒットの裏には、驚きの世界戦略があった

韓流ドラマ『愛の不時着』が大ヒットを記録し、日本でもネットフリックスで配信され、2020年の流行語大賞にトップ10入りするほどの人気に。「冬のソナタ」を思わせる王道恋愛ものだが、韓流ドラマは次々にヒットを飛ばせるのはなぜか？

そのカギを握っているのが、韓国一のドラマ制作会社「スタジオドラゴン」だ。同社は、韓国の大手企業CJグループの一部門であり、その資金力を背景に最初から、世界を視野に入れたコンテンツを制作しているのだ。そのために、まずはプロダクションを買収し、所属する多くの脚本家や監督などのトップクリエイターを囲い込んだ。そして、企画・製作から、流通・販売までを一手に担っているのだ。

これによってテレビ局の下請けではなく、独自に世界に向けての動画配信が可能になっている。現在、ネットの台頭で動画の流通に大きな変動が起きているが、それに対応する世界戦略が見事に当たった。

ヒットのヒント

世界で勝てるコンテンツづくりのために何が必要か——。冷静に分析し、それができる仕組みから整えることで、目標を実現する。

12/15

観光バス記念日

「はとバス」再ヒットの裏にあった原点回帰の発想とは

東京の名所をめぐる黄色いバス。お馴染みのはとバスが創業70年を過ぎ、なお人気を集める理由はどこにあるのだろう。

実は、過去には利用客が減少し、厳しい時期もあった。国内では自家用乗用車の普及が進み、旅行が団体から個人へ移行。バブル崩壊後はどん底も経験した。そして過去最大の赤字を計上した1998年以降、経営再建に向けて原点に立ち返り、はとバスならではの観光ツアーの徹底した強化をはかる。

まずは、年間800種類以上もの多彩なコースを企画。自分のスケジュールに合わせて、日帰り・半日・昼・夜コースなどを選ぶことができ、効率よく観光地を回れると顧客の支持を得た。さらに、首都圏在住者も重要なターゲットと定め、定番観光地ではないスポットを回るコースや、60分・90分など短時間ツアーも充実させ、手軽で便利なバス観光をアピール。もちろん、どのツアーにも質の高いガイドをつけ差別化した。こうして顧客数が回復、2017年度は過去最高の売上高を記録したのだ。

ヒットのヒント

「はとバスならでは」の観光とは何かを考え直すことが、集客力を取り戻すことにつながった。

12/16

紙の記念日

「100人中たった1人だけ」を意識してつくった商品はなぜ、世界中で売れたのか

広げ方によって、小皿や花瓶など用途に合わせて自由な形をつくることができる「空気の器」。1枚の紙を広げることで、さまざまな形状ができる意外性や、美しさが際立つプロダクトだ。2010年の発売と同時に雑貨やデザイン好きの人を中心に火がつき、ルーブル美術館やMoMA（ニューヨーク近代美術館）のショップでも人気になるなど、世界中でファンを獲得している。

この不思議なプロダクトを販売するのは、立川市で名刺や商品パッケージなどの印刷を請け負う福永紙工。紙の需要が減り、業績が下がる中、危機感を抱いた同社は、クリエーターと協働して紙の可能性を追求するプロジェクト「かみの工作所」を発足。長年の紙印刷・加工技術のノウハウと、デザイナーの斬新なアイデアが融合して「空気の器」ができあがった。

「100人中99人には見向きもされないけど、1人は必ず気に入ってくれるはず」というニッチな発想から生まれた同製品。自由なものづくりと、デザインの重要性が再認識されてきた世の中の空気が見事に合致し、ヒットにつながったのだ。

ヒットのヒント

紙にデザイン性を加える新たな視点と、100分の1を狙う逆転の発想がヒット作を生んだ。

12/17

（飛行機の日）

羽田空港の「焼き鯖すし」は どうやって1日たった数本の売上から 大ヒット商品になったのか

飛行機の搭乗利用はもとより、近年は展望デッキやショッピング施設、話題の飲食店など、訪れるだけでも楽しい場所として需要の高まる空港。特に、年々施設が充実している羽田空港は、おいしくて人気のグルメが揃っていることで有名だ。

そんな羽田空港では、国内線の機内食廃止により飛行機の中で食べる弁当に注目が集まり「空弁」ブームが到来。ここで5年連続売上第1位を獲得したのが若廣の「焼き鯖すし」である。

同品は、冷めてもおいしい福井の“浜焼き鯖”を棒寿司にするというアイデアから誕生。しかし、鯖の聖地・若狭小浜で販売するも“邪道”といわれ、1日数本しか売れない日々が続く。

そこで、とにかく食べてもらおうと、ときには売る本数以上の試食を提供。客に食べてもらい、そこで交わすコミュニケーションが何より大事と考えたからだ。客の声により日々改良を重ねていくうちに、評価も上向きに。そんなとき、地元メーカーの計らいで羽田空港で販売するチャンスに巡り合うと、空弁ブームも手伝い大ヒットとなった。

ヒットのヒント

試食販売による客とのコミュニケーションを大切にし、少しずつ改良を重ねた。

12/18

東京駅が完成した日

マーケティング理論にはまらない「東京ばな奈」の売り方とは

東京土産として、すっかり定着しているのが「東京ばな奈」(グレープストーン) だ。東京には名産がないことから、「みんなが好きな食べ物」ということでバナナを選び、「元気でおしゃれな東京ガール」をイメージして商品をつくり上げた。その親しみやすさと、商品名に「東京」を冠したことで、東京に行ったことがすぐわかるお土産として売れている。

人気の秘密は、多様なバリエーション展開にもある。例えば「ラッコ」ではスポンジケーキにラッコが焼き付けられている。また、スポンジケーキという商品自体をレーズンサンドやマドレーヌにするなど、商品の種類を変えてしまっているものもある。こうした大胆な商品展開の裏には、みんながかわいいと思うもの、みんなが好きな味を、という思いがあるのだ。

「万人受けを狙ったものは、誰にも受け入れられない」というマーケティング理論があるが、「東京ばな奈」は「みんなが好きなこと」を追求した結果、売れ続けている。

ヒットのヒント

マーケティング論の逆をいくことでヒットが生まれることも。「万人受けすること」を追求し、成功。

12/19

（食育の日（毎月19日））

安売りせずとも、12万点売れた！「おやさいクレヨン」はなぜ、ここまで支持されるのか

自分の子どもに使わせたいと思える安心・安全なクレヨンを、という志で生まれたのが「おやさいクレヨン」だ。石油からつくられる一般的なクレヨンに比べるとややくすんでいるが、それが自然素材ならではの色合いになっている。

企画・販売するのはデザイン会社mizuiro（青森県）。食べられる野菜や果物を使うのはもったいないので、加工時にカットして捨てられる部分などを再利用することにした。結果、環境問題にも配慮したサステイナブルなクレヨンになったのだ。こうして完成した商品を見本市に出展すると、3日間で1500人のバイヤーが訪れ、ニュース番組にも取り上げられるという想像以上の反響に。2014年の発売以来、シリーズ累計12万点を販売する大ヒット商品となった。

購買層は当初のターゲットだった子育て世代はもちろん、祖父母世代も多い。趣旨に共感する企業から多くのコラボ依頼もある。「自然」「環境」「安心」という時代に合ったキーワードが、多くの世代や企業の共感を呼んだのだ。

ヒットのヒント

「環境に配慮した自然な道具」が、子育て世代・祖父母世代の共感を呼んだ。

12/20

（ デパート開業の日 ）

デパ地下ではいつも行列!
「ガトーフェスタハラダのラスク」が
ここまで人気になるまで

12月20日はデパート形式の百貨店が日本で営業をスタートした日。近年苦戦を強いられているデパートだが、食品を扱うデパ地下だけは変わらず活気にあふれている。中でも人気なのが洋菓子店「ガトーフェスタ ハラダ」だろう。フランス国旗をモチーフにしたパッケージのラスク「グーテ・デ・ロワ」が大人気となり、11年間で売上が200倍になるという急成長を遂げたのだ。群馬県高崎市にある同社の始まりは1901年創業の和菓子店。終戦直後に製パン・洋菓子業へ参入するも、「町のお菓子屋」のままでは成長しないと全国展開できる商品開発を決意。日持ちが良いし夏でも強いと、以前から余ったパンでつくっていた“ラスク”に着目。2000年に「グーテ・デ・ロワ」を発売した。

地道な販促活動と口コミで順調に売上は増えていったが、急な増産や設備投資はせず、少しずつ事業を拡大。今も基本は1都市1店舗、量販店等にも商品は卸さない。一気に流通すれば、商品の寿命が短くなるという考えからだ。目先の業績だけでなく、将来まで見据えているからこそ生まれた大ヒット商品なのだ。

ヒットのヒント

ブランドの数十年先を見据え、
むやみに出店・増産はしない戦略で大成功。

12/21

（働く女性の日）

累計3億5000万枚以上売れた朝用マスク！なぜ、ここまで支持された？

2015年に登場し、今までなかった！ と爆売れしたのが「サボリーノ　目ざまシート」という朝用フェイスマスクだ。これは、朝起きて60秒間顔に貼るだけで、洗顔からスキンケア、保湿下地、むくみ解消にも効果大という、いわゆる“時短アイテム”。サボリーノというネーミングからもわかるように、朝1分でも長く寝ていたい、化粧時間を少しでも短縮したい、という女性のホンネを商品にしてヒット。シリーズ累計で3億5000万枚を突破した。

開発のきっかけは、発売元のBCLカンパニーが「女子開発ラボ」を発足させたこと。「20～30代の女性が自分達の『欲しい』をかたちにする」というミッションのもと、本音で語り合い、商品の構想ができあがった。最初はファンデーションを配合することを考えたが、これは技術的に難しく、化粧前の準備を一気に解消する方向にチェンジ。マスクの装着時間も通常より短い60秒とし、手軽さをアピールした。結果、大ヒット商品となり、朝用マスクという新しいジャンルを切り開いた。

ヒットのヒント

当事者目線で、本音で語り合うことで、
「こんなのが欲しかった！」というヒットのタネが見えてくる。

12/22

（冬至）

「堂々たる田舎」を売り込むことで大ヒット!? 高知を代表する飲み物「ごっくん馬《うま》路《じ》村《むら》」

冬至にはゆず湯に入る習慣があるが、ゆずの一大産地といえば高知県。そんな高知県の馬路村が、地元のゆずを使ってドリンクやジャムなど約70種の品を開発し、年間売上30億円に達する一大産業に育て上げた。看板商品はゆずドリンク「ごっくん馬路村」。砂糖や添加物がゼロの、甘すぎず、酸っぱすぎない自然な味が人気で、全国からの注文が絶えない。

ゆずを始めたのは昭和30年代。村の主要産業だった林業が衰退し、村の存続のためには、新しい産業を是が非でも生み出さなければならなかった。そして、温暖な気候を利用したゆずに目をつけ、その生産に村民一丸となって取り組んだのだ。

東京の百貨店の物産展に出品するなど、地を這うような地道な努力の末、徐々にその名が知れ、売上げも増加していった。

馬路村のウリは「堂々たる田舎」。何もない田舎でほとんど農薬を使用せず育てられたゆずのドリンクは、豊かな自然の田舎の魅力と相まって、イメージと売上は高まる一方だ。

ヒットのヒント

村人の熱い郷土愛と団結力がヒット作を生み、村おこしも成功させた。

12/23

東京タワー完成の日

東京タワー応援大使になったHIKAKIN
なぜ、ここまで支持されるようになったのか

2019年、「東京タワー応援大使」に就任したHIKAKIN。コラボグッズを販売し、動画を通じて東京タワーの魅力を発信していくという。ここ最近は、このような企業とのコラボも多く、実際、彼が紹介した商品やグッズは飛ぶように売れる。経済も動かす影響力を持つほど、彼が支持されるのはなぜなのか。

まず一番の強みは、テレビにはない「身近さ」だろう。部屋や食事などプライベートを映したり、コンビニご飯やゲーム実況など身近なテーマを選んだり。気取らず、憎めないキャラも、視聴者との距離をグッと縮め、「近所のおもしろいお兄さん」的な雰囲気を感じさせるのだ。また、つくり物ではない、リアルな表情やコメントも、動画を観る人の心をつかむ。動画づくりを「心から楽しんでやっていそうな」雰囲気が、憧れを生んでいるようだ。さらに、子どもから大人まで楽しめる動画である、というのもポイントだろう。危険な事や下ネタなどがなく「子どもにも安心して見せられる内容」であることは大きい。これらが相まって、多くの人に支持されているといえる。

ヒットのヒント

**フォロワーとの距離の近さと
子どもに見せても問題ない動画づくりで
幅広い世代から支持を受ける。**

12/24

クリスマスイブ

今やツリーは「貼る時代」!? クリスマスツリータペストリーがヒットした理由

クリスマスツリーを飾りたいけれど場所をとる、片づけるのも大変という人達に売れているのが、「クリスマスツリーのタペストリー」だ。タペストリーとは、インテリアとして壁などにかける織物のこと。現在は織物ではなく、絵柄をプリントした布もタペストリーと呼ばれている。このタペストリーでクリスマスツリーがプリントされたものが、場所をとらない、片づけが簡単、収納も省スペース、安価だと人気に。壁に掛けるだけで手軽に雰囲気が変わり、SNS映えもするといった要素も受けて、ダイソーなどで売り切れが続出している。

ヒットのヒント

「省スペース」「扱いが手軽」「安価」「タペストリー」はミニマル化が進む現代の生活にフィットするアイテムだった。

12/25

クリスマス

「せっかくのクリスマスだから」がカギだった! 1万円台のケーキをヒットさせるローソンの戦略

クリスマスを含む催事ケーキの需要が低迷している。そんな中、ローソンのクリスマスケーキが売れている。ケーキ需要低迷の原因の1つに、個食化が進んだことがあるので、“おひとり様”用の小さいケーキやアソート(詰め合わせ)ケーキを用意するなど、工夫を続けているからだ。

しかし、そうした工夫は他のコンビニでもしていること。ローソンが突出しているのは、7000円、1万円といった高価格ケーキを出しており、毎年、1万円のケーキがあっという間に完売していることだ。その現象が起きているのは、百貨店や専門店のない地方。つまり、クリスマスだから高級なケーキを食べてみたいが、地方だから買うところがない。このニーズにローソンは以前から気づいていて、毎年、高価格帯のケーキを欠かさないのだ。

ところで2020年のクリスマスケーキで一人勝ちしたのが、またローソンだ。「鬼滅の刃」のホールケーキがバカ売れし、10月の予約時点で完売した。

ヒットのヒント

消費者心理と、地方の実情・ニーズに応えることが高価格帯商品をヒットさせることにもつながる。

12/26

日産創設日

なぜ、「日産ノート」は販売数3年連続首位の座を守り続けられたのか

日産のコンパクトカー「ノート」は2012年に発売され、2017年から3年連続でコンパクトカー販売台数1位を突っ走ってきた。そのノートがこだわっているのが「高品質感」だ。昨今、コンパクトカーに求められるのが質感のよさだからだ。

そこで、2020年にフルモデルチェンジした新型ノートでは、さらなる高品質感を打ち出してきた。見た目やインテリアといったデザイン性はもちろんのこと、スイッチ操作感、グローブボックス閉じ感など多岐に渡る。

中でもこだわったのは「ドア閉じ音」だという。輸入車のようにずっしりと重い音が理想だが、ノートはコンパクトカーである以上、高級素材は使えない。そこで、ドア閉じ音を解析し、高周波音の発生メカニズムを特定して改善することで、安っぽい音を高級感のある音へと改良したのだ。

こうして、お金をかけた「高品質」ではなく、「知恵で造り込んだ高品質感」を追求してきた。それが、ノートが人気車種であり続ける理由だ。

ヒットのヒント

実際の価格よりも、高級感を感じさせるために
まだできることはないか、限界まで「できる工夫」を考える。

12/27

寒天発祥の日

伊那食品が
寒天のシェア8割を占められる
根本的な理由

寒天発祥の地、京都市伏見区の有志が集まり、「寒天発祥の日」を制定した。伏見は「243」で、「24＋3＝27」。これに、寒天の元のトコロテンが初めて島津藩に献上されたとされる「12月」を加えて、記念日を12月27日とした。

そして、現在、寒天市場の約8割のシェアを誇るのは、京都から遠く離れた長野県伊那市の「伊那食品工業」だ。49年もの間、増収、増益を続けている超優良企業だ。急成長とは無縁で、年輪を刻むように、毎年少しずつ成長を重ねてきた結果なのだ。

安定成長の推進力は、積極的な需要の掘り起こし。その代表例が、スープやデザートなど寒天を使った「かんてんぱぱ」だ。100種類もの商品を取り揃え、全売上の30%を占める。

が、成長の根本的な理由は、「従業員の幸せを目指す」という企業理念にあるだろう。このご時世に終身雇用、年功賃金を保持。例えば、2年に1度の海外への社員旅行には9万円を出すなど、社員に最大限の利益還元を行っている。社員の会社に対する信頼は篤く、そのことが士気を上げ、高い生産性につながっている。

ヒットのヒント

「社員の幸せ」が第一。
企業理念が「長期低成長」の源泉。

12/28

煤払い（大掃除）

「シャークニンジャ」の人気掃除機には日本市場に向けたこだわりがたくさん散りばめられていた！

アメリカではダイソンを抜いてシェア1位のシャークニンジャ。この「ダイソンキラー」が2018年、日本に上陸。8月に発売されたスティックタイプの「エヴォフレックス」は強い吸引力と抜群の使い勝手のよさで人気上昇中だ。

ヒットの秘密は、日本人の暮らしや住宅事情に合う商品づくりに徹したことだ。例えば、エヴォフレックスの開発にあたり、50世帯で6週間も試作機のテストを行っている。

このテストの一番の成果が、ボタンを押すだけで折りたためる仕様。狭い家に合うコンパクト収納を可能にした。きれい好きな日本人のために、ボタン1つで簡単にゴミ捨てができ、ダストボックスも洗える。また別のボタンを押せば、パイプが曲がってソファなどの下も立ったまま掃除ができる…。

アメリカ企業が、日本人のかゆいところに手が届くような「しかけ」を散りばめた掃除機を開発。海外に販路を広げるには現地の消費者のニーズに合った商品開発が必須条件だ。シャークニンジャの日本仕様の掃除機は、その模範例といえるだろう。

ヒットのヒント

国によって求めるものは変わる。
現地のニーズにとことん合わせ、
消費者に愛される商品をつくり人気に。

12/29

（国際生物多様性の日）

貧乏、しょぼい、見どころない…の水族館は、なぜ「人気水族館」になることができたのか

愛知県蒲郡市の「竹島水族館」は1962年にできた。古くて、狭くて、ペンギンもイルカもいない。この「しょぼい」水族館が、2012年の年間来園者数12万人から、2018年には47万5000人に激増し、今や中部地方一の名物水族館となったのだ。

大復活劇のワケは、「客を増やすためには何だってやる」の精神。例えば、現在の一番人気、深海生物にふれられる「さわりんぷーる」は、低予算の中で知恵を絞った末のアイデアだ。蒲郡市は深海漁業が盛ん。網にかかった食用にならない深海生物なら、漁師から安く分けてもらえることに気づいたのだ。

今では日本一の120種類の深海魚を所有。多様性に富む深海の生物たちの姿に、「さわりんぷーる」の周りには客が絶えない。

飼育員たちによる手書きの解説文も人気だ。「飼育員さんだって水槽のお魚達がおいしそうに見えるときがあります」などの説明で、「日本一、解説が読まれている水族館」となった。

そして、まさかの「カピバラショー」。飼育員が頑張っても芸をしないときもあるが、観客にはそれもウケたりする。

ヒットのヒント

「何だってやる」の崖っぷち精神が数々のアイデアを生み、大復活。

12/30

そばの日（毎月30日）

「緑のたぬき」は水産物を扱ってきた会社だからできたヒット商品だった!?

「緑のたぬき」といえば1980年に誕生した、誰もが知る天そばのカップ麺だ。発売元の東洋水産は1963年に日本初のスープつき「たぬきそば」を発売し、長年このジャンルを手がけてきた。その東洋水産が一貫してこだわってきたのが「ダシ」だ。「緑のたぬき」の原料となるかつお節は2種類。品質の高いものを選び、熱処理を省いてカップ麺に直接入れることで、香りの高さと風味をキープ。水産加工業の強みを生かし、かつお節の仕入れから加工まですべて自社グループで行っている。

この「自家製ダシ」にこだわり続けたことが、他の即席麺メーカーには真似できない強みとなった。

ヒットのヒント

自社の強みを新商品に投入することで、他メーカーとの差別化を図る。

12/31

（大晦日）

蕎麦屋「ゆで太郎」が後発でありながら、店舗数を急激に増やせたワケ

大晦日といえば、そば屋のかき入れどき。そのそば屋の大手チェーン「ゆで太郎」が1号店を出したのは1994年。

2018年には200店舗を突破し、業界トップに躍り出た。後発であながら、なぜ店舗数をこれほど急速に増やせたのか。

それは、立ち食いそば屋のスタイルもあるが、あくまでも「安くておいしい日本そば店」であることが、最大の理由だ。

各店舗は工場で一括生産した麺ではなく、自家製麺機でつくった新鮮なそばを常に客に提供し、天ぷらも店で揚げている。挽きたて、打ちたて、茹でたてのそばを提供しているのだ。しかも、例えば「天そば」は600円の安さだ。

また、ゆで太郎の全店舗の7割は郊外店で占められている。何か食べたくてもコンビニくらいしかないような地域も多い。そのような場所にゆで太郎ができると、サラリーマンや家族連れ、高齢者の夫婦などで連日賑わうという。郊外はライバル店がないに等しい。「穴場」狙いにもまんまと成功した。郊外店の存在もゆで太郎の躍進の大きな要因だ。

ヒットのヒント

「脱・立ち食い」で「駅周辺」以外の町中や郊外へも進出し、店舗数トップに。

主な参考文献

■『あのヒット商品はこうして生まれた!①ルンバ・Suicaほか』(エスプレ／汐文社)

■『あのヒット商品はこうして生まれた! ②ガリガリ君・プレミアムロールケーキほか』(エスプレ／汐文社)

■『あのヒット商品はこうして生まれた!③ヒートテック・瞬足ほか』(エスプレ／汐文社)

■『30年 1987~2016年　最強ヒット商品ランキング』(日経BP社／日経BPマーケティング)

■『ザ・ヒント〜ヒット商品の誕生秘話大百科〜』(TOブックス編集部／TOブックス)

■『プロジェクトを成功させた「挑戦者」に学ぶヒットの教科書』(日経BP社／日経BPマーケティング)

■『ロングセラーの発想力ー売れる!アイデアが身につく』(齋藤考／ダイヤモンド社)

■『日経トレンディ2020年6月号』(日経BP／日経BPマーケティング)

■『日経トレンディ2020年12月号』(日経BP／日経BPマーケティング)

■『旭山動物園の奇跡』(SPA!編集部／扶桑社)

主な参考ホームページ

■日本マーケティング研究所…View Point　国分「缶つま」／アキレス「瞬足」

■ユニ・チャーム…ニュースリリース(バランスよく歩く『ライフリー 歩行アシストパンツ』新発売)

■Forbes JAPAN…イノベーションの源泉は、“真面目さ“と“狂気”。JINSがコロナ下でもGOと挑戦を続ける理由／若者の飲酒離れ「ソーバーキュリアス」に打つ手はあるのか／ヨーグルトの可能性を広げた明治——。長く愛されるその理由とは

■FRIDAYDIGITAL…トミカ50周年! 半世紀ずっと愛され続けた「これだけの理由」

■現代ビジネス…まさかの大ヒット! 「プリン専用醤油」はこうして生まれた／「何度生まれ変わっても入りたい」7つの企業のトップが明かした秘密／アイリスオーヤマだけが「ヒット商品」を連発できる必然的理由／いま「万年筆」が空前のブームに…銀座・伊東屋が明かす、その理由／「サウナのブームはSNSとともに訪れた」サウナ人気の意外な歴史／発売50周年間近の「トミカ」、いまだ根強い人気を誇るワケ／10代、20代はなぜYouTuberに魅了されるのか、意外すぎる理由／『おしりたんてい』に小学生たちがこんなに夢中になる理由

■マネー現代…地味な食べ物「麦めし」が、健康ブームで「超ヒット商品」になっていた…!／大人気「ヘルシオ ホットクック」、“圧力じゃない鍋”がヒットした理由／鉄道通はどっちを愛用?『JR時刻表』と『JTB時刻表』の意外な差／

■GetNaviweb…何故こんなに種類が多い!? キッコーマンの「豆乳」に隠された秘密／「なんだろう、この圧倒的違和感!!」 新「スイカバー」の衝撃的な“見た目”が話題／まだスマホでも勝てない、「万歩計」の今と最前線。

■GLOBIS知見録…タスカジが儲からない市場をあえて選んだ理由とは?

■悟空のきもち

■Hanako.tokyo…電力会社だって、顔の見える誰かのため&地球のために選びたい。ユニークな電力会社〈みんな電力〉が提供する豊かさ。

■TOKYUHANDS…洗濯物をマグネシウムで洗う時代到来!?新発想の「洗たくマグちゃん®」とは?

■Harumari TOKYO…自宅だからこその没入感。あのSCRAPが手がけるオンライン版リアル脱出ゲーム

■ヒット商品をつくった女性たち…「期間限定商品」のタイムリーな開発、投入で「森永アロエヨーグルト」のブランド価値を高める／誕生から15年。ロングセラーを続ける『鼻セレブ』の進化には、3年もの月日が必要だった

■講談社・アニプレックス…はたらく細胞!!

■はてなニュース…童話コスプレ服を生んだのは“コスプレイヤー”　「フェリシモ」担当者に聞くヒットの理由

■HOTPEPPERBeauty Academy…vol.36イノベーターが見ている未来

■hinata…アウトドアスパイス「ほりにし」がヒットしたワケ。堀西さんが語った中毒性の秘密【独自取材】

■本日、校了!…【ヒットメーカーに会ってみた!】黒川精一さん

■HONZ…『スーパーカブは、なぜ売れる』世界で1億台! 超ロングセラーの秘密

■warakweb…寝袋から日本酒のパッケージまで! 驚異の進化を遂げた、プチプチの世界／チロルチョコ誕生のきっかけは?愛され続ける定番お菓子の歴史と秘密

■iRONNA…「こち亀」原作者、秋本治さんに聞く両さん「無欠勤」の秘訣／「麦わらのルフィ」に学ぶリーダーの極意

■cnet…担当者に聞く「JINS PC」がヒット商品になったワケ／「popIn Aladdin」が2万台売ってわかった想定外の事実--照明一体型プロジェクター

■SUNTORY…ニュースリリース(賀来賢人さん、上白石萌音さんを継続起用! サントリー緑茶「伊右衛門 特茶(特定保健用食品)」新TV－CM「お片付けだって運動だ」篇12月25日(金)から全国でオンエア開始)／私たちの研究・技術

■流通ニュース…サントリー／トクホの「伊右衛門 特茶」販売本数10億本突破

■sippo…猫と猫好きを虜にする「ちゅ～る」　ヒットの裏に社長の思いつき

■いなばペットフード株式会社

■HISTRIPMAGAZINE…【TOPIC】2月13日は苗字制定記念日

■テレ東プラス…甘酒ブームに新展開〜料理がさらに美味しくなる!:読むカンブリア宮殿／「プリンに醤油をかけるとウニになる」はホントだった。しかも似ているウニの産地まで分かった／デパ地下で大人気〜進化するとんかつ「まい泉」:読むカンブリア宮殿／甘酒ブームに新展開〜料理がさらに美味しくなる!:読むカンブリア宮殿／日本を知る、地域を考える:一輪の綿花がジーンズに　〜工場ともにMade in Japanを世界ブランドにする〜 序章

■上羽絵惣

■ユニクロ

■MERY…「気絶するように寝られた」美容液のような入浴剤“BARTH”がTwitterでバズりすぎ!

■新価値創造NAVI…高級ビニール傘に込められた老舗企業の思い

■LOTTEland…スイカバーのひみつ

■dhu…ボーカロイド生みの親 ヤマハ株式会社 剣持秀紀 × デジタルハリウッド大学教授 福岡俊弘氏による特別対談 「ボーカロイドはなぜ世界に受け入れられたのか?」

■中日新聞…食品開発技術者　ミツカン　竹村浩さん(「和食料理人」関連)

■SINCE…ミツカンは差別化戦略で納豆業界2位の座をキープ

■mizkan

■DREAM　GATE…創業265年の日本画用絵の具メーカーが、
「胡粉ネイル」で経営難から起死回生!

■emonoMAGAZINE…水に強いことで大ヒット! 『裁ほう上手®』の実力を徹底解剖

■Esquise…日本のガラパゴス工具「ネジザウルス」が世界中で飛ぶように売れる理由

■excite.ニュース…「プチプチ」の意外な歴史を探った／普通の主婦が“発明品”で1億円の大ヒット! 戸田恵子が聞く、アイデアを商品化するコツ／IG投稿数4,000件超え! SNSで大人気の#トーカイタペストリー2019年Ver.新作ツリータペストリーが登場!

■FNNプライムオンライン…「満室で案内できない状況」極狭の“3畳物件”が若者に人気…入居者の普段の生活を聞いてみた

■FASTGROW…6兆円の農業市場を変えるビビッドガーデン。
成長の舞台裏と、秋元里奈の事業哲学

■えちごトキめき鉄道株式会社

■イーアイデム　どこでも地元メディアジモコロ…おいしさイナズマ級のチョコ『ブラックサンダー』本当に若い女性に大ヒット中なの?

■KYO-DOKI Life…ハマる人続出「インク沼」って?

■大和総研…《実践》イノベーション経営　日本企業に今求められる新セグメント創造のイノベーション

■ニュースイッチ…《ヤマハ編》ザ・インタビュー〜「ボーカロイドの父」新たな挑戦

■ASCIISTARTUP…初音ミクが創造した「誰でもクリエイター」文化のある世界

■ferrret…【インタビュー】旅行ガイドブック『ことりっぷ』がコンテンツマーケティングで築いたブランド“○○らしさ”とは

■昭文社ホールディングス…ことりっぷ10年を振り返る　ことりっぷ担当者座談会

■音楽ナタリー…初音ミクの10年〜彼女が見せた新しい景色〜

■kamuitracker(かむなび)…あふれるセレブ感! YouTubeで主婦に大人気の「ほしのこ」

■経済界…再エネ時代到来に向け、大石英司・みんな電力社長が目指す「顔の見える」世界

■日本ネット経済新聞…コクヨ、オフィス家具の「販売ランキング」発表 個人向けが好調、300%増が続く

■impress BUSINESSMEDIA…フェリシモ猫部が人気を集める理由。カタログ通販大手が生んだ「顧客に愛される部活」

■BUSINESS　INSIDER…「国内最速級の防災速報を」“特務機関NERV”防災アプリを世に出した石巻出身プログラマーの執念／「ジェラピケ」のマッシュHD、増収記録を更新。なぜ服の売れない時代に成長を続けられるのか?／「続けられる」「成果が出る」教育インフラへ。スタディサプリの次なる挑戦／なぜ韓国ドラマ『愛の不時着』はNetflixでロングヒットしているのか?／『愛の不時着』大成功は必然。韓国ドラマ「ヒット請負人」企業の驚きの世界戦略

■ビジネスサミットonline…老舗の伝統を守り ヒット商品を作り続ける

■campaign JAPAN…「きのこたけのこ戦争」、特別放送で巻き返しを図る

■カーセンサー　PRODUCED　BY　RECRUIT…昨今話題の後付けできる

『踏み間違い事故防止装置』の気になるアレコレを販売店に聞いてきた
■日本コカ・コーラ株式会社…ヒットの陰にこの人あり。新CMO和佐高志が「檸檬堂」の全国展開を決めた理由。
■creema…気軽に飾れる「タペストリー」ではじめるクリスマスの飾りつけ
■商売人×ECを考えるwebメディア　ニューアキンドセンター…1日約300個売れる! 江戸うさぎ『妖怪★いちご大福』の開発は職人さんとの戦いだった
■ニッポン放送NEWSONLINE…本日7月4日はリカちゃんの販売が開始された日である…その多彩なキャラクターソングの数々。【大人のMusic Calendar】／“戦後の食品の3大発明”の1つ『カニカマ』【鈴木杏樹のいってらっしゃい】／『アイスノン』誕生のきっかけは“くず湯”?
■東京散歩ぼ…「おうちでドック」は父の日に贈りたい人間ドック検査キット。がんは早期発見の時代へ
■TBS　坂上&指原のつぶれない店…【ナイスアイデア◎】老舗のお箸屋さんが「折れたバット」からお箸を作って大ヒット!／「クリスピー・クリーム・ドーナツ」が大変身! 実は、以前と比べて色々変わっていた
■東京カレンダー…全く同じ内容の「時刻表」が多くの出版社で発行される不思議。どう違いを出しているのか調べてみた!
■電ファミニコゲーマー…【堀井雄二インタビュー】「勇者とは、諦めない人」——ドラクエが挑んだ日本人への“RPG普及大作戦”。生みの親が語る歴代シリーズ制作秘話、そして新作成功のヒミツ
■DRIMO　CAMPINGCAR…防災用としても大注目のポータブル電源! 購入時のチェックポイントとおすすめのバッテリー
■gooニュース…なぜ十勝マンゴーとリステリンは大ヒットし、牛丼チェーンの肉はパサパサになったのか?
■MELOS…かけっこが速くなる爆売れシューズ「瞬足」。ロングセラーの秘訣と新たに仕掛ける商品とは
■MARNA…5年かけての大ヒット! 入社1年目女子が挑んだコンパクトバッグ「Shupatto」開発ストーリー
■価格.comマガジン…「アイコス」で使えるニコチンゼロの「NICOLESS(ニコレス)」で無理なく減煙!
■東海テレビ…味も姿も“まんま”…「総菜を持ち歩けたら」で菓子にして大ヒット! 開発現場はThe試行錯誤
■マイナビ転職…情熱人vol.22
■BCNOR…マスクの次は「ハンディファン」! 今年のトレンドは“ステルス”
■東京新聞 TokyoWeb…急成長する「note」～書き手の支援をビジネスに　デジタルメディアの現在地(4)
■えちごトキめき鉄道社長(いすみ鉄道前社長)　鳥塚亮の地域を元気にするブログ…なぜ私が線路の石を売るのか?
■トラベルボイス　観光産業ニュース…「3密回避」で楽しむ旅体験とは?　コロナ時代の「観光×デジタル」への取り組み、DMOからホテルまで聞いてきた
■東京商工リサーチ…創業70周年を迎えた「はとバス」 中村靖社長、独占インタビュー(前編)「バスガイドが命、人材育成は手間ひまかけてやる」
■TBS…そ～だったのカンパニー
■BILCOM…なぜ明治「ザ・チョコレート」は成功したのか? 元日経MJ編集長が語る、ヒット商品の条件とは
■D&DEPARTMENT　PROJECT
■OfficeBurn.jp…お化け屋敷プロデューサー 五味弘文とは…
■mimamoru…親子の絆IoTで支援　コクヨ「しゅくだいやる気ペン」　ヒット商品番付・着眼点に迫る【2020年12月7日コラム 関連記事】
■デイリー新潮…ボンカレー50周年「知名度90%超」CMのないロングセラー商品の意外な悩み／「サウナ」にハマる女性が急増中　岩盤浴にはない魅力を「サウナ女子さん」が解説する
■TRIPS…星野リゾートが人気な理由を実際に「界 アルプス」に泊まって考えてみた
■乗りものニュース…全国1位! 行列のできる「道の駅北浦街道豊北」 海辺の駅で地魚や焼きたてパンを／「トミカ」半世紀、ロングセラーの秘密　子どものための「あえて」の仕様とは?／「ザ・昭和の観光」な定期観光バス、なぜいま人気　はとバスV字回復、地方でも脚光のワケ
■本音でテストする360.life…大波乱! ダイキン、シャープ敗れる! 一年中使える空気清浄機おすすめランキング15選｜『家電批評』が人気製品を徹底比較【2020年】
■事業構想大学院大学…入浴剤メーカー・バスクリン　「温泉探索」でヒット商品を生む／大ヒットを生んだ「小さな需要」の発見／61歳で「キッザニア」を起業した訳　人生100年時代の生き方／ライオン　生活者の共感を得る新たなコミュニケーション設計／「里山十帖」が旅人を魅了する理由　宿をメディアに地域を表現／ユニーク商品を次々ヒット　豆腐を「楽しむ」後継者の信念
■川上産業…プチプチ文化研究所
■RBBTODAY…【視点】岐阜発のヒット商品! 油問屋×和菓子職人による「かりんとう」誕生ヒストリー
■リサイクル通信…airClosetの成功の鍵は「働く多忙な女性」
■リフォーム産業新聞…TTNコーポレーション、年商60億円の"畳"トップ企業
■Rentio PRESS…glafitバイク GFR-01試乗レビュー!「自転車×バイク」ってどんな乗り物?実際に乗って徹底検証!
■ROOMIE…My定番スタイル
■流通ニュース…サントリー／トクホの「伊右衛門 特茶」販売本数10億本突破
■livedoorNEWS…2カ月分が約5時間で完売! 日清食品の完全栄養食「All-in PASTA」シリーズ、どこにこだわった?／キングジムの電子メモ「ブギーボード」文化を超えたビジネス／実は男性にうけている「男梅サワー」の秘密／スマホ写真をその場でプリント可能「プリントス」人気の秘密／【意外なヒット商品】シヤチハタの「どろだんご制作キット」が35万個の大ヒット! 大人もハマる理由は?／「しょぼくて貧乏」愛知県蒲郡市の竹島水族館、なぜ大人気?／大吟醸テイストのノンアル飲料が「まじで酒」と話題　「飲みにくい」と言われ奮起、ヒット商品に／サドルを汚して盗難防止　自転車に貼る「鳥のうんちシール」が画期的だった／蜂蜜が均一に塗れるか入念に試験…「はちみつアラビックリ?ヤマト」の裏側／話題の“100円缶詰め”「いなばのタイカレー」誕生秘話／なぜテトリスは熱中してしまう?ゲームの中毒性の仕組み「次から次へと永遠に課題を提供し続ける」／ドラえもん映画　ストーリーを知る大人も「泣けた」理由とは／鎌倉土産の超定番「鳩サブレー」の意外な来歴／東京・立川で作られた「空気の器」ルーヴル美術館で人気商品に
■スタディツーリズムの勧め一川崎観光情報…川崎工場夜景について
■dmenu…コニシ　布用接着剤が大ヒット
■日商Bizアカデミー…水市場へ後発として登場し、ミネラルウォーター小型No.1ブランドとなった「い・ろ・は・す」
■パン速報…平成最大のヒット商品　「塩パン」ヒット商品秘話に迫る
■BigLife21…山佐時計計器株式会社『万歩計誕生50年の物語』・万歩計メーカーに聞く、ロングヒット商品作りのコツ
■注目企業.com…“Kokumotsu”をもっとおいしく楽しく日本古来の食文化を世界へ発信する
■F-WORKSWEB…発想の原点　井戸端隆宏さん
■島根ナカバヤシ
■高知まるごとネット…高知の生産者紹介 有限会社 野村煎豆加工店
■めるもbyGMO…なぜ「工場夜景」に惹かれるのか。その魅力を科学する!
■マイナビニュース…空気があれば何でもできる!? "つぶれにくいプチプチ" - iPadケースから仮設住居まで展開するプチプチワールドに迫る／LINEユーザー1億人、国内でも4100万人に! 後発のLINEはなぜ日本市場を制することができたのか／土産の定番「東京ばな奈」、なぜ東京でバナナ? なぜ"ばな奈"??／最高視聴率16%超! アニメ『ママレード・ボーイ』関弘美Pの仕掛けとは／山口県の山奥にある酒蔵が、世界に名を馳せる日本酒「獺祭」を造れた理由
■ニコニコニュース…ヒカキンが人気の理由・成功した理由を徹底検証! 人気低迷の噂は本当?／催事場のイベントから300億円市場へ——バンプレスト「一番くじ」がヒットした理由
■VISIONARY…「チキンラーメン」によって誕生した即席麺を、現代の“完全食”としてアップデートする
■ienomistyle…リアル「まんぷく」ストーリー! 日清食品はなぜ完全栄養食「オールインパスタ」の開発に取り組んだのか?〈PR〉
■日経ビジネス…パスタ食べればサラダは不要　1品で済む「完全栄養食」／紅茶飲料市場を牽引するキリンのチャレンジ「甘くない」ミルクティーで新ジャンル創出
■NIKKEI TRENDY NET SPECIAL…「うまさ」で選ばれ大ヒット!『本麒麟』旋風はこうして生まれた
■NISSIN
■LAWSON STORE100…100円おせち
■未来開墾ビジネスファーム…「あまおう」を使った一世風靡のヒット商品
■NIKKEI STYLE…日清食品　自社ECでニッチな「完全栄養食」パスタ／剥がして痛くない　アスクルが肌に優しいばんそうこう／松岡修造さんの　日めくりカレンダーが売れるワケ／擬人化した漫画「はたらく細胞」、着眼点で勝負／中古の住宅　どうして人気?／Gショック1億個、伝説はたった1行の企画書から／メタルGショック、伝道師の「ウソ」で誕生／1億個売れた新型洗剤　「精神的な時短」がヒットの鍵／マニアも出現　「ご当地ランチパック」はヒットの宝庫／ファブリーズはなぜ売れた　「プロCMO」音部氏の技／広告もステマもなし　出版不況でも売れる雑誌の作り方／松岡修造さんの　日めくりカレンダーが売れるワケ／19年ヒット家電　黒船シャークがハンディ掃除機制す／AirPods Pro大ヒットの理由　ソニーとどちらがいい?／USJ再建立役者が学生に説く　自分をレアにする戦略／高級感とうまみ　関西攻略が生んだエバラ「黄金の味」／通販フェリシモ「推し色」戦略　オタ活から新ブランド／20年「地方発ヒット」19選　大賞はひもで切る大福
■バランスボディ研究所…上に乗った砂が消える魔法のレジャーシートスナテックス
■valuepress…全国の主要レジャー・集客施設 入場者数ランキング【2020年版】
■丹波新聞…「コーラ1秒間に4万本」なぜ?　高校生がマーケティング学ぶ　大学教授招き“入門編”

■たのしいお酒.jp…幻の日本酒【獺祭(だっさい)】日本酒人気の火つけ役《きき酒師監修》

■TECHWAVE…「LINEが普及した最大の理由は、タイミング」NHN舛田淳氏【湯川】

■東洋経済ONLINE…DEAN&DELUCAのエコバッグがバカ売れのワケ/町のスーパーを全国区にした26歳社長の人間力/築地本願寺「インスタ映え」カフェ大行列の理由/電子辞書、気が付けばカシオの独壇場/コンビニコーヒー飲む人が超激増した根本原因/森永製菓の「甘酒」が女性にバカ売れするワケ/「クイズ! 脳ベルSHOW」が超人気番組になれた訳/ウイダーinゼリー、「奇跡的巻き返し」の裏側/「修造の日めくり」は、だからバカ売れする/「偽善者でもいい!」伊那食品のブレない哲学/新日本プロレスがV字回復した「3つの理由」/「い・ろ・は・す」を20億本売った"女マネ"/通販は「欲しくさせる」ためにここまでやる/ウイダーinゼリー、「奇跡的巻き返し」の裏側/「こち亀」両津勘吉が40年愛され続けた理由/しょぼい水族館が流行る"当たり前の"理由/タイムズだけがカーシェアで勝ちまくる理由/米国製「ルンバ」に日本勢が勝てないワケ/はとバスが"バブル並み"に客を呼べる理由/ドトールのコーヒーが根強く愛される理由/こんな働き方があってもいいじゃないか(ヒット商品"JINS PC"を支えた全社チーム)/納得! 「料理キット」が売れ続ける根本理由/監督も想定外! 「半沢直樹」メガヒットの裏側/妊婦さんの味方「トコちゃんベルト」の正体/「行列ができるラスク店」の意外すぎる来歴/800円超「乃が美の食パン」が爆売れする理由/モンベル創業者が語った事業成功への軌跡/コメダ珈琲、スタバとはまるで違う愛され方/爆売れ「ポケトーク」生んだ英語オタク社長の夢/「恋活アプリ」が世界中で増殖し続ける理由/新潟の秘境で「1泊3万円」でも超人気な宿の秘密/「ゆで太郎」郊外店の成長支える意外なファン/女子高生が愛用する「勉強に役立つ手帳」の正体/「メルカリとヤフオク」利用目的の決定的な違い/女性に「動物型マッサージ器」がバカ受けする訳/プレスバターサンドが「人気菓子」となったワケ/大人気「業務スーパー」売れ筋商品のすごい裏側/鬼滅の刃が「日本中で愛されまくる」4つの理由/「コウペンちゃん」ほめてほしい現代人に刺さる/カシオ、6万円「電子ピアノ」で販売トップの理由/イケアは、なぜ多くの人を惹きつけるのか/隠れた巨大ヒット「ネジザウルス」の秘密/30代以上がハマる「男性用ニベア」の裏側

■日刊ゲンダイDIGITAL…夏バテ対策で注目 「森永甘酒」は冷やしタイプがブレーク中/大ヒットのニトムズ「コロコロ」 元は「ゴキブリ捕獲棒」だった/「ニベアメン」はスキンケア初心者の中高年狙いで大成功/針・糸なしでかばんが「ボンド裁ほう上手」はなぜウケた/日本人の生活に定着 「ファブリーズ」大ヒットの"着眼点"/累計販売1000万個突破 「ケシポン」ヒットは発想の勝利/サッポロ「男梅サワー」は"しょっぱい旨さ"で大ブレーク/シヤチハタ「Xスタンパー ネーム9」誕生の秘密は塩だった/激売れアーモンドミルク…米焼酎で割るとやめられぬウマさ

■日本経済新聞…タワマンよりリノベ団地　高コスパで映え若者魅了/日本ハム、「シャウエッセン チェダー&カマンベール」「オードブルチーズローフ」を発売/ユニ・チャーム、大人用紙パンツ「ライフリー 歩行アシストパンツ」を発売/怪ヒットのなぜ? 「カメラを止めるな!」/フルーツサンド、発祥は京都?　贈答文化 果物ふんだん/コカ・コーラ、「檸檬堂」出荷休止　生産追いつかず/快進撃「業務スーパー」　工場から商社まで持つ理由/「ドラクエ」生みの親が明かすヒットの方程式/明治ヨーグルト「R-1」　ヒットの裏で開発戦争/稼ぐキャラクター・くまモン、5つの成功の秘訣

■pokemon…4.ポケモンから広がる世界～グッズ、カード、アニメ、映画～

■NISSIN GROUP

■ニトリ…「お、ねだん以上。」創造ストーリー

■日本食糧新聞…食品ヒット大賞特集:優秀ヒット賞=森永製菓「甘酒」/日清オイリオグループ、新市場開拓に意欲　多彩な活性化策を提案/食品ヒット大賞特集:優秀ヒット賞=「液みそ」シリーズ　マルコメ/おいしい減塩食品特集:減塩・無塩食品2.7%増　強まる塩分摂取抑制の動き/業務用加工食品ヒット賞 和食部門:ミツカン「やさしいお酢」

■type…ミクシィ『みてね』エンジニアが「マネジメントを楽しめる」ようになるまでの軌跡ーー「マネジャーの立場でしかできないプロダクト作りも悪くない」/山田進太郎氏はなぜ「C2C」に注目したのか? フリマアプリ『メルカリ』で目指す世界市場開拓【連載:NEOジェネ!】

■U-NOTE…リュックに歯ブラシ、日本酒まで! サクラクレパスのコラボ商品がカワイイと大好評

■VISUAL SHIFT…「フランセ」リブランディングの成功事例に学ぶコンセプトの立て方

■VILLAGE VANGUARD ONLINE STORE…ヴィレヴァン×クリエイターズ

■Web担当者Forum…広告費ほぼゼロでもオーディオブックが月間6万部売れる! オトバンクのマーケティングは何がスゴい?

■WASEDA NEO…倒産の危機から100億円企業へ。村上農園の危機を脱する決断力とは?

■みてね…みてねの始まりと、これから

■AppApeLab.…「家族アルバム みてね」アプリの人気が急上昇! 利用動向やユーザーの特徴をデータで探る

■DIAMOND SIGNAL…「思い出の共有」で共鳴――コロナ禍でも成長、みてねとラブグラフが提携した狙い

■クラシコムジャーナル…日本ののどを守り続けて200年　変わることのない存在意義は「人を助ける」製品づくり

■MAG2NEWS…「ママの味」は焼け跡から生まれた。不二家ミルキー誕生秘話

■NTTCOMWARE…ニッポン・ロングセラー考　ミルキー/亀の子束子/都こんぶ/三ツ矢サイダー/クレパス/養命酒/チロルチョコ/ホームランバー

■ORICON NEWS …「お湯」のペットボトルに騒然? 唯一無二を突き進む"チェリオ的発想"とは?/約10年で300億円規模に成長した「一番くじ」/今年は母の日に「健康」を贈りませんか?「おうちでドック(R)」の母の日特別プランをリリース!/ガチャガチャ戦国時代にヒット連発のキタンクラブ、たった10名で挑む「世界」への道/海外で5億個販売の「サプライズトイ」は"日本人にウケるのか?"各社に直撃/"擬人化アニメ"極まれり? "細胞"を擬人化したアニメ『はたらく細胞』人気の理由/『公衆電話ガチャ』なぜ今?小学生の8割知らないスマホ時代に商品化した理由とは/「クセが強すぎる」キンチョウのCM、50年にわたり受け継がれる"面白さ"の遺伝子

■讀賣新聞オンライン…ブーム拡大中　意外と知らない甘酒のヒミツ

■@DIME…コスパ? おいしさ? コンビニコーヒーの人気が高い理由/【開発秘話】800万個以上売れている日清フーズの小麦粉『クッキングフラワー』/環境にもカラダにも優しい!"畑のお肉。として世界的トレンドになりつつある「大豆ミート」/【開発秘話】コロナ禍の2か月間で累計10万個以上売れたシヤチハタ「手洗い練習スタンプ おててポン」/【開発秘話】発売から1か月で800万個売れた赤城乳業のソフトクリーム『Sof'』/男性のメイクが当たりまえに!?資生堂「ウーノ」の男性用BBクリームとアイブロウが売れまくっている理由/【開発秘話】300万個以上売れているミツカン『CUPCOOK』/【開発秘話】シリーズ累計6600万本以上売れている大正製薬「リアップ」シリーズ/排泄直後のニオイをブロックするエステー「消臭力 DEOX トイレ用」を1か月使ってわかったこと/今年の「日本文具大賞」優秀賞に選ばれたスゴい文具10選/【開発秘話】4年で売上7倍! キッコーマンのしょうゆ『いつでも新鮮』/【開発秘話】800万個以上売れている日清フーズの小麦粉『クッキングフラワー』/【開発秘話】累計400万本以上売れているゼブラのジェルボールペン『サラサドライ』/なぜマイナスイオンの歯ブラシだと驚くほど歯垢が落ちるのか?/【開発秘話】1億枚以上売れている時短フェイスマスク『サボリーノ 目ざまシート』/ヒット商品の陰に異端児あり! サッポロビール『男梅サワー』伊藤寿俊さん/【2018ヒット商品開発秘話】個人にバカ売れしたコクヨのオフィスチェア「ing」/【2019上半期ヒット商品大研究】発売6か月で1300万本売れたライオンの「ルックプラス バスタブクレンジング」/【開発秘話】シリーズ累計60万個出荷しているナカバヤシの収納グッズ「LIFESTYLE TOOL」/売上は計画比の約3倍! 防災備蓄、子育て負担軽減の救世主になったグリコの乳児用液体ミルク「アイクレオ赤ちゃんミルク」/【開発秘話】累計販売数6300万本を突破したキリンビバレッジ「午後の紅茶 ザ・マイスターズ ミルクティー」/環境にもカラダにも優しい!"畑のお肉。として世界的トレンドになりつつある「大豆ミート」/お酒が苦手な人も禁酒中の人も楽しめる! 月桂冠の「ノンアルコール大吟醸」の気になる味と香り/SNSで話題の「鯛のないたい焼き屋」の正体は?/ついにヴィーガン商品まで登場! もはや国民的みやげとなった「東京ばな奈」が愛され続ける秘密/【開発秘話】シリーズ累計6600万本以上売れている大正製薬「リアップ」シリーズ//【開発秘話】コロナ禍の2か月間で累計10万個以上売れたシヤチハタ「手洗い練習スタンプ おててポン」/コロナ禍真っ最中の発売だったのに、なぜ「ファンタ プレミアグレープ」は3か月で1900万本も売れたのか?/自宅学習の効率をアップするカシオの電子辞書「EX-word」人気の理由/排泄直後のニオイをブロックするエステー「消臭力 DEOX トイレ用」を1か月使ってわかったこと/数少ない専門店に客が殺到! フルーツサンドが流行っている理由

■郵送するだけで検査が出来る『おうちでドック』

■わたしが目覚める温度　マガジンど…中性重炭酸泉のチカラで身体を内側から温める。話題の入浴剤「BARTH」はなぜすごいのか?

■DO-GEN…場所を取らないクリスマスツリー☆ダイソーのタペストリー型ツリーでクリスマス気分が盛り上る!

■テレビドガッチ…【大ヒット中】年間15万個を売り上げる、「お風呂の面倒なアレ」が激減する便利グッズとは?

■日経doors…朝用マスク・サボリーノ、ヒットの種は「めんどくさい」

■AERAdot.…3畳でも快適な「現代版」狭小アパートが若者に人気　一体なぜ?/NiziUの生みの親「J.Y.Park」にみる型破りなプロデューサー像　「秋元康」や「つんく♂」との決定的な違い/若者の「ガム離れ」 理由は"面倒くさいお菓子"だから?/大ヒットメーカーが明かす、行列のできるお化け屋敷の秘密

■ほぼ日のアースボール

■ELEMINIST…デッドストック生地でバッグやラグを　D&DEPARTMENTの「FROM LIFESTOCK」

■ぼくらの履歴書poweredbyエン転職…そして獺祭が生まれた - 無名の酒蔵が純米大吟醸で世界を驚かせるまで | 旭酒造 桜井博志の履歴書

■EPOOHMAKERS…「日本の花が一番好き」と語るニコライ バーグマン。和と

デンマークの融合で職人文化を後世へ

■J-Net21…「はちみつ黒酢ダイエット」大ヒット商品のヒントは消費者の声

■となりのカインズさん…【解明】なぜ猫は「CIAOちゅ～る(チャオチュール)」にハマるのか?／ドン底からV字回復! ネジザウルスGTが導き出したヒットの理論

■毎日、文房具。…カーブ刃が家庭用はさみの常識を変えた。「フィットカットカーブ」

■宣伝会議デジタルマガジン…生産終了からブランド復活、25周年を迎えた「たまごっち」のマーケティング戦略

■まいどなニュース…ありそうでなかった! 飲料自販機で「お湯」がヒット中　「反響は想像以上」…驚く製造販売元に聞いてみた／きのこたけのこ40年戦争、ついに終結へ!?「たきのこの山里」話題のハイブリッド菓子作者に聞く

■まいにちdoda…コップのフチ子は雑談から生まれた? 大ヒット商品を生む企画術に迫る

■毎日新聞(クックパッドニュース)…海無し長野ケンミンが熱愛する意外な3種類のグルメとは?～秘密のケンミンSHOWから～

■MANTANWEB…ONE PIECE:ヒットの理由は悪魔の実?　1万人アンケートで産業能率大が分析／こち亀:40年間支持された理由　時代に合わせて柔軟に変化

■M&AOnline…「川崎工場夜景」10年　"仕掛け人"の亀山安之さんに聞く

■おいしいマルシェ…「マツコの知らない世界」紹介された、横浜フランセの「ミルフィユ」

■Twitter マーケティング…Twitter活用でシャウエッセンが二桁伸長できた理由

■Marketing Native…「たまごっち」が20年以上も売れ続けるのはなぜ?バンダイさんに聞いてきました!

■MarkeZine…森美術館のSNS運用、インスタ映えを狙わない戦略とは? 話題となった展覧会を成功に導いた舞台裏／ノーマーク商品が大ヒットに!?ローソンが「悪魔のおにぎり」で行った、前向きな後追いコミュニケーション

■MARNA

■Car-nalism…3年連続1位の「日産 ノート」なぜそんなに売れるのか徹底調査

■Lifenet journal online…大ヒット雑貨「mt」を誕生させたある女性ユーザーたちの"熱意"とは?

■マーキャリMEDIA…11月11日はポッキー&プリッツの日 成功する「記念日マーケティング」について探ってみよう

■MONEY PLUS…「鬼滅の刃」経済効果は数千億円!?コラボで売上UPが期待できる銘柄9選!

■METI Journal…まじめにコツコツ、ミレービスケットで高知から世界へ

■mimamoru

■女子SPA!…ドトールやコンビニで「大豆ミート」が人気。ほんとにお肉の味なの?／ニトリ・楽天の「クリスマス布ツリー」がオシャレ、省スペース&片付けラクちん／「スープストックトーキョー」高くて少ないのに、なぜ人気?

■TOTO

■価格.comマガジン…なぜ、こんなに人気!?ミニカー研究家に聞く「トミカ」のこだわりと歴代トミカベスト5／SNS時代のバズり食品「たらこスプレッド」開発者に"神の味"のヒミツを聞いてきた／使った人をトリコにする魔性の鍋! 「ホットクック」の"白いヤツ"は間違いなく買ってよし!!

■菓秀苑MORICHO

■湖池屋

■ケータイwatch…話題の「公衆電話ガチャ」ついに発売、開発者にこだわりを聞く

■京都いいとこブログ…【京都ものづくり紀行vol.2】京都駅から徒歩圏内。オムロンの企業ミュージアムで暮らしを支える「じつは」を発見しよう

■YAHOO! ライフマガジン…とんかつまい泉「ヒレかつサンド」のおいしさに迫る10の秘密

■LOCALLETTER…自遊人代表 岩佐十良氏を取材。生きる知恵にあふれるメディア型宿泊施設「里山十帖」が地域内外から愛されるワケ

■LOTTE

■logmiBiz…女性視点で女性向けサービスを開拓する余地は多い

家事の問題から生まれた「タスカジ」という新しい働き方

■キナリノ…省スペースでも楽しめる【クリスマスツリータペストリー】

■Jタウンネット東京都…鯖江名物、関係者が全員メガネをかけて作った「めがね米」が大人気…地元のW名物が合体!

■JBPRESS…いつの間にか味の改良が進む「緑のたぬき」

■自動運転LAB.…パーク24、カーシェアなどモビリティ事業の売上好調16.5%増　2018年11月～2019年7月期の連結決算

■PRESIDENT Online…カフェ首位がドトールからスタバになったワケ／発売1年で2億食!「マルちゃん正麺」の秘密／「たった150gで220円」市場の常識を壊した"小麦粉の少量パック"の秘密／「ハイボール」25年目の大逆転ホームランを生んだ上司のひと言　ーサントリー ウイスキー部課長／ビジネス客がアパホテルのリピーターになる訳／世界に誇る和風カップ麺の"だし"とは／発売20周年! 「森永アロエヨーグルト」が愛され続ける理由／世界に誇る和風カップ麺の"だし"とは／茅乃舎ブランドを開花した「多逢勝因」／なぜ"コカ・コーラ"は売れ続けているのか／『のび太の宝島』が歴代最高になった理由／デジタル時代に大復活した"チェキ"の価値／畳屋が"24時間営業"で大儲けできる理由／三ツ矢サイダーが135年たっても愛されるワケ／なぜ星野リゾートは「高い」と言われるか／プロデューサーが語る「信長の野望」が35年以上愛され続ける理由／「たった150gで220円」市場の常識を壊した"小麦粉の少量パック"の秘密／湖池屋の「食塩不使用ポテチ」に飛びついたのは女子ではなくオジサンだった／ディーン&デルーカの「エコバッグ」が爆発的ヒットになった3つの理由／コロナで売り上げ激減の雑貨店が、1週間で「なんでもマスク」を大ヒットさせられたワケ／大手を抑え、無名の小さな会社が「大ヒットシャンプー」を開発できた3つの理由／エデュテインメント　ー「キッザニア」に人が集まる本当の理由

■エステー…消臭力トイレ用DEOX

■五反田計画…「ダサくても伝わればいいんです」商品名やCMの"小林製薬っぽさ"の秘密に迫る

■未来コトハジメ…無印良品の「コオロギせんべい」誕生秘話　日本で本格化する昆虫食

■PRESIDENT WOMAN…「なぜこう思う?」を掘り下げる「赤ちゃんへの投資額」から市場を開拓!／花王、P&G…ヒットに見る発想力働く女性にとって「時短」より大切なこと／服からアマゾンまでサブスクの魅力忙しい人ほど"借り放題"の虜になる理由／なぜタピオカは3回もブームを巻き起こしたか／ダイソンを超えた掃除機、ヒットの意外な秘密

■HUFFPOST…オーガニック食品って本当に買う価値あるの? いい点と悪い点を比べてみた

■IOBJournal…地球温暖化を解決するために「オーガニック」ができること

■中川政七商店の読みもの…「珪藻土バスマット」誕生秘話　「素人には作れん」と言われた左官技術を継承する女性たち／京友禅の職人が作ったメガネ拭き ヒットの裏側。かわいい顔した、ほんまもん。

■日商AssistBiz…こうしてヒット商品は生まれた!(珪藻土バスマット／めがね米／オサメット／ベビー浮き輪／ゆびさきトング／FFミラー／四万十ひのき　まな板／キークエスト／ハッカ油)／あの人を訪ねたい　五味弘文／塩パン

■好書好日…「夢をかなえるゾウ」水野敬也さんインタビュー　成功者目線ではない自己啓発小説を

■BookLive…『はたらく細胞』人気の秘密を徹底考察!!

■BEST PRESENT Guide…胡粉ネイルが話題の「上羽絵惣」に密着インタビュー! 創業260年以上の老舗絵具店が作る、日本の伝統色を用いた優しい使い心地のマニキュアを徹底解剖!

■PLUS

■文春オンライン…Soup Stock Tokyoが「エキナカ」で成功した理由／アンパンマン放送30周年! 「まあ1年続けば……」と言われたアニメが人気爆発したワケ

■日経ビジネス…「謎解き」体験で若者呼び込むSCRAP／[議論]なぜハミガキ「NONIO」は若者に大ヒットしたのか?／ビール類11年ぶりアサヒ抜きキリン首位、巣ごもりで本麒麟躍進／一人勝ちキリンビール、「本麒麟」はなぜ売れた／ヒットの源は声なき声 エシカル消費を侮るな／99の失敗を1つの成功に結びつける方法／ボンカレー、広告宣伝費6割減でも売上増／社員の幸せを露骨に追求する会社
年功序列、終身雇用、低成長――伊那食品工業が問う「会社とは何か」

■C-station…望まれる"次世代型教育産業"とは!?　|　キッザニア KCJ GROUP 住谷栄之資氏インタビュー／相模屋食料／『ザクとうふ』社長の今｜夏目幸明の「ヒット商品ぶらり旅」

■cakes…国内美術館で最大規模のフォロワー数! 森美術館の中の人が語るSNS運用術

■ジョイキャリア…11月11日は、「ポッキー&プリッツの日」長く愛される江崎グリコのマーケティング戦略に迫る

■colocal…〈燕三条キッチン研究所〉

"ちょうどいい朝食"ができる

ホットサンドメーカー〈ホットサンドソロ〉

■ニトムズ

■CREA…ターミナル駅手土産&お弁当ランキング

～上野駅・お弁当篇～

■ダ・ヴィンチニュース…開発開始は1987年! Suica誕生までの長い歴史を振り返る／『チーズはどこへ消えた?』『夢をかなえるゾウ』…ヒットした自己啓発本には必ず売れる理由があった!【5つの事例】

■newsHACK…掲示板の累計利用者50万人　ラジオ番組「SCHOOL OF LOCK!」は、なぜ中高生に響くのか?

■HARBOR BUSINESS Online…「プレミアムロールケーキ」生みの親・ローソン鈴木嘉之氏に聞いた【ヒット商品の法則】]

■FASHION PRESS…ローソン人気スイーツ「プレミアムロールケーキ VS バスチー」ミルク感UPのクリームだけでアレンジも

■bizSPA!フレッシュ…若者に「ハンディファン」が流行るワケ。"飾り"で持つ学生も／わずか1週間で完売。アサヒビール「本格派リキュール」がヒットした背景／アイス「ホームランバー」が60周年。長寿の秘密、当たりの確率を聞いてみた／

バターサンドが大ヒット。急成長のお菓子ベンチャーに聞く「勝因と失敗」／人気主婦YouTuberが明かす「UUUM独立の真意」と深夜3時の号泣事件

■ITmediaビジネスONLINE…「100円おせち」はなぜ売れるのか？　ローソンストア100が強気の販売予想を打ち出したワケ／「バカ売れ」誕生を予感させる“熱”とは／生産台数9000万台超！　ホンダのスーパーカブがスゴい／「まるでクリーム」「夜食向け」 森永の常識破りヨーグルト、パルテノが売れた訳／学生需要は急落したのに、なぜカシオの「電子ピアノ」は売れているのか／カーシェア事業で、なぜ「パーク24」だけが黒字化できたのか／競合店ができても、ドトールの売り上げがあっさり元に戻るワケ／最初はまったく売れなかった明太子、どうやって福岡から全国区に？／年間売り上げ100億円　なぜ売れ続ける「白い恋人」を作れたのか／売上高53億円を超えた！「オフィスグリコ」が成功した3つの理由／なぜ学校のプールで「水泳帽子」をかぶるのか　知られざる下町企業のチカラ　／なぜ2万5000円の高級トースター「バルミューダ」は売れるのか？／「いろはす」ブランドが支持されるワケ／大ヒット商品を生み出した老舗靴メーカー、アサヒコーポレーションの営業改革を支えたものとは？／不振だった「USJ」が急成長できた理由　／2カ月で180万部！『うんこ漢字ドリル』がバカ売れしている理由　／UFOキャッチャーが人の心を“つかみ”続けている理由　／和歌山発の「電動バイク」がヒットした、4つの理由／体験教室に20万人！「泥だんご」が静かなブーム／成功の種は“原点”にある　サントリー「クラフトボス」開発を率いた大塚氏の挑戦／作業服のワークマンが、新たな市場をつくりそうな理由／10年間宣伝ゼロのマーガリン　売り上げが突如6倍になった真の理由／昭和生まれの「ランチパック」が平成になってから“大化け”した理由／ネットに接続できなくても、カシオの電子辞書が売れている秘密／市場は縮小しているのに、なぜトラとコイの国語辞典は好調なのか／子どもの数は減っているのに、なぜ「恐竜博」で110分待ちになるのか／2年目も売れ続ける「本麒麟」ロングヒットの鍵を握る“2つの数字”とは／なぜ「NiziU」は注目されているのか背後に世界的プロデューサーの話術／販売台数は前年比3倍！　シャープの水なし自動調理鍋「ヘルシオ ホットクック」開発者に聞く——共働き家庭の必需品に／コロナ禍に人気を集めた「ぽっちてんと」、開発秘話に迫る／どこが違うの？『JR時刻表』と『JTB時刻表』／生産台数9000万台超！ ホンダのスーパーカブがスゴい／前代未聞！「ボカロPV付き」参考書13万部の大ヒット　中学生の心つかんだ学研の戦略

■ITmediaNEWS…沖縄「ゆいレール」はなぜSuicaに対応したのか　地方鉄道に広がる交通系ICの「片利用」／大豆を“肉”にどう変える？ 焼肉やステーキはできる？ ファミマと不二製油に聞いた／前代未聞！「ボカロPV付き」参考書13万部の大ヒット　中学生の心つかんだ学研の戦略

■ITmedia eBOOKUSER…「コップのフチ子」、大ヒットの理由とは？

■くらテク…目指せ！ 一家に1台の家庭用プラネタリウム——セガトイズ「ホームスター」

■SHIFT…お金なし、知名度なし、人気生物なし 三重苦の弱小水族館に大行列ができるワケ／やたら手が掛かる上に高価、なのに売れまくり——人に懐く「LOVOT」はなぜ、約88億円もの資金調達に成功したのか／6年で売り上げ5倍」「売上高過去最高の54億円」　プロ経営者・メイ社長が明かす新日本プロレス躍進の秘密

■iza…「公衆電話ガチャ」が再び！「クオリティがめちゃくちゃスゴい」「どーして心を奪われてしまうんだろ…」精巧な作りに大人も夢中

■JDMA　NEWS…2014年10月号　特集

■JCAST　会社ウォッチ…売れるにはワケがあった！ 大ヒット「ポケトーク」開発秘話を明かす

■JCAST テレビウォッチ…「ねこじゃすり」ヒット中！ 性格悪い猫も撫でられるとゴロニャンとお腹見せる秘密のやすり／主婦がいま一番信用してる雑誌「LDK」いいものはベタ褒め、ダメならボロクソ・・・メリハリ効いた商品チェック大受け

■CONSULTING Online…なぜ恵方巻は定着したのか？　経営者の視点で考える

■上越タウンジャーナル…「ビタミンちくわ」の秘密

■FUJIFILM…instaxチェキ（使い方アイデア）

■ITmediaNEWS…大豆を“肉”にどう変える？　焼肉やステーキはできる？　ファミマと不二製油に聞いた／前代未聞！「ボカロPV付き」参考書13万部の大ヒット　中学生の心つかんだ学研の戦略

■日刊SPA!…なぜ日本人は「開脚」したがるのか？ この1年で“開脚本ブーム”が起きた理由

■「サステナブル・ブランド ジャパン」…廃プラから人気シューズ誕生：責任あるビジネス貫く——ポール・ハーディスティ アディダス・ジャパン代表取締役／サステナブル・ブランドの作り方第18回：アディダスのスニーカーがバカ売れしたわけ

■adidas…創造力 VS プラスチック

■PRTIMES…プラスチックを可能性に変えるー アディダス サステナビリティ戦略を一層強化 世界環境デーに新たなプロジェクトをスタート／＼人気料理家ジョーさん。考案!!／「UHA味覚糖 Sozaiのまんま コロッケのまんま」　簡単アレンジレシピでおうち時間を楽しもう！／“あっ！ という間にすぐ沸くティファール”電気ケトル 累計販売台数2,000万台突破！／売上を17倍以上にした秘密とは名前を変えたら売れちゃった靴下国内トップメーカーの岡本「まるでこたつソックス」大ヒット中／大きな胸には悩みがある！ 累計50万枚売った『小さく見せるブラ』開発ストーリー／夫婦間の異性としての魅力度とトイレの消臭に関する調査／～1ヶ月で2万食を突破！「かけて楽しむ、鮮度のオイルメニュー」大好評販売中！～「日清オイリオかけるオイル屋台」人気メニューランキング／タピオカ「元カレ」現象？タピオカが若者に大流行した理由と今の印象についての実態調査／針がいらないステープラー「ハリナックス」シリーズ10周年！／売上を17倍以上にした秘密とは名前を変えたら売れちゃった靴下国内トップメーカーの岡本「まるでこたつソックス」大ヒット中／『NTT東日本・NTT西日本 公衆電話ガチャコレクション 増補版』2020年12月発売！／累計500万部の大ヒットとなったうんこドリルが、防災教育へと学びを拡大。／『100円おせち』、12月25日(金)発売！ Withコロナのお正月に向けたおせち盛付提案、人気ランキングも発表！／【エステー】せっかくだからこんなCMつくりました。『消臭力 Premium Aroma』新CM～『せっかくだからプレミアム』編～／＼撮ったあとは美味しく食べてね／映えるスイカバーの写真を大募集！ ロッテ「スイカ映えフォトコンテスト」開催！

■RadiChubu powerd by CBCラジオ…カニカマが世界中で大ブーム!? マニアが教える新事実3連発！／実は40年近い歴史があった！ スタッフに聞く沖縄美ら海水族館

■共働き主婦のハウスクリーニング情報サイト…「対等感」でつながる、働く主婦と支える主婦

■receipo…P&Gアリエール「パワージェルボール3D」人気の秘密に迫ります。

■ニホンタビ…星野リゾートの宿はなぜ人気？泊まった人たちがおすすめする理由とは？

■Rettyグルメニュース…たい焼き誕生史

■ReseMom…中学準備は筆記具から…コクヨ「キャンパスジュニアペンシル」

■サイプラス…サイプラススペシャル177　ヒットのカギは「女子力」若手女性チームが「糀」で新提案

■食品新聞…日清オイリオ コロナ禍でも成長加速 付加価値ビジネス拡大へ 久野社長が方針

■SIRABEE…『鬼滅』一番くじ、売り切れ続出で転売騒動　ありえない価格に激怒の声も

■ツギノジダイ…コカ・コーラはなぜペプシより「強い」？中小企業にも大切なブランディング

■LION…ソフラン　プレミアム消臭0

■創業手帳…「アイデアは○○から生まれる」発明家 松本奈緒美の「成功する考え方」

■SOO

■SINCE.…スープストックトーキョーに学ぶ最先端ブランディング

■日清オイリオ…「かけるオイル」が人気！ ちょいかけアレンジ16選

■週刊女性PRIME…松岡修造 日めくりカレンダーが大ヒットした本当の理由

■広告朝日…「世界はひとつ」……とはいかないので、モノもコミュニケーションも日本仕様／ユニクロという企業の「オリジナリティー」を表現／酢が苦手な人にも受けた「ツンとこない」次世代型の酢

■東京カイシャハッケン伝…フットマーク株式会社

■健康産業新聞…特集【注目の植物油】〝サプリ的オイル☒市場拡大に拍車

■KINCHO…金鳥のあゆみ

■國學院大學メディア…なぜ今、キャンプに惹かれるのか
自然の中で育まれる「感性」が、人生にもたらすもの

■KOKUYO

■LOTTE

■MAG2NEWS…なぜ発売50年の「石けん」が、この10年で売上6倍にできたのか？／日本で惨敗した「イケア」が、なぜ20年後の再進出で成功できたのか？／バブル期並みに復活。「はとバス」が右肩上がりに成長できるワケ／なぜ人気の狭小アパートは「間取り」にここまでこだわるのか？／なぜ箱根駅伝は盛り上がる？マーケティング視点で考える10の要素

■Makuake…もう砂で悩まされない、軍事技術を応用したスナテックス素材のバッグ&ビーチチェア

■昭文社ホールディングス…ことりっぷ10年を振り返る　ことりっぷ担当者座談会

■開発者インタビュー　日本の酒文化に学んだ新製品「檸檬堂」のすべて

■京都新聞…若者にサウナがアツい「サ道部」「サ活」愛好者は「サウナー」　湖でクールダウンの妙味も

■BESTT! MES…執念なきものに発明はない…「チキンラーメン」が生まれた瞬間

■マイナビ農業…ハーブで売り上げ6億円、ニッチ市場で成長した原動力とは

■Allabout…旭山動物園はなぜ成功したのか？「行動展示」への動物園改革

■AMP…【Z世代レポート】探究心の塊だった幼少期、12歳で会社を設立した若き起業家の半生 ー米山維斗／なぜガリガリ君は愛され続つづけているのか？ ロングセラー商品でありつづける3つの秘密／本を「聴く」という選択肢。audiobook.jpが切り開く新たな読書市場の可能性とは／誕生から50年、「ドラえもん」がなぜ今も愛され続けるのか？コロナ禍でも人々を支えたキャラクターのビジネス展開を探る／レモンサワーの進化・深化はどこまで行くのか？「檸檬

堂」から見るRTD市場の可能性

■WEDGEInfinity…日本の家電メーカーが真似できないティファールの「電気ケトル」のラインナップ／予約殺到!「妖怪いちご大福」

アイディアひとつで話題沸騰

気になる街角のオモシロ商品

■週刊アスキー…バカ売れ家電　女性の力で開発／ヒカキンが人気の理由「YouTuberの仕事を楽しんでやっているところ」／『カオスだもんね!』"冬の恋人"ホカロン開発秘話!簡単保存法も教えます!!

■withnews…ガリガリ君、なぜ売れる?　若手を活用、予想裏切って攻め続ける／姿消す…登下校時の「名札」　防犯優先、裏返せるヒット商品も／自販機で「お湯」売ってます!　チェリオ、天然水を50℃でテスト販売／『夢をかなえるゾウ』作者が夢を手放すまで…累計400万部で得た幸せ

■女の転職type…時代を創った女性たち　駅の「乗り換え便利マップ」発明者　福井泰代

■Wonderful Story powered by Newsweek…日本人の誇り、蚊取り線香。

■wotopi…"大人向けリカちゃん"ヒットの裏側　タカラトミーのブランド戦略

■週プレNEWS…安くて手軽、精度も高い『おうちでドック』――それでも「病院の人間ドックを受けてほしい」理由とは／【B級フード研究家・野島慎一郎のバカレシピ】ド定番ポテチをポテサラ化でおつまみにもおかずにも最適!「わさビーフポテサラ　ピザポテポテサラ」

■47NEWS…「どうぶつしょうぎ」の海外普及～その1～

■AdverTimes…競争激しいテーマパーク市場における、キッザニアの差別化戦略／『カメラを止めるな!』はなぜ爆発的にヒットしたか、考えられることを考えてみる

■&M…トップランナーがこぞって着用　ピンクの厚底シューズ「ヴェイパーフライ ネクスト%」は何がすごいのか?／注目すべきは技法やデザインより「エネルギー」の質?　これからのモノ選びで大切な視点

■NEWSポストセブン…アパホテル評価二分　ランキング「1位」と「最下位」の理由／リアル脱出ゲーム　人気の理由は「部活と同じ達成感」と考案者／スマホサイズの洗濯板37万枚のヒット　売り上げは3億円／「うまい棒」はなぜ40年間ロングセラーを続けられたのか

■Newsweek…日本でキャンプ人気再燃! 今度こそ「大丈夫」と期待される理由

■NHK NEWS おはよう日本…ハイレゾイヤホン　ヒットの秘密は"ガラケー"／読むらじる。地方発ヒット商品のヒントは、"ひとひねり"にあり!

■わたしが目覚める温度マガジンど…中性重炭酸泉のチカラで身体を内側から温める。話題の入浴剤「BARTH」はなぜすごいのか?

■Yahoo!ニュース…このご時世に出店しまくっているアパホテル、コロナ禍で実際どうなのか?／売上は3年で10倍、ニーズが落ち込む夏も2.2倍で伸びる高価格帯入浴剤「BARTH」。ヒットを生んだTwitter活用事例／ローカル鉄道が売り始めた「石の缶詰」ただの石ではなかった／「半沢直樹」がウケるワケ　歌舞伎俳優の「やり過ぎOK」　「帝国航空編」も目が離せない／コロナ禍でも増収増益　絶好調ニトリで「巣ごもり売れ」したモノ／新型ノートは高級車? 日産がバンダイナムコと共同で「音」を開発 小型車の常識を変える狙いとは／ロボットが人の心に与える影響とは――需要急増の『LOVOT』開発者・林要が考える"コロナ禍におけるロボットの重要性と未来"／"大復活"したコメダ、実力派なのに苦戦するドトール　喫茶チェーンで明暗が分かれた理由／新日本プロレス前社長の"3カウント"取られない経営術　ハロルド・ジョージ・メイ×伊藤元重／なぜHIKAKINは「好きなことを仕事に」できたのか?　#30UNDER30／バラエティ化が加速する食用油　えごま油・こめ油、100億円カテゴリーへ　大手各社が本格参入／『鬼滅の刃』はなぜ現代人をここまで惹きつけるのか。「失っても戦う物語」のもつ圧倒的魅力／「地元の誇り」愛される地元の菓子店から全国へ ガトーフェスタ ハラダのラスクの美味しさの秘密とは／「鬼滅の刃」プロも説明に困る人気ぶり　世代間のギャップも

■日経XTREND…レモンサワー市場に激震　コカ・コーラ檸檬堂が突然トップの座に／猫のおやつ「CIAOちゅ～る」大ヒットの裏側　仕掛け人に聞く／キングジムの電子付箋　販売計画の2倍速で売れた理由／1200万個突破　ローソン「バスチー」は数年に一度の大型商品／前年比800%超も　携帯用扇風機が夏の定番ファッションに昇格／大ヒットシューズ「瞬足」の今後は?　アキレス社長が明かす／資生堂ウーノが男性用BBクリームで躍進　「肌を仕事の武器に」／アスクルのばんそうこう　介護現場の声に応え想定売り上げの3倍／資生堂の男性用BBクリームヒットの全貌　9カ月で38万個出荷／若者の間で自宅に花を飾る新習慣広がる／冷凍庫に入れるだけの「豆乳アイス」　SNS発で出荷量2倍に／「虫の絵が嫌」金鳥の殺虫剤が若者意識に対応、売り上げ1.7倍／爆売れサバチップス「サバチ」のプレゼン資料　効いた展示会の声／計画の6倍売れた! 女性に人気の文具スタディープランナーとは／コクヨIoT文具「しゅくだいやる気ペン」が高額でも売れる理由／ゆで太郎　急成長の秘訣は"町のそば屋"を目指したから／SNSマーケの勝者「BOTANIST」がパーソナライズに挑む／廃館寸前の小さな水族館が一転大盛況　若手館長の捨て身の挑戦／前年比800%超も　携帯用扇風機が夏の定番ファッションに昇格／100倍売れたクルマの誤発進防止装置　後付けタイプに注目集まる／今年解禁の「液体ミルク」垂直発進　予想の3倍売れた商品も／資生堂の男性用BBクリームヒットの全貌　9カ月で38万個出荷／高価格帯パンパース好調のワケ　消費者心理を見誤った失敗が糧に／キャンプと防災で需要増のポータブル電源　防水の「ラチタ」とは／Z世代はなぜ「チェキ」を買う?　富士フイルムが捉えた3つの特質／箱買い現象も　「富士山消しゴム」のヒットを生んだデザインの力／コロナ禍でハッカ油売れまくり　一吹きでマスクの不快感解消／売れ残り品をデザインで生かす　年25%成長のビジネスモデルとは／累計12万セットのヒット　野菜の廃材から「おやさいクレヨン」／ライオン「ソフラン プレミアム消臭」ヒット　"一点突破"が勝因／ナイキ「厚底シューズ」のマーケ戦略　ランナーの"常識"への挑戦／レモンサワー市場に激震　コカ・コーラ檸檬堂が突然トップの座に／天井からつるプロジェクター「popIn Aladdin 2」絶好調の理由／トイレ用消臭剤に異変　「ファブリーズ」ヒットで市場は三つ巴に／防災にもキャンプにも　ポータブル電源は10万円超が売れた／大ヒット体温計から学ぶ　10年以上売り続ける「仕掛け」／売れる「ほぼ日アースボール」、AR×地球儀で新しい体験／コーセー雪肌精、20代獲得へ誕生35周年のリブランディング／色を変えたら、こんなに売れた／ジェラピケ生んだマッシュ社長が語るブランドの作り方／「汚れにくい白デニム」開発の舞台裏　地方工場の技術をブランドに／コクヨの若き社長が実践する「"自分事"社員を増やす方法」／洗濯用「ウタマロ石けん」 まさかのV字回復に、意外な用途／資生堂ウーノが男性用BBクリームで躍進　「肌を仕事の武器に」／森永「大人向けラムネ」大ヒットの理由　2回の挫折で原点回帰／1200万個突破　ローソン「バスチー」は数年に一度の大型商品／勢い止まらぬカシオG-SHOCK　スマート化で目標は年1200万個／4年で10倍超! ガテン系企業の「おいしい非常食」が大当たり／元HKT48指原莉乃のヒット商品開発　SNSマーケでカラコン50万箱／外出自粛が後押し　「ファンタ プレミアグレープ」異例のヒット／『半沢直樹』視聴率30%超　テレビドラマ苦境時代のプロモ策／ザ・チョコレート　商品価値を体験を通じて伝える／カーシェアが伸びる理由は安い、無人、15分から／ミレニアル世代に好評　デルがデザインに注力する理由／「スマホ向け印刷機」が品薄　電池もインクも不要／「うんこ漢字ドリル」、ヒットの陰に"3つの工夫"／タピオカドリンク大戦争　ブーム再燃の理由とは?／サラダチキン"元祖"の開発秘話 皮を取って大ヒット／「アーモンドミルク」で"豆乳超え"狙うグリコの奇策

■Yorimichi Airdo…「年間300万人の大ブームは本当に辛かった」旭山動物園の園長がいま語る真実

■ひろしま企業図鑑…スプラウト（発芽野菜）で全国トップの村上農園　苦闘と改革でピンチからの飛躍

■ニューススイッチ…ユニクロがいまだに新聞の折り込みチラシを大切にする理由／《ヤマハ編》ザ・インタビュー～「ボーカロイドの父」新たな挑戦／「ぷよぷよ」は「テトリス」のよさを反転させて生まれた／新しい発想は偶然から…大ヒット玩具「∞プチプチ」生んだアイデア論／「テプラ」「ポメラ」を生んだキングジム、"市場の隙間"を掴む組織の秘訣／日本の生活に溶け込む「TikTok」、利用禁止でどんな影響が出る?

■ねとらぼアンサー…乳幼児をとりこにする「アンパンマン」その魔力の秘密は?／メガネをかけた人たちだけで作った「めがね米」が登場、Twitterでは「素晴らしい付加価値」と好反応／ついやってしまう「プチプチつぶし」、始まったのは1970年代?　老舗メーカーに聞いた気泡緩衝材"プチプチ"の歴史

■TBS　がっちりマンデー!!…2018年4月29日放送／2006年9月17日放送／2006年6月25日放送／2006年11月12日放送／2010年9月12日放送／2017年11月5日放送／2018年5月20日／なぜか売れてるロングセラーの秘密／「目隠しライド」に「ロシアン観覧車」!? 大阪の遊園地"ひらパー"がめっちゃ攻めてる!／【がっちりマンデー】無印良品がリノベした"おしゃれな団地"がいま人気

■TBSラジオ…リカちゃん人形50周年　ヒットの秘密はプロフィールの設定

■ThinkwithGoogle…人はなぜ YouTube を見るのか?「身近な娯楽」「プチ挑戦」など 5 つの動機――2019 年 YouTube ユーザーデータ

■t-news…大学生がブラックサンダーを救った!?年間1億5千個売れるヒット商品になった理由

■FOODS CHANNEL…料理離れの時代に異例の1,000万個売れた小麦粉～日清 クッキング フラワー（日清フーズ）／国分の大ヒット商品「缶つま」の生みの親に聞いた、誕生と成功秘話～缶つま（国分）／「うまい棒」がロングセラーであり続ける理由～うまい棒（やおきん）／年間販売1,000万個突破。ジャムを使わない人にも売れたジャム～まるごと果実（アヲハタ）／料理離れの時代に異例の1,000万個売れた小麦粉～日清 クッキング フラワー（日清フーズ）／雑穀市場トップシェア。はくばくが仕掛けた横ばい市場の活性化戦略～おいしさ味わう十六穀ごはん（はくばく）／定番商品「豆乳」を広めるため、キッコーマン飲料が貫いていること～調整豆乳（キッコーマン飲料）／年間売上20億円のカニカマが目指す、ホンモノ超えの商品開発～香り箱（スギヨ）／年間売上を5000万円から1億8000万円に伸ばす、種類豊富な高級珍味～一杯の珍極（伍魚福）

■古川紙工株式会社

■簡単解説!　星野リゾート人気の理由は?

■幻冬舎edu…ケミストリークエスト新装版

■glico…沿革／「アーモンドはグリコ」、そのプライドにかけて。アーモンドミルクを、もっと身近な存在に。／コーヒーの新しい市場を切り開く! オフィスグリコの次なるチャレンジ／オフィスグリコ 編新たな食シーンを開拓した創意工夫と「こ

れから 」

■GLOCAL MISSION Times…【伊那食品工業】48期増収増益の「年輪経営」、永続する会社に人は集まる／【伊那食品工業】48期増収増益の「年輪経営」、永続する会社に人は集まる

■&GP…【ヒットの予感（1／3）】「なぜルンバは成功したのか?」アイロボットCEO コリン・アングル

■はくばく

■HIRO　CORPORATION…『狭いのになぜ? 狭小物件が今人気なワケ』

■HONDA

■メシ通…なぜ「ガリガリ君」は奇抜な味を出し続けるのか?赤城乳業さんに聞いてみた／羽田空港で売れ続ける大ヒット空弁「焼き鯖すし」が愛される3つの理由／200店舗オープンを達成したそばチェーン「ゆで太郎」は、なぜ快進撃を続けられているのか

■HUFFPOST…「半沢直樹」最終回の視聴率42.2%　平成の民放ドラマ1位になった理由は?／ポケモンはなぜ世界的なコンテンツになれたのか。20年の戦略をふり返る／なぜ「note」には、記事のランキングがないのか? 代表の加藤貞顕さんが目指す"ネットで安心して書き続けられる場所作り"

■IRIS OHYAMA

■BRANDING LAB…元祖はセブン-イレブン!?　いかにして恵方巻きは定着したのか

■VICE…UHA味覚糖がコロッケをつくったワケ

■若廣

■walkerプラス…WEBで即完売! 液状のり「アラビックヤマト」にそっくりのはちみつが、予約販売を実施／流行の兆しあり! おもちゃ業界が注目する「サプライズトイ」とは／"恐竜イベント"大人気のヒミツを恐竜博士に直撃! 私たちが恐竜に夢中になるワケとは／人気漫画『はたらく細胞』原画展が大阪初開催! 声優による音声ガイドも／廃番寸前の商品が売上6倍に!「ウタマロ石けん」ヒットの裏側

■早稲田大学まなびのコンパス…エステーのCMに見る、小が大に勝つマーケティング戦略とは?

■野中郁次郎の成功の本質…ハイボール／サントリー

■WWD…オンライン飲み会用ルームウエアなど巣ごもり消費で絶好調の「ジェラートピケ」／日本人が眠れるのは"ふとん"より"うどん"　衝撃の新製品が発売1カ月で2億円のヒット

■GORETEX×YAMAKEI…モンベル ストームクルーザー
進化を続けるレインウエア、36年変わらぬ姿勢

■YAOKO…商品ストーリー　お彼岸の定番! ヤオコーの「おはぎ」が10年以上愛される理由／ヤオコーのかぼちゃサラダが売れているワケ

■note…今、「庭」がとにかくアツい! 儲かる「庭」ビジネス最前線! 竹垣を1番作ってる会社! 家の屋根に庭を作る会社! を直撃取材!（がっちりマンデー!! note編 がっちりスクール!!）／タピオカティーが流行った3つの理由（渥美まいこ）／なぜ、無印食品は「コオロギせんべい」を発売するのか。(はがくん@独学を応援する薬剤師)

■NOVEZO…ガチャガチャはノベルティグッズの魅力を進化させる! 日本ガチャガチャ協会所長 小野尾さん【ノベルティトップランナー】

■OCEANS…アウトドアの"モノとコト"にこだわる、モンベルのモノ作りの哲学

■おとなの週末…1ヵ月で35万個販売! 大ブームのサバスナック「サバチ」の魅力に迫る!／至福の鯖百選[28]

■パケトラ TRAVEL JOURNAL for PACKAGE&PROMOTION …2019年「タピオカブーム」の見逃せない理由。「にわかタピオカファン」までをも巻き込む市場

■PlusParavi…「クリスピー・ドーナツ」復活へ! 女性社長の改革

■大塚製薬…POCARI SWEAT／オロナミンCドリンク　製品ストーリー

■PRINT&PROMOTION…【この人に聞きたい!】パッケージにもファン熱狂!?「明治ザ・チョコレート」

■Precious.jp…入荷2か月待ちの「汚れない白デニム」が話題! ファクトリエってどんなブランド?

■Appliv…「テトリス」のすべて　誕生の歴史から魅力、おすすめ無料アプリまで徹底解説

■anna…コロナ禍で売り上げ増! 大阪菓子メーカー「そのまんまスナック菓子」開発の裏側／1年で売り上げ90倍! 老舗和菓子店が考案した大ヒット商品とは

■PRマガジン…老舗和菓子屋の女将が考案した「スライスようかん」が予想外に大ヒット! 1年目で売上90倍、2年目は500倍以上に／研究所の"想い"から、全社一丸となって大ヒット～無煙のゴキブリ駆除剤「ゴキブリムエンダー」／4,500商品中、過去最高の売上を記録した「ネッククーラーNeo」そのヒット商品となるまでの道のりとPR戦

■BLOGOS…月間ユーザー数2000万人突破 存在感増す「note」はなぜクリエイターを惹きつけるのか

■SUMAU…懐かしい木製「洗濯板」が、いま注目されるアイテムに!

■ASCII.jp×WEBPROFESSIONAL…古銭が一度に1000枚! ヒットの秘密は「女性客」

■ASCII.jp×デジタル…バルミューダが愛される理由／これが6万円台はヤバいカシオのBluetoothスピーカーになるピアノ「Privia PX-S1000」／【アンケート調査結果】急成長するポータブル電源市場のユーザー像、ポータブル電源メーカーSUAOKIが調査結果発表

■家電ASCII…「首かけクーラー」が話題 ペルチェ素子で首ひんやり

■BAE…五味弘文プロデューサーに聞く!「テクノロジー×お化け屋敷」の未来像 | 電通テックの公式メディアBAE ／『ざんねんないきもの事典』をロングセラーに導いた"逆説的視点"

■BAMP…経営者の孤独／株式会社SCRAP・加藤隆生 「孤独と引き換えに、自分のアイデアを世の中へ送り出す」

■美術手帖…2019年展覧会入場者数TOP10。1位はフェルメール展の68万人

■NTT東日本　BIZDRIVE…ひらかたパークは、USJと真逆のプロモでV字回復／クレームから始まったガリガリ君の、起死回生の戦略

■BusinessJournal…ルンバ、世界的大ヒットの裏に14個の失敗例　技術より大切な、仮説と検証の愚直な繰り返し／乳酸菌ショコラ、バカ売れの理由…チョコの欠点を利点に転換、体に良い乳酸菌が百倍届く／恵方巻き、実はセブン-イレブンが「仕掛け」た?節分だけでセブンで600万本バカ売れ／国民的飲料・オロナミンC、革新的すぎて「医薬品」に認められなかった!／ドトール、誰でもサッと入れる「店舗外観の秘密」…「そこそこの心地良さ」追求の緻密戦略／隠れた大人気商品「茅乃舎だし」の先鋭的経営…六本木の店舗がワンダーランドだ／埼玉発スーパー・ヤオコー、"超高収益企業"の秘密…コロナ下でも利益6割増の快進撃

■EL BORDE…惣菜スナックや新食感グミ——最先端菓子の生みの親が語る"失敗の流儀"

■産経ニュース…【開発ヒストリー】狙ったのは「夕食に出せる袋麺」　発想転換で大ヒット「マルちゃん正麺」を生み出した 東洋水産／「薄めるのが面倒」という一通の手紙がきっかけに…　「健康に◎」と口コミで広がる　タマノイ酢「はちみつ黒酢ダイエット」／じわりサウナブーム　「感度高い人」集まる

■SankeiBix…【和歌山発　輝く】ニッティド　5本指靴下、世界に30万人のファン獲得へ ／売り場を減らしたのに、業績回復　なぜ崎陽軒のシウマイはバカ売れしているのか／クラフトボスが大ヒットした納得の理由　「ちょっと薄味」「太い容器」「クラフト感はどこ?」→全て戦略だった ／答えはまったく逆だった…なぜコンビニで「1万円のケーキ」が完売したのか／ワークマンが成功した本当の理由　「安いのに高機能でオシャレ」に違和感

■詰め替えそのまま

■産経新聞…旅やイベント行けないから…「おうちでハーブ栽培」が人気

■PILOT

■東洋水産

■MBS…コロナ禍でも快進撃続く「ニトリ」　なぜ消費者に支持されるのか

■MdN DESIGNI NTERACTIVE…インク×文学×イラストで開けた新しい世界。"インク沼"で自分らしく輝く、インクアーティスト・ハコペンさんの「ゆる書写」アートワーク

■シャーウッドclub…vol.054　フラワーアーティスト　ニコライ・バーグマンさんが選ぶ　大切な人に贈る花のギフト

■SHUTTLEROCK…なぜLINEはダントツ1位の人気となっているのか?日本でユーザー数が多い理由などをご紹介

■新刊JP…「リカちゃん人形」が愛され続ける理由

■soup stock tokyo

■skyspa…服だけでなく肩書も脱いで企業内の人間関係を円滑に! スカイスパサウナ部会員制度 新設!!

■meiji…乳酸菌研究最前線／きのこの山たけのこの里国民大調査／「体調管理」といえば『R-1』。そんな絶対的なブランドを目指して。

■マネーポスト…「今日、ケンタッキーにしない?」KFC絶好調を支える名コピー

■msm マネー…博多・辛子明太子を生んだ「変な会社」の真髄 ふくや創業者・川原俊夫氏、独自の経営哲学／ニトリ、島忠買収の衝撃。もはや「家具の会社」ではない

■mugendai…星野リゾート代表が語る「強い組織」の作り方。未来を担う人材はこうして育つ

■村上農園

■NAVIT…のりかえ便利マップ

■自治体ポータル…まちおこし～高知県馬路村の取り組み～"地元愛"が成功の秘訣　ゆずの村おこし、年商30億円

■食品産業新聞社ニュースWEB…ローソン、大ヒットの新感覚スイーツ「バスチー」を初リニューアル、濃厚さを向上し"ベタつき"は解消、新作「スノーバスチー」も登場／「キリン 午後の紅茶」が紅茶飲料市場を牽引、有糖・微糖・無糖などサブカテゴリー強化で世代を超え人気に／みそ業界 トレンドは甘口、液みそ・顆粒みそが今後の市場をけん引か 大手と中堅の格差は拡大／顆粒みそ・液みそが台頭、時短・簡便さと調理に使える汎用性で人気に

■STRETCH navi…全国最多店舗を展開するDr.ストレッチは、なぜここまで広まったのか?

■スギヨ

■SUSTAINABLE BRANDS…ソーシャル・ウェーブをいかに既存事業へ引き込むか?
■週刊粧業…ロングセラー商品「雪肌精」、人気の秘密に迫る
■食楽web…食パン1枚でホットサンドが作れる! ありそうでなかった「ホットサンドソロ」を使ってみた
■TANABE CONSULTING…子どもが夢中になるリアルな世界「キッザニア」— 学びと遊びの垣根を越える"エデュテインメント"を開拓 —
■BRIDGE…なぜZoomはSkypeに勝てたのか?——ムーブメントを作り出した3つの初期戦略
■XD…"美味しい!"と"新しい!"。「ローソンのスイーツ」はどうして満たされるのか? 「バスチー」が生まれた背景をきいた／KARTE CX VOX「ニコライ・バーグマンさんの『花』を通した顧客体験に注目」by J-WAVE TOKYO MORNING RADIO
■HONDA
■キジコネ…価格よりアイデアで勝負!
■文化放送…福井謙二グッモニ 4月16日(木) 第533回／TheNewsMasters TOKYO(モンベル辰野会長、アウトドア総合ブランドの頂点へ)
■zakzakby夕刊フジ…岩田鉄工所「伸助さん」　高齢者助ける電動伸縮杖／洗濯の回数減り、室内干し増加…習慣の変化に対応　「洗剤は鮮度」で攻勢 P&G「アリエールジェルボール3D」／「少量」「小分け」で使用シーン多彩に! ヤマキ「使い切りかつおパック」／神奈川県民が支えるローカルブランド　崎陽軒「シウマイ弁当」／常に進化していくカニカマの"最高峰"　スギヨ「香り箱」
■辰野博一公式経営デザイン専門ブログ…"Zoom"が急速に普及している理由
■キーマンズネット…Zoomとは?　なぜ人気なのか　使い方や機能を試した
■日経XTECH…売上高2倍・利益6倍の超ヒット任天堂あつ森「非常識すぎる」設計／冷却効果のペルチェ素子か気持ち良さのファンか、「ウエアラブルエアコン」を試す／「再エネ100%が売れる」みんな電力大石社長の発見とは／自宅で採取した尿や血液でがんのリスクをチェック
■燕三条キッチン研究所
■ferret…ローソンの「悪魔のおにぎり」はなぜここまでヒットしたのか?／「あつまれ どうぶつの森」爆発的大ヒットの要因とは?／【インタビュー】旅行ガイドブック『ことりっぷ』がコンテンツマーケティングで築いたブランド"○○らしさ"とは／年間1億個以上を売り上げるブラックサンダーに学ぶ、マーケティング戦略のポイント
■CINRA.NET(Fika)…たまごっち生みの親、横井昭裕「変なことからメジャーが生まれる」
■FINDERS…日本中の猫がうっとり!　ザラザラした猫の舌を樹脂で再現した「ねこじゃすり」が愛猫家から熱視線
■Fun Learning Labo.…「伝統を守る」を柔軟に捉えた成功事例 胡粉ネイルを生んだ事業承継
■SEKKISEI NEWS RELEASE 2021.1.8
■若者が選ぶ魅力的な会社100選…古川紙工
■DIAMOND online…国内で累計100万台を超えるロボット掃除機「ルンバ」はどのようにして生まれたのか?／「コメダ珈琲店」はなぜ客が長居しても儲かるのか／フィットネスのカーブス、幽霊会員をつくらずに収益を生む「逆転の発想」／リクルート「スタディサプリ」に教師や社会人までもが殺到する理由／感動と熱狂の「箱駅駅伝」が日本人だけにしかウケない理由／新日本プロレスが世界で大人気! 暗黒時代を経て復活できた理由／iPhoneが成功した3つの理由、もしアップルが自ら製造していたら?／懐かしの森永ラムネが大人や受験生に売れまくる理由／「こち亀」作者が超ホワイトな働き方で40年休まず連載を続けられた理由／日本発「イオン歯ブラシ」が世界50カ国でバカ売れ、海外展開成功の秘密／ワークマン快進撃の秘密、「売り方」を変えただけでなぜ2倍売れたのか／"痛い"のにリピート率9割のストレッチ専門店スポーツ選手の「第二の人生」の受け皿となるか
■DIAMOND Chain Store online…神戸物産代表取締役社長　沼田 博和「日本最大の6次産業」を標榜、第1次産業を守り、育てていきたい
■朝日新聞DIGITAL…ペダル踏み間違え防ぐ車用品人気　オートバックスセブン／倒産19年、健康靴で復活へ一歩　老舗アサヒシューズ／輝く工場はモンサンミシェル?　川崎の夜、カップル続々／液体ミルク、割高でも好評な理由ママたちに聞いた／老舗の日本酒「メガネ専用」　その名の由来がユニーク／絵じゃない方の「ミレー」　マツコさん絶賛、人気の秘密／道の駅「日本一」は下関　売り上げ9億　その理由は…?／盗む気も失せる「鳥のうんちシール」自転車を守ります／「いないいないばあ」が700万部突破　日本の絵本で初／エヴァ愛が生んだ防災アプリ　奪われた故郷への思いと／ファンタ、大人向け新作ヒット　4割高い「プレミア」／恐竜博が閉幕、67万人来場／エシカル消費とは?意味や考え方を知れば、人生が変わるかもしれない｜事例を交えて紹介
■KUMONがうた・読み聞かせを応援mite[ミーテ]…赤ちゃん絵本を楽しもう!～あの人気絵本に込めた思い～　vo.11 『いないいないばあ』刊行50周年記念インタビュー
■アサヒ飲料…炭酸飲料カテゴリー、販売好調!「三ツ矢」「ウィルキンソン」が上期の販売数量でブランド史上過去最高を更新! 販売好調を受けた需要拡大に対応する為、7月の生産体制を強化
■AsahiKASEI…サランラップの豆知識
■@press…かけるオイル市場の持続的な成長に向けて! 家庭用食用油 新商品のご案内 ～2019年2月21日(木)から全国で発売開始～／大田区の町工場が生んだヒット商品! 「詰め替えそのまま」からネット限定商品が続々登場!／商品化多数の主婦発明家の著「はじめての発明 - アイデアを商品化して収入を得る方法」刊行
■AUTOCARJAPAN…【ドアの閉まる音まで】新型日産ノート　謎が解けた、一気の上質化　日産が掲げる「高品質感活動」とは?
■BATHCLIN
■zaiONLINE…デートアプリ「ティンダー」が世界中でブレイクする「マッチ・グループ」が熱い!　日本の「ペアーズ」など数多くのデートアプリを傘下に収める企業とは?
■MONEYZINE…なぜ「アンパンマン」に子どもたちは熱狂するのか
■マイナビAGENT(CANVAS)…酔って楽しむのはもう古い? 「ソーバーキュリアス」で脱アルコールを楽しむ

本文デザイン・DTP…黒田志麻
編集協力…横田緑、佐藤雅美、横山香織、新井イッセー事務所
本文イラスト…富永三紗子

※本書に掲載された商品や人物などの情報は、2021年1月現在のものです。
※本書で使用している記念日・祝日は2019年の暦にのっとったものです。

編者紹介

ビジネスアイデア総研

世の中にあふれる膨大な情報の中から、「仕事で使える」「ひらめきのタネになる」価値ある情報だけを選び出し、提案する総合研究チーム。

365日《にち》 ヒットのアイデア

2021年2月5日　第1刷

編　　者　ビジネスアイデア総研《そうけん》

発 行 者　小 澤 源 太 郎

責 任 編 集　株式会社 プライム涌光

電話　編集部　03(3203)2850

発行所　株式会社 青春出版社

東京都新宿区若松町12番1号〒162-0056

振替番号　00190-7-98602

電話　営業部　03(3207)1916

印刷　大日本印刷　　製本　大口製本

万一、落丁、乱丁がありました節は、お取りかえします。

ISBN978-4-413-11348-9 C0034